股票价格泡沫

成因、识别及其预警

何朝林◎著

人民邮电出版社

北　京

图书在版编目（CIP）数据

股票价格泡沫成因、识别及其预警 / 何朝林著.
北京 ： 人民邮电出版社， 2024. -- ISBN 978-7-115
-65200-3

Ⅰ．F830.91

中国国家版本馆 CIP 数据核字第 20245GB266 号

内 容 提 要

本书遵循资产价格偏离资产基本价值的价值规律主脉络，阐释股票价格泡沫成因，设计股票价格泡沫识别机制，提出股票价格泡沫预警模式，借以凝练股票市场运作机制，维护资本市场稳定，助力我国经济社会高质量发展。本书主要内容分为十一章：第一章阐释本书的研究意义、研究内容与方法、特色与创新；第二章和第三章基于历史典型股票价格泡沫剖析资产价格泡沫的载体、形成条件和客观存在性，并结合当前相关研究提出研究重点；第四章至第九章基于股票价格泡沫形成机制和内在机理的成因分析，以股票价格效率为中心提出一条股票价格泡沫传导路径；第十章以我国制造业股票为样本，运用计算实验金融方法参照真实金融市场设置模拟金融市场，提出股票价格泡沫识别的三个标准并设计其识别机制；第十一章基于 3σ 原则，借助交通信号灯标识提出股票价格泡沫预警的三种模式和六种状态。

本书研究内容属于"金融市场与金融工程"领域，以股票价格泡沫为研究对象，探索股票市场运作机制，为资本市场建设提供政策建议，适合该领域政府和行业管理人员及研究生阅读。

◆　　著　　何朝林
　　责任编辑　陈斯雯
　　责任印制　彭志环
◆人民邮电出版社出版发行　　　　北京市丰台区成寿寺路 11 号
　　邮编 100164　电子邮件 315@ptpress.com.cn
　　网址 https://www.ptpress.com.cn
　　北京七彩京通数码快印有限公司印刷
◆ 开本：787×1092　1/16
　　印张：15　　　　　　　　　　2024 年 9 月第 1 版
　　字数：290 千字　　　　　　　2025 年 7 月北京第 2 次印刷

定　价：69.00 元
读者服务热线：（010）81055656　印装质量热线：（010）81055316
反盗版热线：（010）81055315

前　言

　　我国股票市场既是我国经济发展的晴雨表，也是我国资本市场的重要组成部分。股票市场的运作机制直接关系到企业融资和投资者资产配置效率，研究并掌握股票市场运作机制可以促进有限资源更有效地分配，可以更好地理解投资者的行为和需求，有助于制定更完善的法规和监管政策，提高市场透明度和投资者的权益保护水平，提升金融服务实体经济质效，彰显金融服务实体经济的根本宗旨。同时，我国股票市场在全球经济中扮演着至关重要的角色，研究我国股票市场的特征和发展趋势，有助于全球投资者更好地进行跨国资产配置和风险管理。

　　股票价格泡沫虽然是股票市场上的资产价格异象，但理论和实践均表明其存在具有客观性。马克思政治经济学从社会形态、价值规律和虚拟经济与实体经济的关系三个方面分析指出，人类社会发展处于第二阶段是股票价格泡沫存在的社会基础；商品价格受到竞争与供求关系的影响而上下波动，往往与商品价值不一致，加之股票基本价值难以确定及市场和交易者等复杂因素的影响，相较于一般商品的价格波动，股票价格波动更为剧烈，极易形成股票价格泡沫，因此，价值规律是股票价格泡沫存在的理论基础；从世界范围来看，虚拟经济规模不但超出实体经济规模，而且超出的趋势越来越明显，加之国际资本逐利，脱实向虚的经济行为也在加剧这种趋势，该趋势极易导致股票价格泡沫，因此，虚拟经济与实体经济的关系是股票价格泡沫存在的现实基础。实际上，股票价格泡沫在经济发展史上反复出现，最早可以追溯到 17 世纪。股票价格泡沫既出现在经济发展的不同阶段，从发展中经济体到高度工业化经济体，也出现在不同的金融资产市场，从股票市场到金融衍生品市场，如荷兰郁金香泡沫（1635—1637 年）、法国密西西比股市泡沫（1719—1720 年）、英国南海泡沫（1720 年 3 月—1720 年 12 月）、20 世纪末美国纳斯达克股市泡沫、20 世纪 80 年代中后期日本股市泡沫，以及 21 世纪以来我国股市的两次明显波动（2006—2008 年和 2014—2016 年）。

　　历史上反复出现的股票价格泡沫现象表明，在股票价格泡沫期间，股票价格在一段时间（几个月甚至更长）内快速持续上升，远远超过资产基本价值，达到价格顶峰后随之崩溃，以快于价格上升的速度疯狂下降；股票价格泡沫会对资本市场产生剧烈的负面影响，危及资本市场稳定并降低了资本市场价格功能，导致资源错配和资产负债表受损等后果。

此外，这些负面影响传导至实体经济，严重影响经济社会高质量发展，甚至出现经济（金融）危机。同时，股票价格泡沫的风险及负面影响具有传递性、感染性，必须防范其跨区域、跨市场、跨境传递共振。那么，为什么股票价格泡沫会反复出现？引发股票价格泡沫的因素及其传导路径如何？股票价格泡沫与经济发展的关系如何？如何识别和预警股票价格泡沫？如何发挥股票价格泡沫的价格有效性？如何有效控制（应对）股票价格泡沫？这些问题一直是理论界和实业界积极探索的焦点。

21 世纪以来，我国股票市场于 2006—2008 年和 2014—2016 年出现两次明显的波动，导致我国出口下降、投资减少、财政和就业压力加大、金融体系稳定性降低，也暴露出我国金融体系中存在交易异常、信贷风险、资产负债表问题和金融监管不完善等问题。为有效防范化解股票市场风险，规范股票市场交易行为，强化股票市场监管，维护资本市场稳健运行，我们必须对股票价格泡沫早识别、早预警、早暴露、早处置，合理引导预期、规范股票市场运作机制。

股票价格泡沫既是股票市场特征的表现之一，也是研究股票市场运作机制的窗口之一。本书以问题为导向，坚持马克思主义金融理论同当代中国具体实际相结合，以历史典型股票价格泡沫剖析资产价格泡沫的载体、形成条件和客观存在性，并结合当前相关研究提出本书的研究内容。本书遵循资产价格偏离资产基本价值的价值规律主脉络，以我国沪深 A 股及代表性股指为研究对象，选择代表性驱动因素，在市场出清条件下构建股票价格泡沫模型探索泡沫形成机制；继而从交易行为、信贷资源、数字经济和碳风险等方面剖析股票价格泡沫的内在机理，并拓展至科技创新、经济（货币）政策、绿色金融、上市公司质量及其规模和在行业中的地位等方面；从而以股票价格效率为中心，从市场流动性视角形成股票价格泡沫传导路径。最后，以我国制造业股票为样本，运用计算实验金融方法参照真实金融市场设置模拟金融市场，提出股票价格泡沫识别的三个标准、设计股票价格泡沫识别机制，并运用 3σ 原则，借助交通信号灯标识提出股票价格泡沫预警的三种模式和六种状态。

本书立足于我国实际的股票市场，以股票价格泡沫的成因、识别及其预警为研究对象，探索股票市场运作机制，为维护资本市场稳定、助力我国经济社会高质量发展提供经验证据和决策参考，为持续推进我国金融事业实践创新、理论创新和制度创新贡献力量。

本书的研究得到了国家自然科学基金项目（72271003，71873002）的支持，在这里向其表示感谢。同时，也向我的研究生及为本著作研究、出版提供支持的老师表示感谢。诚然，限于水平，书中不足之处在所难免，恳请广大读者批评指正，以便进一步修改和完善。

何朝林

2023 年 12 月于安徽工程大学

目　录

第一章

绪　论

现代金融面临的挑战

20 世纪 50 年代初期，Markowitz（1952）基于均值—方差模型从两个维度研究投资组合优化问题，不但奠定了现代金融学的基础，也开启了现代金融学的研究与发展。随后，Modigliani 和 Miller（1958）论述了资本结构，提出 M-M 定理，奠定了公司金融的理论基础，并不断拓展现代金融理论及其应用。多年来，有效市场假说和理性人假说一直是现代金融理论研究与发展壮大的基石（Fama，1965）。然而，尽管现代金融理论不断发展与完善，但越来越难以解释金融市场中出现的投资者行为或金融现象，即来自实践的挑战。其中，有效市场假说面临的挑战是，大量研究表明现实金融市场中存在的套利限制及其对资产价格形成的影响（De Long 等，1990；Froot 和 Dabora，1999；Abreu 和 Brunnermeier，2002；Lamont 和 Thaler，2003）。另一个挑战是对理性人假说的挑战。理性人假说认为投资者具有完全理性预期且其决策遵循期望效用理论，不言而喻，阿莱悖论等金融市场异象就是对理性人假说的最明显的挑战。

新时代金融的发展

随着金融实践对现代金融理论挑战的演化，现代金融理论越来越难以阐释金融异象及其表象下的投资者行为。20 世纪 80 年代，以研究投资者行为为主体的行为金融学应时而生，代表着新时代金融的开启。行为金融理论侧重于投资者心理，研究投资者决策行为，主要从投资者信念、投资者偏好和投资者认知等方面完善现代金融理论与实践。

（1）投资者信念。研究指出，投资者关于金融市场的预期具有有限理性甚至非理性特征，不再是完全理性，而是表现出明显的过度自信、参考点效应、诊断效应和外推信念等预期偏差行为（Kahneman 和 Tversky，1979；De Bondt 和 Thaler，1995；Greenwood 和 Shleifer，2014；Bordalo 等，2018）。

（2）投资者偏好。研究指出，投资者决策并不满足传统意义上的期望效用理论，期望效用函数难以准确描述投资者决策行为最优化，在决策过程中，投资者往往表现出风险（模糊）厌恶、失望厌恶、案例推理和博彩偏好等行为偏好（Gilboa 和 Schmeidler，1989；Gul，1991；Barberis 和 Huang，2008）。

（3）投资者认知。部分研究指出，投资者心理账户和有限的注意力等认知限制角度完全与理性人假说相悖（Thaler，1985；Huberman 和 Regev，2001）。

无论是以理性预期理论为主导的现代金融学还是以行为金融理论为主导的行为金融学，都难以描述股票价格泡沫现象并阐释其内在演化规律。从现代金融和新时代金融的角度来看，主要存在理性、有限理性和非理性的观点分歧。股票价格泡沫可分为理性泡沫和非理性泡沫。理性泡沫指理性预期下股票价格中仍可能包含的泡沫成分；非理性泡沫则是传统资本资产定价模型无法解释的部分，行为金融理论认为可能由投资者情绪所致，往往也认为非理性泡沫是导致金融危机的主要原因。从股票价格泡沫表现的角度来看，股票价格泡沫可分为正向泡沫和反向泡沫。正向泡沫是指股票价格高于其基本价值（本书研究对象）；反向泡沫则是指股票价格低于其基本价值。其中，正向泡沫在实践中最为常见，且负面影响最大。从股票价格泡沫运行特征的角度来看，股票价格泡沫可分为随机型泡沫和确定型泡沫。若考虑泡沫的存续时间，股票价格泡沫又可进一步划分为爆炸型泡沫和周期破灭型泡沫。其中，确定型泡沫和爆炸型泡沫在实践中非常少见，自然也不是本书的研究对象。

由此可见，无论是股票价格泡沫的表现还是其内在演绎规律都较为复杂，单纯从理性预期理论或行为金融理论出发都难以描述与阐释，还要兼顾金融发展理论、新经济及面向新经济的经济政策等。因此，本书基于历史上不同时期资产价格泡沫的表现及其演化和国内外有关金融资产价格泡沫的研究，提出本书的研究内容。本书遵循股票价格偏离其基本价值的主脉络，以我国沪深 A 股及代表性股指为研究对象，从现代金融和新时代金融视角选择代表性因素阐释股票价格泡沫形成的机理，论证其内在机制，并拓展至新经济和面向新经济的经济政策，剖析企业数字化转型、"双碳"政策与股票价格波动及其价格崩盘风险的关系，形成以价格效率为媒介的股市泡沫传导路径。最后，本书基于上述研究测度泡沫期间资产价格有效性程度，设计泡沫识别机制和预警模式，为有效应对股票价格泡沫、维护金融市场稳定、助力经济社会高质量发展提供经验证据和决策参考。

第一节　研究意义

金融资产泡沫是一种资产价格异象，在经济发展史上反复出现，最早可以追溯到 17 世纪。金融资产泡沫既出现在经济发展的不同阶段（从发展经济体到高度工业化经济体），也出现在不同的金融资产市场（从股票市场到金融衍生品市场）。上述反复出现的历史现象表征：在金融资产泡沫期间，资产价格在一段时间（几个月甚至更长）内快速持续上升，远远超过资产基本价值，并在达到价格顶峰后随之崩溃，以快于价格上升的速度疯狂下降。金融资产泡沫对金融市场产生剧烈的负面影响，危及金融市场的稳定，降低了金融资产价格功能，导致资源错配和资产负债表受损等问题，同时传导至实体经济，严重影响经济社会的高质量发展，甚至引发经济（金融）危机。股票价格泡沫是金融资产泡沫的典型代表，也是金融资产泡沫问题的主要研究对象。那么，为什么股票价格泡沫经常反复出现？引发股票价格泡沫的因素及其传导路径如何？股票价格泡沫与经济发展的关系如何？如何识别和预警股票价格泡沫？泡沫期间股票价格效率如何？如何有效控制（应对）股票价格泡沫？这些问题一直是理论界和实业界积极探索的焦点。因此，本书以问题为导向，在回顾历史典型泡沫现象和剖析相关研究的基础上，遵循资产价格偏离资产基本价值的主脉络，以我国沪深A股及代表性股指为研究对象，选择代表性驱动因素构建股票价格泡沫模型探索泡沫的形成机制，剖析股票价格波动（崩盘）及其错误定价的内在机理，形成股票价格泡沫的传导路径，并从金融市场稳定和资本配置效率的角度设置资产价格阈值，获得泡沫期间资产价格有效性测度区间；最后，参照真实金融市场设置模拟金融市场，通过计算实验金融设计股票价格泡沫的识别机制和预警模式。

时至今日，"泡沫"一词还未形成统一定义，过高定价、价格振幅和最大超额定价等概念常被用于描述泡沫；同时，泡沫与经济发展的关系也较为复杂，这主要取决于泡沫产生时的强度，并且涉及泡沫期间资产价格的有效性问题，但一般认为泡沫对金融市场稳定和经济发展具有负面影响。2013年诺贝尔经济学奖得主尤金·法玛（Eugene Fama）和罗伯特·席勒（Robert Shiller）分别阐述了他们对泡沫的科学见解。法玛认为，如果泡沫被定义为非理性的强劲价格上涨，则意味着可预测的强劲下跌，但缺少充足证据表明这种情况存在；席勒认为，泡沫是存在的，是人们对未来的奢望，是一种社会和心理现象，当观察到过去一段时间价格在上涨时，人们会认为今后价格可能会继续上涨。由此可见，虽然金融资产泡沫是人们孜孜不倦地探索的焦点，但至少还存在以下四个问题需进一步深入研究。

第一，金融资产泡沫期间，资产价格为什么存在非理性强劲上涨，尔后又出现非理性强劲下跌？即金融资产泡沫的形成机制。纵观目前研究，无论是经典资本资产定价模型还是行为资本资产定价模型均未涉及该问题。结合研究文献与经验证据，我们认为这是两方面合力的结果。一是投资者层面，即投资者外推行为，投资者基于资产历史价格变化外推形成其未来价格预期。当观察到资产价格处于上涨态势时，投资者认为其价格未来还会继续上涨，则不断买进资产，推动资产价格进一步持续上涨；反之，投资者则不断卖出资产，推动资产价格进一步持续下跌。二是金融市场层面，即金融市场受到现金流冲击，一段时间内大量货币资金流入金融市场。当货币资金持续流入金融市场时，资产价格出现上涨态势，加之投资者外推的非理性行为，资产价格强劲上涨；当货币资金流入停止后，资产价格态势逆转，出现下跌态势，加之投资者外推的非理性行为，资产价格强劲下跌。本书运用指数平滑法表征投资者外推行为，用随机性股息现金流表征现金流冲击，假设金融市场上存在基本面和外推型两类异质价格信念投资者，构建金融资产价格泡沫模型，描述资产价格偏离资本价值的运动过程，阐释金融资产泡沫具有产生、膨胀和崩溃的三阶段特征，比较研究投资者结构、投资者信念差异、金融产品供给等与金融资产泡沫强弱的关系，提出金融资产泡沫的形成机理。

第二，一旦金融资产出现价格泡沫，资产价格就会出现剧烈波动、错误定价甚至崩盘等金融异象，这些金融异象背后的驱动因素如何？如何予以降低或缓解？即金融资产泡沫的形成机理和路径。纵观目前研究，众多学者从不同角度和不同层次予以研究，并获得丰硕成果。本书基于当前研究并延伸至经济发展、金融安全和碳风险等层面，阐释股票价格波动、股票错误定价和股价崩盘等问题的内在机理，继而以价格效率为中介形成股市泡沫传导路径。首先，剖析当前研究从投资者和金融市场层面选择代表性因素研究股票价格异常波动和错误定价的内在机理。一是以收益率变化测度股票市场波动，研究收益外推行为与股票市场异常波动的关系，指出股票市场波动较强时，收益外推行为具有助推功能，推动股票价格进一步持续上涨和持续下跌，导致股票市场暴涨暴跌并出现过度繁荣和过度萧条的现象，甚至出现股市泡沫。二是以信贷资源错配测度现金流冲击，研究企业信贷资源错配与股票错误定价的关系，指出企业信贷资源错配导致其股票错误定价，信贷资源错配程度越高，股票错误定价程度也越高，信贷资源不足对股票错误定价程度的影响强于信贷资源过度的影响。其次，从经济高质量发展和金融安全角度研究股票价格泡沫异常现象的负面影响及缓解方法。一是以企业数字化转型代表新经济（如数字经济），研究企业数字化发展程度与股票价格泡沫期间股价崩盘风险的关系，指出企业数字化发展通过提升企业价值、降低信息不对称、降低非效率投资程度（主要是抑制过度投资）等途径降低股价崩盘风险；此外，指出数字化发展在优化资源配置、降低企业与市场间信息不对称、提升企业投资效率等方面具有优势。二是针对企业在低碳转型过程中面临的碳减排任务和存在的碳风险问题，研究碳风险与股票错误定价，指出碳风险与股票错误定价间具有正相关关系，在此过程中，投资者情绪具有中介效应，绿色技术创新和企业环境责任披露具有调节效应。最后，从市场流动角度以价格效率为中介形成股票价格泡沫传导路径。提炼上述股票价格泡沫的形成机制及内在机理，认为市场流动性与股市泡沫间存在一个间接的传导机制，即市场流动性变化通过流动性溢价影响市场交易的难易程度，改变市场价格效率表达，作用于股市泡沫形成，从而从宏观层面的货币政策和微观层面的投资者异质信念出发构建一个新的股市泡沫传导路径，指出价格效率在市场流动性与股市泡沫的传导路径中呈现增强型的完全中介效应，货币政策和投资者异质信念通过提升价格效率显著弱化泡沫传导路径。

第三，金融资产泡沫客观存在，如何识别？即金融资产泡沫的识别机制。目前的研究主要聚焦于理性泡沫的识别，鲜有涉及非理性泡沫的识别，这显然不科学。事实上，历史上反复出现的金融资产泡沫皆具有很强的非理性成分。结合前期研究，我们认为可以通过计算实验金融设计金融资产泡沫识别机制。该机制由三部分组成。一是获得金融资产动态基本价值。从沪深 A 股中遴选若干股票为研究样本，样本股票组成"真实金融市场"，基于剩余收益估值模型获得样本股票的动态基本价值。二是设置无泡沫现象的"模拟金融市场"。基于样本股票的动态基本价值，借助 Python3.6 开发计算机模拟工具（简称"Mirror"，寓意为真实金融市场的镜子）设置一个理想化的"模拟金融市场"，该市场无资产价格泡沫现象。三是设定泡沫识别标准。结合真实与模拟金融市场上资产价格及其基本价值走势，定义价格带（Price band）；基于模拟金融市场价格带，借助统计学方法获得资产价格上涨程度、峰顶最大超额定价程度和价格下降程度的三个基准，进而设定泡沫识别的三个标准，判断真实金融市场上的价格带是不是资产价格泡沫。最后，根据泡沫聚集程度和泡沫强度是否符合我国金融市场的资产价格走势检验泡沫识别机制的有效性。

第四，金融资产泡沫客观存在，不但危及金融市场的稳定，而且对经济社会的高质量发展存在负面影响，若能对金融资产泡沫实施前期预警，则可以采取相应措施有效控制（应对）金融资产泡沫，发挥金融服务实体经济的宗旨，即金融资产泡沫的预警模式。本书在股票价格泡沫识别的基础上，运用 3σ 原则提出股票价格泡沫预警的三种模式和六种状态，从市场、资产和投资者三个层面运用指标合成法定义预警指标；基于研究期内泡沫时期的预警指标，结合 3σ 原则，定义安全底线和警戒底线，提出泡沫预警的三种模式，即安全模式、警戒模式和危险模式，并借助交通信号规则分别赋予绿灯、黄灯和红灯；为了更好地区分同一预警模式内股票的不同价格状态，基于研究期内的预警指标，定义安全程度转换线、警戒程度转换线和危险程度转换线，获得预警模式的六种状态，即绝对安全状态或相对安全状态、警戒状态或高度警戒状态、危险状态或高度危险状态；最后，以我国金融市场数据予以实证，并对未来股票价格走势做出研判分析，挖掘、丰富金融资产泡沫的市场证据，凝练控制或应对金融资产泡沫的经验证据，提出金融市场建设的政策建议，助力金融市场健康发展，更好地服务于实体经济。

因此，本研究不但具有创新性，而且具有重要的理论和现实意义。

金融资产泡沫成因及其表现形态的复杂性激发了研究者的兴趣，催生了诸多研究成果。这些研究成果既有经典金融学视角，主要基于市场有效性研究理性泡沫；也有行为金融学视角，主要基于投资者认知和心理差异导致的非理性预期或投资行为研究非理性泡沫；还有金融市场视角，主要基于货币供应量、供求关系、信息不对称及流动性等研究泡沫成因；同时，研究也表明金融资产泡沫基本表现为资产价格偏离基本价值后持续上涨、达到价格顶峰后持续下跌、跌回甚至跌破基本价值的运动过程。然而，目前的研究主要从某一视角探讨泡沫形成，未能描述资产价格偏离基本价值的运动过程及其背后的机理分析；虽然也有从行为金融学视角构建资产价格泡沫模型，描述投资者行为与资产价格泡沫的关系的，但没有揭示资产价格偏离基本价值内在规律和机理。这不但源于资产基本价值不可观察，难以描述其动态过程，而且源于泡沫的产生既与投资者有关也与金融市场和资产本身有关，那么，我们应如何将这些因素引入金融资产价格泡沫模型呢？鉴于此，本书假设金融市场存在风险和无风险两类资产、基本面和外推型两类投资者，引入泡沫驱动的收益外推和现金流冲击因素，构建投资者优化决策模型获得两类投资者的风险资产需求函数，在市场出清均衡条件下获得资产基本价值模型和资产价格泡沫模型，鲜明刻画泡沫期间资产价格偏离基本价值后持续上涨、达到价格顶峰后持续下跌的运动过程，继而基于投资者资产需求函数和资产基本价值及其价格泡沫模型剖析泡沫的形成机理。由此可见，本书拓展了当前的研究成果，为金融资产泡沫形成机理的研究提供了一个新路径。

同时，我们用指数平滑法表征收益外推，体现了投资者非理性预期和投资行为。平滑系数的变化代表了投资者认知和心理差异，平滑系数的指数形式表示投资者对更近时期的资产价格变化赋予更高权重。我们用随机性股息现金流表征现金流冲击。事实上，信贷扩张、扩张货币政策、资本流入、高杠杆交易、新股发行、新投资者进入和存量投资者增加货币资金等泡沫驱动因素均表现为现金流对金融市场的冲击。而且，无风险资产纳入金融资产价格泡沫模型构建体系，也代表了金融产品供给，其收益率高低有助于平衡市场供求关系。由此可见，从泡沫驱动因素看，本研究具有代表性。进一步来看，收益外推是导致金融资产泡沫的内生变量，主要源于投资者。从直观上看，虽然投资者的认知和心理难以直接控制，但基于前期研究，我们发现投资者识别泡沫（特别是泡沫即将产生时）的能力、关注资产基本价值回归理性的程度、对资产过去价格持续上升或持续下跌的判断水平等均与金融资产泡沫强弱直接相关，故而可以提出引导投资者预期、规范投资者行为的建议。此外，现金流冲击是导致金融资产泡沫的外生变量，主要源于宏观经济因素，是可控因素。基于前期研究，我们发现货币政策、金融产品供给、IPO 及上市公司管理、投资者进入及其账户管理等也均与金融资产泡沫的强弱直接相关，故而可以提出规范金融市场运行的组合性建议。再进一步来看，我们指出金融资产泡沫本质上是金融资产价格剧烈波动或错误定价的一个表现，本书在传统研究的基础上延伸至新经济形态，探讨数字经济中的数字化发展程度和低碳转型过程中的碳风险与金融资产价格崩盘、错误定价的关系，结合内在机理分析形成金融资产泡沫的传导路径。由此可见，本书的研究可以为金融资产泡沫的有效控制与应对提供经验证据。

与此同时，人们发现资产价格偏离基本价值的程度不同，金融资产泡沫对金融市场稳定和经济社会发展的影响存在显著差异。当资产价格严重偏离基本价值时，金融资产泡沫危及金融市场稳定、导致资源错配，甚至出现经济（金融）危机，故而金融资产泡沫的识别及其预警也成为研究的焦点。然而，当前研究主要集中于理性泡沫的识别，对泡沫预警问题研究较少。近年来，基于资产市场实验的泡沫识别法兴起，并针对泡沫预警方法展开了研究。这不但忽略了非理性泡沫的识别（真实金融市场上，资产泡沫往往是非理性的），而且脱离了金融资产泡沫的真实市场表现。这可能源于动态资产基本价值难以测度，也可能缘于价格效率测度基准难以确定。鉴于此，本书以沪深 A 股为研究对象，参照真实金融市场设置模拟金融市场，基于泡沫期间资产价格偏离基本价值的运动过程，尝试通过计算实验金融获得泡沫识别的三个标准，并基于股票价格泡沫的识别结果，结合股票价格泡沫的合成预警指标，运用 3σ 原则提出泡沫预警的三种模式和六种状态。由此可见，本书弥补了当前研究的空白，为金融资产泡沫的识别及预警提供了新方法。

当前，我国正处于激发全社会创新活力、构建新发展格局、促进建设现代化经济体系的新时代，而资本市场建设是重中之重，重要任务之一就是要有效应对或控制金融资产泡沫、防范化解金融风险，确保金融市场稳定、护航经济社会高质量发展。因此，本书的研究不但具有科学性，而且具有重要的理论意义、现实意义和应用价值。

第二节　研究内容与方法

一、研究内容

本书面向需求、以问题为导向，遵循资产价格偏离资产基本价值的主脉络，以沪深A股及代表性股指为研究对象，阐释了股票价格泡沫的形成机制及其内在机理，提炼股票价格泡沫的传导路径，设计股票价格泡沫的识别机制并提出其识别模式，凝练金融市场证据，借以维护金融市场稳定，助力经济社会的高质量发展。第二章和第三章是问题提出的理论与实践基础，第四章选择代表性驱动因素阐释股票价格泡沫的形成机制，第五章至第八章从不同侧面演绎股票价格泡沫形成的内在机理，第九章基于形成机制和内在机理提出股票价格泡沫的传导路径，第十章和第十一章基于计算实验金融设计股票价格泡沫的识别机制及其预警模式。具体内容如下。

第一章：绪论。本章阐述了问题的研究意义、内容、方法、特色与创新。

第二章：不同历史时期的资产价格泡沫及其启示。本章以历史上最著名的三大泡沫、20世纪美日股票价格泡沫及我国21世纪两次明显的股票市场波动为代表，阐释了资产价格泡沫产生的背景、条件、应对措施及其对经济社会发展的影响，剖析了资产价格泡沫载体的特征及其形成条件，最后，基于马克思政治经济学原理指出资产价格泡沫存在的社会基础、理论基础和现实基础。

第三章：国内外相关研究。本章主要阐述问题研究的历史脉络，一方面奠定了问题研究的基础支撑，另一方面引入了问题研究的必要性。

第四章：基于异质价格信念的股票价格泡沫形成机制。本章假设金融市场存在风险和无风险两类资产、基本面和外推型两类投资者，引入泡沫驱动的收益外推和现金流冲击因素，构建投资者优化决策模型，获得两类投资者的风险资产需求函数，在市场出清均衡条件下获得资产基本价值模型和资产价格泡沫模型，鲜明刻画泡沫期间资产价格偏离基本价值后持续上涨、达到价格顶峰后持续下跌的运动过程，继而基于投资者资产需求函数和资产基本价值及其价格泡沫模型剖析泡沫形成机理，指出股票价格泡沫具有产生、膨胀和崩溃的三阶段特征，比较研究投资者结构、投资者信念差异、金融产品供给等与金融资产泡沫强弱的关系，为股票价格泡沫监管提供经验证据。

第五章：收益外推行为与股票市场波动。本章基于标准Fama-French三因子模型探讨了收益外推行为的定价能力，阐释了其与股票市场波动，特别是异常波动的关系，从投资者层面指出收益外推行为是引致股票价格泡沫的因素之一。

第六章：信贷资源错配与股票错误定价。本章从现金流冲击角度研究企业信贷资源错配对其股票错误定价的影响，讨论信贷资源不足和信贷资源过度时影响的差异性，并从投资者信心的中介效应和经济政策不确定性的调节效应展开影响机制分析，期望丰富股票价格泡沫形成机理，为金融市场稳定提供经验证据。

第七章：企业数字化发展与股价崩盘风险。本章考察了企业数字化发展程度与股价崩盘风险的关系及内在影响机制。在微观层面，本章运用中介效应模型检验数字化发展降低股价崩盘风险的传导路径，发现数字化发展通过提升企业价值、抑制企业过度投资、增加特质信息释放等路径降低股价崩盘风险，验证了数字化发展在优化资源配置、提升企业投资效率、降低企业与市场间信息不对称方面的优势；在中观层面，本章按企业在其所属行业的地位分组进行异质效应分析，发现企业在行业中地位越高，数字化发展降低股价崩盘风险的效果越明显；在宏观层面，本章运用企业数字化发展和经济政策不确定性的交互项进行异质效应分析，发现虽然经济政策的不确定性加大了上市公司股票价格崩盘的风险，但上市公司数字化发展水平越高，越能够有效缓解经济政策不确定性对其股价崩盘的负面效应。

第八章：碳风险与股票错误定价。本章构建了上市公司碳风险、股票错误定价、投资者情绪、绿色技术创新和企业环境责任披露等变量，实证检验上市公司碳风险与其股票错误定价的关系，以及投资者情绪、绿色技术创新和企业环境责任披露在上述关系中的作用；最后，从企业内部特征（内控制度与短视主义）的角度分析上市公司碳风险对股票错误定价的异质性影响。

第九章：股市泡沫传导路径。本章以其自回归残差测度资产价格效率，运用 Amihud 的非流动性指标（ILLIQ）构造流动性溢价指标，检验价格效率的中介效应，探讨市场流动性和股市泡沫间的传导路径，并基于 2006—2008 年和 2014—2016 年两个显著泡沫期，从价格效率角度分析货币政策和投资者异质信念对传导路径的影响。

第十章：股票价格泡沫的识别机制。本章组建真实的金融市场，依据市值和账面市值比对样本股票进行分组，在此基础上基于线性信息动态剩余收益估值模型计算样本股票的动态基本价值，基于计算实验金融设置无泡沫现象的模拟金融市场并模拟样本股票交易，基于模拟金融市场上资产价格及其基本价值走势设定泡沫识别标准，据此判断真实金融市场上的价格带是不是资产价格泡沫。

第十一章：股票价格泡沫的预警模式。本章从宏观层面和微观层面遴选三个指标采用线性合成法构建股票价格泡沫预警指标；运用 3σ 原则上偏差获得股票价格泡沫的预警值和预警线，设置泡沫预警模式，并借助交通信号灯规则分别赋予安全模式绿灯、警戒模式黄灯和危险模式红灯。此外，本章以第十章的研究样本为样本提取泡沫程度转换线，将预警模式划分为六种状态：绝对安全状态或相对安全状态，警戒状态或高度警戒状态，危险状态或高度危险状态，继而对样本期内的股票价格泡沫予以预警分析，一方面检验预警模式的有效性，另一方面对预警结果进行分析。

二、研究方法

1. 多学科交叉研究

本书的研究方法涉及金融工程、金融市场、实验金融、统计学、心理学、随机控制、动态规划和计量经济学等学科领域，特别是在实验金融领域，本书通过计算实验金融设计金融资产泡沫识别机制。

2. 理论研究

一是剖析历史上不同时期的资产价格泡沫现象和相关研究，提出本著作的研究问题。二是构建股票价格泡沫形成机制模型，并对其进行求解与分析，从而进行严格的数学推导、证明并赋予经济解释，并结合股票价格泡沫特征设计其识别机制、提出其预警模式。

3. 实证研究

资产价格剧烈波动及其崩盘和资产错误定价等问题涉及股票价格泡沫形成的内在机理分析，本书基于理论分析提出的研究假设均通过计量分析方法的实证，研究股票价格泡沫形成的内在机理，阐释其经济含义，构建股市泡沫的传导路径。

4. 对比和案例研究

一是强化研究结果对比，既注重泡沫周期和泡沫强弱对比，也注重泡沫期间资产价格变化差异的对比，借以提升研究的科学性和对实践的借鉴价值。二是强化案例支撑，既以 21 世纪以来我国股票市场上两次典型的股市波动和代表性股指验证研究结果的可靠性，也运用不同时期股市泡沫背景下的政策组合验证应对和控制股市泡沫的有效性。本书旨在从研究中获得相关结论，提炼经验证据，从而挖掘金融市场证据并提升政策建议的价值。

第三节　特色与创新

1. 构建股票价格泡沫模型，描述资产价格及其基本价值的运动过程

股票价格泡沫的形成机理一直是金融学研究领域的前沿和热点，众多学者虽然从经典金融学和行为金融学视角研究了泡沫的驱动因素及其表现形态，但因难以描述资产价格及其基本价值的运动过程，并未详尽讨论泡沫强弱及其价格相对基本价值变化与金融市场及

资源配置等的关系；虽然有学者基于行为金融学构建了资产价格泡沫模型，但也局限于泡沫驱动因素、阐释资产价格持续上涨和下跌的原因等问题。由此可见，泡沫期间资产价格及其基本价值的运动过程阻碍了泡沫形成机理的进一步深入研究。这既源于资产基本价值不可观察，也源于泡沫驱动因素的复杂性。本书基于当前研究，选择具有代表性的驱动因素，并以无风险资产收益率变化代表金融产品供给，在金融市场出清的均衡条件下构建股票价格泡沫模型，描述了泡沫期间资产价格及其基本价值的运动过程，并据此进一步洞悉股价泡沫的形成机理。

2. 聚焦股票价格泡沫表现的内在机理，提出股市泡沫传导路径

尽管股票价格泡沫的成因及其表现形态较为复杂，但本质上均表现为资产错误定价，导致股价剧烈波动甚至崩盘。本书从投资者、金融市场、金融安全和新经济层面选择收益外推行为、信贷资源错配、企业数字化发展程度和低碳转型过程中的碳风险为代表性变量，研究股票市场波动、股票错误定价和股价崩盘问题，同时分析相关经济变量、企业特征和投资者非理性行为在此过程中的中介作用、调节作用和异质性，阐明经济变量间的内在关系，丰富和拓展了股票价格泡沫的内在机理；最后，凝练内在机理并提出以价格效率为中心的市场流动性和股市泡沫间的传导路径。

3. 设计股票价格泡沫识别标准，明晰泡沫的阶段特征与周期

源于泡沫的负面影响，识别和控制泡沫问题引起了诸多学者的兴趣。然而，众多学者聚焦于理性泡沫的识别，缺乏对非理性泡沫的识别研究，这显然既不科学也不符合事实，因为现实金融市场的泡沫往往是非理性的；也有学者通过资产市场实验研究泡沫的识别问题，但忽略了泡沫的真实市场表现。这既源于动态资产基本价值不可观察，也源于泡沫期间资产价格变化特征的复杂性。因此，本书从沪深 A 股中遴选了若干股票组成真实的金融市场，并基于资产剩余收益估值模型获得它们的动态资产基本价值，形成真实金融市场上样本股的价格及其基本价值走势；参照真实金融市场，通过计算实验金融设置模拟金融市场，形成模拟金融市场上样本股的价格及其基本价值走势；基于金融资产泡沫形成过程的三阶段特征定义价格带，寻找并计算两个市场上价格带的三个特征值；基于模拟金融市场价格带特征值，借助统计分析获得判断泡沫的三个基准，进而设计出直接判断真实金融市场上某个价格是不是泡沫期的三个标准，以弥补当前研究的不足。

4. 从市场、资产及投资者层面，通过指标合成提出股票价格泡沫预警模式

股票价格泡沫预警是维护股票市场稳定、引导资源优化配置的关键，也是阻止金融市场泡沫乃至经济泡沫的"隔离墙"。在泡沫识别的基础上实施泡沫预警，更有助于防范资产价格泡沫，化解金融危机。现有资产价格泡沫预警方法主要集中于直接预警。直接预警法通过测度资产泡沫大小达到预警的效果，但由于假设、模型限制及计量方法选择等原因，在一定程度上影响了预警的准确性，故直接预警法的适用性在现实运用中受到限制。

由于泡沫在膨胀和崩溃过程中往往有所征兆，一般体现在一些经济指标的异常变动上，因此我们可以选用适当的经济指标与数量分析方法构建预警指标体系，用于资产价格泡沫的间接预警。相较于直接预警法，间接预警法构建的泡沫预警指标体系在实际运用过程中不存在一些假设和限制条件，其操作性和适用性较强；同时，该预警指标体系包含多个指标，因此能较直接和全面地反映预警对象的本质及其特征，使得预警结果更加直观。因此，本书从宏观和微观层面遴选市场、资产及投资者三个代表性指标，采用线性合成法构建股票价格泡沫预警指标；运用 3σ 原则上偏差获得股票价格泡沫的预警值和预警线，设置泡沫预警模式，借助交通信号灯规则分别赋予安全模式绿灯、警戒模式黄灯和危险模式红灯；以第十章的研究样本为样本提取泡沫程度转换线，将预警模式划分为六种状态，继而对样本期内的股票价格泡沫予以预警分析。

第二章

不同历史时期的资产价格泡沫及其启示

　　资产价格泡沫是一种资产价格异象，它在经济发展史上反复出现，最早可以追溯到17世纪。资产价格泡沫既出现在经济发展的不同阶段，从发展经济体到高度工业化经济体，也出现在不同的资产市场，从股票市场及其衍生品市场到房地产等实物市场。上述反复出现的历史现象表征：资产价格泡沫期间，资产价格在一段时间（几个月甚至更长）内快速持续上升，远远超过资产基本价值，并在达到价格顶峰后随之崩溃，以快于价格上升的速度疯狂下降，导致资源错配和资产负债表受损等，严重影响经济社会的高质量发展，甚至引发经济（金融）危机。

　　本章以历史上著名的三大泡沫事件、20世纪美日股市泡沫及我国21世纪两次明显的股市波动为代表，阐释资产价格泡沫产生的背景、条件、应对措施及其对经济社会发展的影响，剖析资产价格泡沫载体的特征及其形成条件，并基于马克思政治经济学原理指出资产价格泡沫存在的社会基础、理论基础和现实基础。

第一节　历史上著名的三大泡沫事件

一、荷兰郁金香泡沫（1635—1637年）

　　17世纪发生在荷兰的郁金香泡沫是经济发展史上记载的最早的泡沫事件。当时，荷兰正处在商业和金融业发展的辉煌时期。17世纪30年代中期，由土耳其传入欧洲的百合科植物郁金香受到社会的追捧，特别是上流社会。

　　在郁金香的追捧浪潮下，市场上出现了郁金香交易和收藏现象。交易和收藏行为进一步大幅度拉升郁金香价格，无论是珍贵品种的郁金香还是普通郁金香，其价格都出现了不同程度的快速上涨。金融家加入后，开始囤积居奇，市场上不但出现了郁金香拍卖会，用称量黄金的小秤计算珍贵的郁金香球茎，还出现了郁金香交易市场和郁金香球茎期货市场。在现货市场和虚拟市场的推动下，郁金香球茎价格一路飙升。随着郁金香价格的上涨，人们购买或拥有郁金香的目的和期望已经发生改变且严重偏离初衷，不再是其内在价值或观赏价值，而是期望其价格能无限上涨从而获取暴利，市场上出现纯粹的投机心理和（或）行为。

　　随着充满获取暴利目的的投机行为盛行，人们意识到该投机行为本质上并没有创造财富，只是充当了转移财富的工具，因而郁金香追捧浪潮逐渐降温，郁金香价格开始下降，且降速不断增加，最终引发了郁金香泡沫的破灭。进入1637年2月，那些从事郁金香期货合约交易的投机者们认为，随着郁金香交货期日益临近，若仍然采取种植策略，通过种植郁金香球茎种获取投机收益，届时将很难转手买卖，于是卖方突然大量抛售。随着郁金香抛售浪潮愈演愈烈，整个社会陷入恐慌，郁金香价格一路下跌，先前繁荣的现货市场和虚拟郁金香市场随之崩溃。此时，荷兰政府也意识到问题的严重性，为维护郁金香市场、阻止球茎价格进一步下跌，政府公开或通过媒体发布消息称郁金香球茎价格非正常快速下跌缺乏理论和现实依据，只是受到部分倒买倒卖投机行为的影响，政府正在积极阻止或惩罚该投机行为，并试图以合同价格的 10% 结算所有合同，但仍然没能阻止社会上恐慌的郁金香抛售行为，结果是直接导致部分郁金香球茎价格从最高峰的几千荷兰盾跌到最低时不到一个荷兰盾，郁金香价格平均下跌了 90%，至此郁金香价格泡沫彻底破灭。

郁金香价格泡沫破灭重创了荷兰的经济社会发展，使其一度停滞不前并在人们心中留下阴影，社会上甚至出现了赤贫现象，严重阻碍了荷兰的经济发展。加尔布雷斯认为，郁金香价格泡沫的产生及其崩溃不但导致荷兰经济社会出现赤贫现象，而且严重影响了荷兰自此以后多年的经济社会发展，导致荷兰经济进入大萧条时期。

二、法国密西西比股市泡沫（1719—1720 年）

荷兰郁金香价格泡沫破灭 82 年后，1719 年，经济发展史上又出现了著名的法国密西西比股市泡沫。该股市泡沫与货币理论的一代"怪杰"约翰·劳有关。约翰·劳认为，当社会就业市场疲软、就业机会不足时，银行通过发行货币使货币供给增加不仅不会提高当时的物价水平，而且可以创造就业机会、增加国民产出，助力经济社会发展。

约翰·劳的主张对当时的法国政府具有强大的吸引力。18 世纪初，法国国王路易十四连年发动战争，国库空虚，债台高筑。为了能够解决法国政府当时的财政危机，1716年，约翰·劳在巴黎成立了一家拥有发行银行券特权的私人银行——通用银行，该银行的银行券可以兑换硬通货和支付税款，信用极高且广泛流通，在当时成为名副其实的"货币"。银行券的发行极大地增加了当时法国社会的"货币"供应量。之后，约翰·劳又成立了垄断法国在欧洲以外的所有贸易的印度公司。印度公司既可以通过发行股票为法国政府筹集资金，也可以通过发行货币为股票交易者提供资金从事股票交易。

印度公司的此番运作不但拥有了一系列特殊垄断权力，特别是法国政府特许权为其赢得大量信誉，而且使得人们对其经营活动的预期收益充满信心。在此情景下，尽管印度公司多次发行股票，但仍然满足不了股票购买者的需求，发行的股票被抢购一空，供不应求现象愈演愈烈且出现金融投机行为，直接导致股票价格节节攀升。同时，皇家银行也开始大量发行银行券，而银行券的盛行不但进一步刺激了股票交易、助长了金融投机行为并直接拉升了股票价格，而且也使商品价格在全国范围内出现了不同程度的快速上涨，出现了严重的通货膨胀，商品零售价格指数在 1719 年 7 月到 1720 年 9 月之间上涨了约 75.45%。如此严重的通货膨胀强烈动摇了人们的信心，人们对银行券的信任和购买股票的热情开始下降，这直接导致印度公司的股票价格开始暴跌，回到了 1719 年 5 月的股价水平，密西西比股市泡沫宣布破灭。

相较于郁金香价格泡沫，密西西比股市泡沫更为严重，对法国经济社会的影响也更大。约翰·劳扩大货币供给的时候缺乏系统思维，忽略了金融风险的传递性和感染性，并没有意识到此举会导致股票交易过程中的金融投机现象或行为；在出现金融投机现象或行为时，约翰·劳非但没能及时制止，反而又发行货币，增加货币供应量，这在相当程度上对股票交易起到了推波助澜的作用，一旦股票购买者的信心和预期发生逆转，就会导致股票价格崩盘。密西西比泡沫的破灭使银行在人们心目中的信用度严重下降，直接阻碍了法国银行业的发展，进而导致社会融资功能下降，工业融资渠道严重受损，严重影响了法国工业的发展，更谈不上工业扩张，从而削弱了法国经济的恢复能力并降低了法国经济的增长速度。

三、英国南海泡沫（1720 年 3 月—1720 年 12 月）

几乎就在法国密西西比股市泡沫崩溃之际，英国南海泡沫产生了，持续了短短 10 个月左右就宣告破灭。17 世纪末至 18 世纪初，作为老牌资本主义国家的英国处于经济社会发展的兴盛期，市场上诸如股票一类的虚拟资产极少，与郁金香球茎一样，拥有股票类虚拟资产不仅是一种特权还是社会地位的象征。1711 年，南海股份有限公司宣告成立。进入 1720 年，与法国政府一样，英国政府也因战争债务出现资金危机并陷入财政困难，南海公司随即提出可以向政府提供资金支持，帮助政府解决当前的资金危机，度过财政困难期，具体做法是以向英国政府支付 750 万英镑换取管理英国国债的特权（这在一定意义上是资本绑架政府）。政府特权赢得了人们的信任和对南海公司的预期向好，尽管英国议会还在强烈辩论是否要将英国国债经营权授予南海公司。1720 年 3 月，受社会舆论的影响，南海公司的股票价格开始出现上涨势头，在英国议会辩论期间，南海公司股票价格上涨了近 67%，达到每股 200 英镑。在 3 月 21 日议会通过国债经营权法案时，南海公司的股价在不到 20 天的时间里已上涨至每股 400 英镑；之后，南海公司的股价迅速上涨之势一发不可收，不到 5 个月，每股股价就涨至 1 000 英镑。在此期间，为满足人们抢购股票的热情，南海公司进行了三次较大规模的增发股票，尽管如此，每一次增发的新股都被迅速抢购一空。与印度公司的股票一样，南海公司股票供不应求的态势愈演愈烈，那些持有南海公司股票的人们迅速暴富，社会情绪空前高涨，越来越多的投机者趋之若鹜，其中包括众议员甚至国王。

南海公司的股票效应愈演愈烈，直接导致英国各地迅速出现了一些其他的商业公司（当时这些商业公司有一个滑稽的称号叫作"泡沫公司"），它们也纷纷发行股票，加入这场空前的股票投机活动中，借以实现迅速暴富。更为严重的是，部分商业公司在收到发行股票获得的大量现金之后就销声匿迹了，这在一定程度上影响了股票购买者的信心；同时，随着"泡沫公司"的增多及其所谓业务的发展，部分股票购买者纷纷出卖南海公司的股票，转而购买"泡沫公司"的股票。加之之前部分"泡沫公司"携带股票出售资金潜逃等问题，股票购买者对南海公司和其他商业公司股票的信心也迅速下降，社会恐慌情绪开始蔓延。几乎就在这个时候，法国密西西比泡沫开始破灭，在法国政府的允许和授权下，约翰·劳采用了多种优惠政策，不但在国内争取流动资金，而且还想将国际热钱引入法国。在这种双重压力下，到1720年12月，南海公司的股价在短短4个月内跌至每股124英镑，是其之前最高价的1/7。南海公司股价暴跌使得整个社会被恐慌情绪笼罩，随后，迫于内外压力，英国议会不得不强令南海公司实施资产改组，至此，英国南海泡沫彻底破灭。

南海泡沫破灭严重影响了英国经济社会的发展，甚至出现明显的衰退现象。结合密西西比股市泡沫，我们从南海泡沫的形成和破灭过程可知，虽然股市暴涨、形成股市泡沫的动力来自广大投机（资）者的乐观预期，摧毁股市泡沫的直接因素也是源于广大投机（资）者对股市预期的改变，诚然，类似于广大投机（资）者的社会大众心理因素和非理性预期的改变也与法国约翰·劳政策主张的失败有关，但是从根本上看，密西西比泡沫和南海泡沫的始作俑者是政府特许权和缺乏严谨的监管（包括国际热钱）。这说明股价泡沫的形成和破灭不但与政府政策（特别是监管）有关，而且股市泡沫在国际上也具有相当高的传染性，这也验证了金融风险具有跨市场、跨区域、跨机构的传递特征。进一步思考，若英国金融法律法规健全，同时加强市场监管，密切关注国内国际资金流向，加强舆论导向，合理引导社会预期，南海泡沫也许不一定出现。由此可见，保持一个相对独立的金融机构，完善金融体制机制并加强对市场主体的有效监督与管理是防范股市泡沫的必要条件。

第二节　20世纪美日股市泡沫

一、美国纳斯达克股市泡沫

1. 纳斯达克股市泡沫概述

1971年2月8日，纳斯达克股票市场正式启动，随后，越来越多的公司在纳斯达克上市，这些公司大多是从事信息技术产业的高科技公司，如微软、英特尔等。1990年10月底，纳斯达克指数为329.8点，1995年年底超过1 000点。在这之后，纳斯达克指数上升速度明显加快，1998年年底达到2 000点，1999年11月突破3 000点，1999年12月底达到 4 069.31 点，一年内指数涨幅超过 85%。图 2-1 描述了泡沫发生前后纳斯达克指数的每日收盘价。

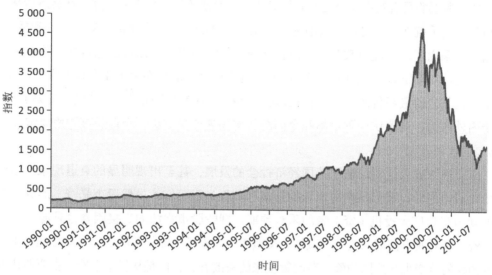

图 2-1 泡沫发生前后纳斯达克指数每日收盘价

2. 纳斯达克股市泡沫的形成原因

（1）对"新经济"时代的过度乐观。1991 年 4 月至 2001 年 4 月，信息技术产业已在美国经济中占据主导地位，同时伴随着"三低一高"的特点，即低通胀、低赤字、低失业率和高经济增长率，这在美国被称为"新经济"。麻省理工学院的多恩布什教授结合该"新经济"现象进行研究，认为经济发展可以不受商业循环的影响，保持增长势头。这种乐观的思想使人们认为美国经济能够一直保持增长。同时，实体经济的强势增长带动了股票价格上涨，而股票价格的上涨放大了人们对经济预期的乐观情绪，普通投资者认为股市会一直上涨，自己可以通过投资股票实现财富的不断增长。在乐观情绪氛围的推动下，许多美国家庭将储蓄投入股市。美国国内过度乐观的氛围成为股市泡沫不断膨胀和最终破灭的前提条件。

（2）自由化改革。20 世纪 80 年代，美国政府在经济上实施了一系列自由化改革措施，主要包括放松政府管制、鼓励自由竞争、放开金融市场等。经过改革，美国政府管制机构权力减弱，市场自由化程度提高。其中，负责监管股票市场的证券交易委员会裁员达到 1/5，这造成了股票市场监管压力增大，许多领域监管不到位，甚至监管严重缺失。

自由化改革虽然使市场的自由化程度提高，但金融监管缺失导致了众多投机乱象。投机者肆无忌惮地操纵股票套利，这其中包括许多本应及时发现的违法行为。这些违法行为滋生了大批股票市场的蛀虫，极大助长了股票市场的投机风气，导致股市泡沫无规则扩张，为泡沫过度膨胀和破灭埋下了祸根。

（3）互联网行业热潮。由于当时美国信息技术产业的高速发展，人们对依托信息技术的互联网企业前景产生了乐观预期，对其股票也产生好感。虽然这些互联网企业大部分利润并不高，甚至长期处于亏损状态，但在股市泡沫生存期间，这些互联网企业的股票价格均有大幅上升。

人们对"新经济"过度乐观是引发互联网泡沫的重要原因。企业认为当前互联网行业虽然利润不高，但未来的潜力巨大，同时普通居民认为投资股票是有保证的。技术进步及投资者对未来经济的信心导致互联网泡沫不断膨胀，最终传导入整个股市。

（4）宽松的货币政策。20世纪90年代，美国联邦基金目标利率最低为3%，比80年代美国联邦基金最低目标利率下降了近50%；90年代美国联邦基金目标利率最高为8%，比80年代美国联邦基金最高目标利率下降了60%。同时，1995—1999年，美国金融机构的放贷规模增加了2.5倍。然而，在泡沫膨胀期间，美国还一直保持着低利率政策，没有及时调整货币政策抑制泡沫，反而助推了泡沫的进一步膨胀，这使得格林斯潘在泡沫破灭后从"货币主义大师"的宝座跌落。其实，在90年代中后期，格林斯潘已注意到股市可能存在泡沫，意识到股市存在的危险，但他并没有采取实际行动应对，反而一直维持着低利率政策。长期的低利率政策为泡沫生长创造了有利环境，而向紧缩货币政策转型则成为刺破泡沫的有力一击。

（5）国际资本冲击。1995—2000年股市泡沫膨胀期间，不断有逐利的国际资本进入美国，这为股市泡沫膨胀起到了巨大助推作用。2000年，进入美国的国际资本为3 212.76亿美元，达到历史新高。1995—2000年，共有10 396亿美元的外国资本进入美国，相当于1999年互联网企业市值的总和。

1994年，墨西哥金融危机爆发，1997年，亚洲金融危机爆发，而同时期的美国经济却保持了较高增长，美元在这期间的大幅升值也使套利美元有利可图，大量国际资本因此流入美国。由此可以看出，外国资本对推动股市泡沫发挥了巨大作用。

（6）造假投机风气盛行。由于金融监管的缺失，大量企业从金融机构获取贷款，然后将资金用于回购公司股票，推高股票价格，股价上升后再将升值的股票抵押获得贷款，从而进入不断推高股价的循环。例如，美国世界通信公司便是利用股价上涨获得贷款，最后将资金用于并购推动股价上涨，最后在高点套现。此外，为了推高本公司股价获取高利润，许多公司甚至通过做假账、内部截留IPO等违法手段推高股价。1999年，美国世界通信公司与斯普林特并购事件的泄密成为华尔街历史上的一大丑闻，在这起事件中，知情交易者累计从中获利540亿美元。

这一时期，分析师的有意诱导也是导致金融市场混乱、股市泡沫不断膨胀的原因。证券公司联合分析师向市场传递虚假消息，诱导投资者进入股市并推高股价，从而在高点套现获取暴利。2002年4月，纽约州首席检察官斯皮泽提交的报告显示，在股市泡沫膨胀期间，美林证券的互联网行业研究小组在明知股票上涨困难的情况下仍向外部发布鼓励买入的报告，诱使投资者买入股票。例如，在 2000 年 10 月，代码为 ICGE 的股票已经连续下跌 9 个月，跌幅高达 97%，但美林证券在内部认为其已经没有机会的情况下仍发布了建议买入的投资报告。2001 年，该股票继续下跌，相比 2000 年的最高点下跌了 99.9%，听从美林证券建议买入该股票的投资者无一不遭受巨大亏损。

这些金融投机乱象出现的原因源于美国金融监管不完善，部分监管缺失。在没有充分准备的情况下进行自由化改革的弊端在此处暴露出来，社会上的造假、投机风气被助长。投机风气在企业间的传递是导致股市泡沫愈演愈烈的重要推手。

3. 纳斯达克股市泡沫治理措施

（1）紧缩货币政策。在美联储主席格林斯潘对过热的股市多次做出警告后，美联储终于在 1999 年 6 月做出了应对措施，联邦基金利率从 4.76% 提升到 5.85%。随后，美联储又在同年的 8 月 24 日、11 月 16 日及次年的 2 月 2 日、3 月 21 日连续 4 次上调利率，试图抑制股市泡沫膨胀。但此时股市泡沫已经发展到最后的阶段，美联储连续上调利率使货币收缩，同时对外界释放了悲观信号。之后，货币紧缩政策的效果逐渐显现出来，纳斯达克指数开始下跌。到 2000 年 4 月 11 日，纳斯达克指数从年内最高点下跌了 20%。同时，恐慌情绪在美国国内传播开来，带动指数连续下跌，至 2001 年 4 月 4 日，纳斯达克指数相较最高点已下跌 68%。迟来的降息政策未能有效抑制泡沫，反而加速了泡沫的膨胀及崩溃。

（2）刺激经济。2001 年股市泡沫彻底破灭后，美国经济陷入疲软状态。为拉动经济恢复，美国政府于 2001 年一年内 11 次下调联邦基金利率，即分别于 2001 年 1 月、3 月、4 月和 5 月连续 5 次下调 50 个基点，6 月 26 日和 8 月 27 日两次分别下调 25 个基点，9 月 17 日、10 月 2 日、11 月 6 日 3 次分别下调 50 个基点，12 月 11 日再次下调 25 个基点。此轮降息对美国经济确实发挥了不容忽视的刺激作用，在一定程度上刺激了美国经济的增长。

（3）强化企业管制。在泡沫膨胀期间，企业的造假投机行为严重扰乱了金融市场秩序，频发的金融乱象使美国政府认识到一味放松管控只会使金融市场陷入混乱无序的状态。因此，为加强监管，特别是对企业的监管，美国政府实施了一系列对企业治理结构进行改善的措施。

二、日本 20 世纪 80 年代中后期股市泡沫

1. 日本股市泡沫概述

在日本股市泡沫发生前的 1980 年，日经平均股价（年平均）仅为 6 560.16 日元；进入股市泡沫增长期后，1985 年 9 月，日经平均股价达到 12 598 日元；而到了泡沫后期的

1989年年底，日经平均股价已达38 957.44日元，总市值达630万亿日元。1990年10月后，日本股市开启了震荡下跌走势，到1992年8月18日，日经平均股价已跌至14 194.40万日元，股市总市值蒸发331万亿日元。图2-2描述了泡沫发生前后日经指数每日收盘价。

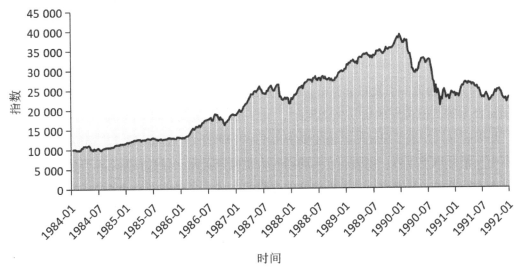

图2-2　泡沫发生前后日经指数每日收盘价

2. 日本股市泡沫的形成原因

（1）金融自由化为泡沫形成创造了环境。日本政府在第二次世界大战后对金融活动进行了严格限制，外国金融机构在日本也受到了严格管制，其业务范围被极大限制，金融摩擦不断升级，各国纷纷要求日本放松金融管制，并通过在本国限制日本金融机构的措施胁迫日本开放金融市场。同时，进入20世纪80年代后，日本国内需求下降，日元升值阻碍了日本出口贸易，使日本经济陷入停滞不前的状态，这在客观上产生了金融改革的需求。1984年，在美国的强烈要求下，日本实行了一系列放松金融管制的措施，日本的金融自由化历程就此开启。由于金融自由化改革，日本证券业在这一时期得到飞速发展，并吸引了众多投机者进入股市，催生了股市泡沫。同时，日本将大量贷款发放给经营风险高的中小企业，助推了泡沫的膨胀。

（2）金融自由化应对错误。利率自由化是金融自由化的开端，也是导致金融机构竞争加剧、推高股市泡沫的重要因素。1985年，日本允许大额定期存款利率自由化，并给予非银行金融机构对金融产品的定价权，极大增强了非银行金融机构的竞争能力，其市场份额不断扩大，甚至超过了传统商业银行。而日本银行等传统金融机构在放松金融管制前都处于被政府保护的状态，其独立性没有得到培养。因此，由于在放松金融管制后没有正确的应对措施，传统金融体系受到极大挑战。同时，企业出现"脱媒"现象，越来越多的企业脱离银行，通过企业信用融资，银行等传统金融机构的利润被进一步压缩。在这种情况下，银行为了提高竞争力、抢占市场份额，通过支付丰厚的利息吸引客户，使得存贷款利息差降低，极大挤压了银行的利润，银行不得不增加存贷款额度，以薄利多销的方式维持收益。同时，银行降低了对客户的审查标准，大量贷款流入房地产行业。在充足的资金支持下，土地价格被越推越高，拥有地产的企业又可以将价格上升的土地再次抵押贷款，将资金继续投资地产。此外，日本商业银行被允许持有房地产和股权资产，随着土地价格升高和银行资本增加，贷款额度也随之增加，继而将贷款继续发放给房地产企业。房地产市场出现巨大泡沫，房地产企业股票价格也随之升高，从而加速了股市泡沫的膨胀。

（3）"广场协议"引发日元升值。由于里根政府实行的经济政策使美元升值，导致了美国对日本等其他国家的贸易失衡问题。1985年，美国同日本、法国、英国、德国在纽约广场饭店共同发表了美元对其他主要货币汇率下降的《广场协议》。《广场协议》签订后，日本中央银行迫于压力，在买入日元的同时大量抛售美元，导致日元迅速升值，严重影响了日本出口贸易。日本产品在海外的竞争力降低，日本企业的出口业务严重受阻，甚至整个日本经济长期停滞不前。为应对一轮又一轮的日元升值，众多日本企业选择在海外投资，将工厂转移至海外以降低成本。同时，日元升值使大量国际资本以套利为目的涌入，进一步推高了日元汇率，对日本的出口贸易造成连续打击，加速了日本实体产业转移。

（4）低利率政策。《广场协议》签订后，日本银行于1986年开始降低法定贴现率，由原来的5%降为4.5%，同年3月继续降低至4%，4月降低至3.5%，10月再次降低至3%，次年2月又下调至2.5%，这一法定贴现率一直维持了2年3个月，为泡沫的持续膨胀起到了火上浇油的作用。

连续的低利率政策使日本的GDP增速在1987年恢复至6.1%，但毫无疑问也造成了货币供应扩张。日本低利率政策共维持了2年3个月，推动了股市泡沫走向不可逆的阶段。1987年，在连续五次降息后，日本的经济已经得到回升，但之后日本并没有及时调整经济政策，反而继续沿用该低利率政策。长期的低利率政策使日本的货币供应过剩，在股市节节攀升的形势下，大量投机资金进入股市，助推了股市泡沫不断膨胀。

（5）扩张性财政政策。为应对日元升值导致的经济增速缓慢，日本除实施低利率政策外还期望通过拉动内需进一步刺激经济恢复。1986年，日本财政预算为538 250亿日元。至1990年，财政预算已接近70万亿日元。扩张性财政政策刺激了国内经济，在低利率政策的基础上进一步使货币供应扩张，过热的房地产市场使居民对未来经济预期过于乐观，做出了错误判断，从而进入金融市场等投机领域，推高了股票价格。与此同时，日本又连续实施扩张性的财政政策，该组合政策直接造成货币供应过量，加速了股市泡沫膨胀、破裂的进程。

（6）国际资本大量涌入。1984年4月，日本废除了"实际需求原则"。"实际需求原则"是指外汇交易应建立在实体经济活动的基础上，防止在外汇交易中进行投机活动。同年6月1日，日本解除了日元转换限制。这两项限制的解除为海外投机资金进入日本打开了通道。在这样的环境下，国际资本出入日本的自由度逐渐提高。随着日元不断升值及股市不断创出新高，大量国际资本涌入，纷纷兑换日元进行套利。同时，进入后的国际资本大量流入股市等金融投机领域，使得股市泡沫愈演愈烈。

（7）企业热衷投机。利率自由化之后，企业通过股票获得融资的成本降低，直接融资规模不断增大。1984年，企业直接融资比例为14%，1987年上升至16.58%，1989年上升至19.23%，融资规模的扩大为企业进入金融领域投机、助推股市泡沫提供了资金条件。

此外，企业用于股市的资金量明显增多。1980年，企业新增资产中金融资产占比为7.93%；1985年，新增资产中金融资产占比达到77.73%；在随后的三年里，即1986—1989年，日本大企业投资股票市场的资金总额不断飙升，年平均增长额甚至达到2.7兆日元。这一时期，日本的大企业几乎都设有专门从事投机的金融技术部门，所获利润甚至超过企业的主营业务。大企业将大量资金投入股市获取暴利的行为使得股市泡沫进一步加剧。同时，银行对中小企业的贷款规模也不断扩大，大量资金流入房地产行业，导致房地产价格节节攀升。土地资产价格的上升进一步刺激了持有土地资产的公司股票价格，使投资者陷入不断追涨的投机风气中。

3. 日本股市泡沫治理措施

（1）货币紧缩政策。1989年5月，日本终于重视国内经济过热引发的资产价格泡沫，结束了维持3年4个月的低利率政策，同时，日本银行也实施严格窗口管制，试图抑制股市和房地产泡沫的进一步膨胀。

（2）制定地价税。1990年年初，股价和房地产价格先后下跌；次年，为抑制房地产价格继续上涨，日本政府推出"地价税"。这一规定有力打击了房地产居高不下的价格，使土地价格不断下跌，房地产泡沫就此崩溃。房地产泡沫的崩溃使原本持有地产的公司股票价格不断下跌，资金争相外逃，连累股市泡沫崩溃。

（3）完善金融职能。泡沫破灭前，日本金融体系的不完善以及金融监管职能的效率低下是股市泡沫的重要推手。泡沫破灭后，日本政府急切认识到完善金融体系、降低股市泡沫破灭的负面影响是恢复经济的首要任务。因此，为挽救泡沫破灭后萧条的日本经济，日本政府通过了《尽早完善金融职能紧急措施法》，动用43万亿日元公共资金用于维护金融体系稳定。

（4）货币和财政政策双重刺激经济。为刺激经济复苏，日本实行了长期的低利率政策。1990年，无担保隔夜拆借利率为8.3%，1991年下降到5.6%。同时，1990年的法定贴现率为6.5%，1991年下降到3.5%。但低利率政策实施后并没有像20世纪80年代一样产生迅猛的反应，日本经济进入了漫长的恢复期，其低利率一直保持到21世纪初。同时，日本聚焦公共投资，积极实施扩张性财政政策刺激经济恢复。

第三节 21 世纪我国股市两次明显波动

1990 年，上海证券交易所正式营业标志着我国 A 股市场的诞生。对过去 30 多年来我国股市的发展脉络进行梳理可以发现，我国股市出现过数次股指上涨的牛市，也经历过较大的波动时期。从投资者情绪出发，配合股市发展的周期性，界定出两次较为明显的波动时期，即 2006—2008 年和 2014—2016 年。图 2-3 列出了 2000—2023 年我国上证综指、深证成指和创业板指数等三大主要指数的每日收盘价。

图 2-3 2000—2023 年我国股市三大主要指数的每日收盘价

一、2006—2008 年股市波动

1. 产生背景

2001—2005 年，我国股市经历了四年的熊市，在这期间，上证指数一度从 2 245.43 点下跌至 998.23 点。2002 年，为稳定市场信心，国务院决定停止国有股减持，但是 A 股仍持续下跌。2004 年，《国务院关于加强监管防范风险推动资本市场高质量发展的若干意见》发布之后，股市迎来了小幅度反弹，但很快又回落至原有水平。2005 年，中国证监会推动股权分置改革，放宽了对外资进入股市的限制，并引入了一系列措施来吸引更多的投资者参与股市。这导致了股市的快速扩张和投资热潮。自此以后，我国经济持续高速增

长，国内资金供应充裕。由于股市改革和资金过剩，许多投资者开始涌入股市进行投机炒作。他们追逐短期利润，忽视了基本面的分析和风险管理，导致了股市的过度炒作和泡沫的形成。同时，在 2005 年以后，政府放宽了对杠杆交易的限制，允许投资者使用借款进行股票交易。但是，我国股市监管体系仍在不断完善，监管力度相对较弱。这使得一些不法分子和市场操纵者有机可乘，他们通过操纵股价和传播虚假信息来获取利益，这进一步推动了股市的上涨，并加剧了泡沫的形成。2006 年 1 月至 2007 年 10 月，上证指数上涨了 4.27 倍。这一轮牛市吸引了大量散户投资者进入股市，许多人都期望通过股市获得高额回报。然而从 2007 年 10 月开始，上证指数震荡下跌，投资者纷纷抛售股票，导致股价进一步下跌。2008 年全球金融危机对我国股市造成了冲击，投资者开始担心经济增长放缓和金融风险，继续抛售股票，导致股票市场价格一路下跌，到 2008 年 10 月 28 日，上证指数下跌 73%，逼近 2006 年年初的水平。

2. 产生原因

（1）对未来经济的高度预期。在国内经济发展一片大好形势之下，由于贸易顺差扩大和人民币升值，导致银行接收了大量央行资金，资金的流动性不断增强，银行存款活期化趋势显现，大量散户携带资金涌入股市。由此，2005—2007 年我国股市经历了一段繁荣期，股价迅速上涨，市盈率过高。

（2）市场流动性过剩。流动性可以理解为对产品、服务和资产的购买力。进入 20 世纪以来，广义货币（M2）的年均增长率几乎都是 GDP 增长率的两倍，货币供应量的超速增长带来了流动性过剩的问题。国内货币供应量远超货币需求量，导致大量资金涌入股市，这既促进了股市发展，也助推了股市泡沫的产生。

（3）国际金融危机冲击。2008 年国际金融市场的动荡传导到我国股市，加剧了投资者的恐慌情绪。投资者情绪是导致股市危机的重要因素之一，往往起到经济因素的中介效果。

（4）监控和预警系统不完善、应对措施效率不高。在 2008 年股市危机之前，我国的监管机构对股市的监管力度相对较弱，缺乏有效的监管措施和制度，使得市场容易受到操纵和投机行为的影响。面对股市危机，我国政府采取了一系列干预措施，包括暂停上市、限制股票交易、减少交易费用等。然而，一些干预措施效果不佳，未能有效稳定市场情绪和恢复投资者信心。

（5）股市存在严重投机行为。自 A 股市场建立以来，一直避免不了的就是其投机属性。大量投资者希望从股市中"捞快钱"，特别是在股市繁荣期，投资者热衷于将资金投入股市，并且大部分投资者关注的都是短期利益，即短期内股票价格的增长，而忽略了企业价值发展的长久性和持续性。这表明投资者在乎的并不是长期持有，而是短期投机。在这样的高换手率情况下，一旦发生股票价格下跌，将引发整体股市的连锁反应。

3. 应对措施

（1）降息减税、放宽信贷政策。央行降低了基准利率，以鼓励银行放贷和提供更多的流动性支持。政策措施的实施降低了企业和个人的借贷成本，鼓励更多的投资和消费。

（2）加强监管措施并推动结构性改革。政府推动了一系列结构性改革，包括改革上市公司制度、完善资本市场法规等，以提高市场透明度和投资者保护水平。

（3）出台应对国际金融危机冲击的政策。2008年，受国际金融危机的影响，我国出现经济过热、物价上涨过快的现象，政府迅速调整宏观调控措施，很快形成并全面实施了有效应对国际金融危机冲击的一揽子计划。这些措施在一定程度上缓解了泡沫破灭的危害性。此外，投资者的情绪和心理因素在股市危机中起到重要作用。即使政府采取了一系列干预措施，但如果投资者仍然处于恐慌和抛售的心态，这些措施可能无法改变市场的走势和投资者的行为。

二、2014—2016年股市波动

1. 产生背景

自2008年股市危机发生之后，我国股市便进入了一个长达六年的熊市周期。在此期间，上证综指除了在2009年出现过短时间的"回光返照"，其余绝大部分时间都处于下跌状况，并且多次跌破2 000点大关。这样的股市发展大大损害了投资者的收益。但是，在此期间我国经济总量一路增长至60万亿，大部分企业也处于高速发展期，其盈利水平持续上升。常言道股市是经济发展的晴雨表，但是在这里却行不通。2013年，A股市场在小幅度增长后又迅速回落。2014年7月，A股市场开始上涨，从2 000点左右上涨至2015年6月12日的最高5 178.19点。由于本次股市波动大多发生在中小型创业公司中，我们有必要将创业板指数加入参考。从发展阶段上看，创业板指数和上证综指的上涨趋势基本一致。2015年6月5日，创业板指数达到峰值4 037.96点，随后一路下跌；2014年—2016年，上证综指从5 178点的阶段最高点跌至2 844点的阶段最低点。

2. 产生原因

（1）暴涨导致暴跌。2014年年底至2015年上半年，我国股市经历了一轮大规模的炒作热潮。投资者普遍认为股市是快速获取财富的途径，大量散户投资者涌入市场，推动了股市的快速上涨。2014年，大量热钱流入股市的同时伴随着大比例的券商融资和场外配资。2015年，在极短的时间内，上证综指直冲5 000点大关，主要领涨的都是所谓的新科技公司。从2014年6月至2015年6月，短短一年时间，各大指数的平均涨幅近两倍。出现如此快的股价上涨，股市泡沫也随之顺理成章地快速发展、膨胀，而当泡沫膨胀到极限时，股价下跌也就成为必然。

（2）疯狂的杠杆融资。为了刺激经济增长，我国在2014年年底开始放松对杠杆交易的限制，允许投资者使用借款进行股票交易。这导致更多的资金进入股市，进一步推高了股市泡沫。杠杆带给投资者的可能是高收益，但是也会带来高风险。当投资者受到环境刺激通过场外配资和个人融资加大杠杆以谋取高额利润时，危险也就悄然而至。

（3）市场信息不透明。在短期内的强制高位去杠杆引起了严重的市场流动性问题，进而导致多数上市公司高管和股东减持套现。尽管减持套现这一行为并不难见，但结合当时股市大幅上涨的背景，大量创业板公司高管减持就是一个危险信号。同时，一些不法分子和市场操纵者利用股市炒作热潮，通过操纵股价和传播虚假信息来获取利益。

3. 应对措施

（1）降准降息、注入资金以增强市场流动性。通过央行等渠道向股市提供流动性支持，这有助于稳定市场情绪，给予投资者信心。2015年6月，我国央行首先降准25个基点意在救市，此后，央行又降低了贷款利率，向市场注入资金，增强市场流动性。

（2）改变交易规则和机制。政府通过改变交易制度（如融券业务由T+0改为T+1），加强交易保证金管理（如对股指期货提高保证金比例），并尝试引入熔断机制等措施，阻止市场的下跌趋势，同时暂停上市公司的IPO业务。虽然在股市连续大幅下跌后，我国政府于2016年1月宣布暂停熔断机制，以避免进一步加剧市场恐慌情绪，但这也是应对股市泡沫的重要尝试。

（3）宽松的货币政策和积极的财政政策。2015年，我国经济在宏观政策上依然采取宽松的货币政策（如加大货币供应量和降准降息）和积极的财政政策（如加大公共投资、加快重点设施建设），并且政府加大了对经济结构调整的力度，推动经济转型升级，减少对股市的过度依赖。同时，我国通过加强实体经济发展，提高经济增长质量，为股市提供更加稳定的基础。

尽管2006—2008年和2014—2016年的两次股市波动对我国经济造成了一定的冲击，但我国政府采取了积极的应对措施，并成功实现了经济的快速复苏。两次股市波动也促使我国政府加强了宏观调控和结构性改革，以提高经济的韧性和可持续发展能力。

第四节　资产价格泡沫的载体

众所周知，资产泡沫的载体很多。从一定程度上说，只要该资产是可流通资产，无论其是虚拟资产还是实物资产，只要在流通过程中存在投机需求和投机狂热，都有可能成为价格泡沫的载体。比较而言，以股票为代表的金融资产更容易成为泡沫的载体。结合历史上不同时期的资产价格现象，资产价格泡沫的载体具有以下特征。

一、资产供给弹性

资产供给弹性越小，资产供给量的变化对其价格波动的反应及平衡资产价格波动的效应越不明显。此类资产在短期内具有稀缺性特征，如股票资产便具有此类特征。在一定时间内，资本市场上某只股票的供给弹性非常小甚至接近于零。这是因为在牛市来临或牛市期间，随着股票估值的上升，上市公司存在增发股票的可能性，但该行为会受到资本市场管理部门的制约，导致股票供给量的增加受到限制。因此，在资本市场上，股票的供给弹性非常小，甚至接近于零，且在一定时间内具有较强的相对稳定性，无论其价格上升还是下降，该股票的供给量几乎不会发生变化。当某只股票的价格迅速上涨时，资本市场无法迅速增加股票供给，而该股票的短期稀缺性特征造成其价格上涨存在较大空间，极易偏离或远远偏离其基本价值；反之，当某只股票的价格远远超出其基本价值时，源于某种因素，股票价格迅速下跌，此时资本市场无法迅速减少股票供给，该股票的短期稀缺性特征造成其价格下跌存在较大空间，有可能跌回甚至跌破其基本价值。因此，股票资产极易形成价格泡沫。

二、资产内在价值

一般认为，资产价格泡沫是指资产价格偏离其基本价值的部分。那么，识别某种资产价格是否存在泡沫的关键因素之一就是确定其基本价值。如果某种资产的内在价值容易确定或已形成普遍共识，基于价格是价值的外在表现，那么在其价格超出或远远超出基本价值时，理性人就不会增加购买推动其价格进一步上涨，故而也难以形成泡沫；反之，虽然资产内在价值在某个时点上客观存在且唯一，但如果某种资产的内在价值难以确定，人们只能凭借相关信息对其进行估值，这种估值行为源于多种原因，肯定存在偏离，这种偏离极易形成价格泡沫。例如，现实生活中的米面油盐酱醋等生活必需品的内在价值容易确定，也容易形成共识，因此它们的价格难以形成泡沫；相反，股票资产的内在价值一直是学术界和实务界探讨的问题，至今也未形成一个公认有效的方法，其内在价值难以确定，通常基于相关信息予以估值，估值结果存在差异性，故其价格极易形成泡沫。

三、资产流通性

资产流通性的强弱在很大程度上体现了其变现能力的强弱和资产价格认同性的高低。若某种资产流通性弱甚至不具备流通性能，则其变现能力也弱甚至无法变现，那么其价值仅表现为观念上的价值，并非实际价值，此时即使其价格再高，现实中人们对其价格也会缺乏甚至没有认同性，故不存在价格泡沫问题；相反，若某种资产流通性强甚至具备完全流通性能，则其变现能力强甚至可以随时变现，那么该资产具备或完全具备实际价值，其现实价格认同感强，客观上就会存在价格泡沫问题。因此，流通性能越好的资产，产生价格泡沫的概率越大。股票资产是流通性较好的资产，其价格泡沫出现的可能性较大。事实上，诸多研究都聚焦于股票流动性与其价格泡沫的关系。

四、资产产权特征

这里的资产产权特征主要指资产产权是否明晰、是否具有排他性。产权不清晰、不具有排他性的资产基本上不存在价格泡沫问题，如公共品、公共资源等，诸如此类资产的价格上涨导致的收益是公众的而不是独立的经济个体的，此时人们就没有动力或动机使该资产出现价格泡沫；相反，产权清晰、具有排他性的资产的收益获得者明确，利益相关的经济体或个人存在使其价格上涨产生泡沫而从中取得收益的动力或动机，故而存在资产价格泡沫问题。资本市场上流通的股票产权清晰、具有排他性，因此股票价格泡沫客观存在。金融家的加入进一步助长了郁金香泡沫，便是产权特征的体现。

五、资产资质特征

这里的资产资质特征主要指资产质量的优劣。在资产配置过程中，经纪人总是按照从优到劣的顺序买进资产，按照从劣到优的顺序卖出资产。因此，优质资产往往优于经纪人的集体行为而率先产生价格泡沫，其价格泡沫破灭却是滞后的。现实生活中，虽然也存在劣质资产价格泡沫现象，这往往是由特定背景引发的，而且劣质资产价格泡沫是追随优质资产价格泡沫的，而其破灭却先于优质资产价格泡沫。从一定意义上讲，劣质资产价格泡沫是由优质资产价格泡沫所形成的特定背景造成的。因此，资产价格泡沫往往生根于优质资产。资产市场上的股票客观存在优劣之分，经纪人的资产配置行为导致股票价格泡沫是必然的，故股票价格泡沫客观存在。优质资产引发股市泡沫在美国纳斯达克股市泡沫和我国 2014—2016 年股市波动中有所体现。

第五节　资产价格泡沫的形成条件

历史上不同时期的资产价格泡沫现象表明，导致资产价格泡沫的因素很多，而且往往是多种因素并存，绝不是某一因素导致的结果。本节内容结合历史上不同时期资产价格泡沫的形成背景，简要阐述资产价格泡沫的形成条件。

一、市场有效性

有效市场理论认为，资本市场是有效市场，资产价格总是能够充分反映市场所有信息，是其基本价值的外在表现，不存在价格泡沫现象。事实上，有效市场假设已受到理论和实践的质疑和挑战，以股票市场最为典型，它既不是弱式有效市场和半强式有效市场，也不是强式有效市场，至多是一个接近的弱式有效市场。在此现实背景下，股票价格充其量只能够反映大部分历史公开信息、公开的公司运营前景和发展战略等信息，以及极少部分内部未公开信息，并且股票价格也不能及时反映上述信息。股票价格信息反应的非完全性和滞后性，不但表明股票价格与实际价格间存在价差，而且表明股票价格对实际价格反应存在滞后，这种类似于价差和滞后等特征不但为股票价格泡沫的形成创造了条件，而且表明股票价格泡沫的形成具有持续性特征。因此，市场非有效性是资产价格泡沫形成的重要条件之一，在股票市场上表现得最为明显。

二、市场信息完全性

市场信息完全性表明市场参与者拥有市场状态的全部知识，所有市场参与者既不可能以高于均衡价格卖出资产，也不可能以低于均衡价格买进资产，那么市场上就不可能出现资产价格泡沫现象。事实上，源于市场参与者认知和市场信息配置等原因，市场信息具有不完全性更是一个事实或常态，正是这种事实使市场出现资产价格泡沫成为可能。股票市场就是一个典型的信息不完全市场，为形成股票价格泡沫提供了条件。为避免与其他条件重复，这里仅列举具有一定代表性的三种类型说明股票市场信息的不完全性。一是交易者间信息不对称。股票市场难以在任何时点都保证交易者能拥有同样信息，即便如此，源于交易者自身和（或）获取信息工具的差异，所有交易者也不可能在任何时点都拥有同样信息。此时，无论股票价格高于还是低于其基本价值，持续不断地买入都会不断拉升股票价格，最终导致股票价格泡沫。二是信息时滞性。市场信息传播和交易者接受处理信息都具有时滞性，时滞性导致信息不能及时有效地传递到每一个交易者，交易者的滞后性决策和交易行为也不能充分影响股票价格，进而导致市场失灵。市场失灵增加了股票价格泡沫形成的可能性。三是认知限制。这一点主要考虑把人脑有限的处理能力作为交易决策的约束条件时，如何影响资产价格？由于人脑对信息的分析处理能力有限，在任何给定时刻并不能处理所有信息，而是偏好去应对最显著、最重要信息，容易对新的基本面信息反映不足，导致股票价格无法迅速反映基本面信息。面对股票市场上的众多股票，交易者往往存在分类思维，会把股票予以分类，如分成价值股和成长股，高质量股和小市值股等，这种分类思维使得交易者在判断股票时更多考虑的是股票所处的类别，而非股票的基本面信息，这就造成股票价格偏离其基本价值，从而容易形成股票价格泡沫。

三、经济形态

商品经济及其高度发展的市场经济是资产价格泡沫形成的必要条件。市场经济是发达阶段的商品经济，是劳动、资本、土地、技术和数据等生产要素逐渐商品化的产物。纵观历史上不同时期资产价格泡沫出现的国家和地区，其经济形态无一不是商品经济或市场经济。因此，在商品经济形态下，容易形成资产价格泡沫。同时，在市场经济运行过程中，货币成为商品交易的主要方式。受供求关系的影响，货币交易方式容易造成商品价格的频繁甚至剧烈波动，商品价格频繁连续波动或剧烈波动极易形成资产价格泡沫。由于股票市场是商品经济或市场经济的产物，股票价格泡沫存在形成的经济形态基础。

四、货币政策

货币政策是国家或地区宏观调控经济形势的主要措施之一，宽松的货币政策是导致资产价格泡沫的重要因素之一。资产价格泡沫具有较强的外在价格表现形式，而其价格表现的基础是以货币为支撑。当一个国家或地区的实体经济发展与货币供应量不匹配时，特别是在执行宽松货币政策的环境下，货币供应量超出或大大超过实体经济发展水平时，超发的货币就可能脱离实体经济，走向以资产价格投资为主、实现资金增值的金融投资行为，这极有可能导致资产价格上涨，甚至产生资产价格泡沫。纵观历史上不同时期资产价格泡沫出现的国家和地区，往往伴随着货币供应量增加或信贷扩张的宽松货币政策。由于股票市场对货币政策极为敏感，股票价格泡沫存在形成的货币政策基础。

五、投资渠道与行为

随着经济发展水平的提升和人们收入水平的增加，投资渠道不断拓宽，投资能力不断提升，资金逐利行为也越发明显。在经济发展水平低、人们收入水平有限的时候，有限的剩余资金主要流向储蓄、实业投资，部分转向债券等相对保守的投资渠道。随着经济发展水平的不断提升和人们财富的不断增加，不断涌现出诸如股票、期货、基金、票据和外汇等虚拟投资渠道，此类虚拟投资渠道往往在某一短期时间内表现出虚高的投资回报率，加之投资者富余资金的逐利行为，人们往往蜂拥而至某一虚拟投资渠道，极易推动该渠道资产价格飙升，导致资产价格泡沫。股票市场就是典型的虚拟投资渠道，也是投资者资金逐利的主要渠道之一，股票价格泡沫存在形成的投资渠道与行为基础。

六、社会心理

社会心理是行为金融学研究的主要内容之一。如果某种资产的价格处于上升过程中，一旦资产交易者受到某些社会心理的影响，在交易过程中受到社会心理因素的驱动，该资产价格就会持续上涨，这种情况下容易导致资产价格泡沫的产生。这里以股票市场为例，描述可能导致股票价格泡沫的几种社会心理。一是羊群效应。羊群效应又称从众行为，是指单个投资者在不掌握完全信息的背景下，从其他参与人行为中提取信息而采取类似行为决策的现象。凯恩斯曾把股票市场投资形象化地比喻为美女投票，认为投资者购买股票的重要考虑不是"选出最漂亮美女"，而是"选出最符合其他投票者判断标准的美女"，从而也指出股票价格往往由这样的决策机制确定，故而股票市场存在"不能有效发挥资源配置功能"的可能性。二是狼群效应。狼群效应指出人们具有为了达到某种目标和愿景而组合起来的明确分工、默契合作、组织性强、协同作战、反应机敏、巧用策略、极富耐心、不惧失败、不达目的决不放弃的优秀团队精神。股票市场上的狼群效应极易将股票价格推升并远远超过其内在价值，助推股票价格出现泡沫。例如，某只股票起初被几个大单买入后会吸引随之而来的买入大单，不但会拉升该股票价格，甚至会出现涨停板，而且与该股票题材相关的系列股票的价格也会受到大量买入的影响出现价格拉升现象；股票市场上出现领涨板块时，一旦有进攻的领头者出现，敏感的投资者便会随之买入相应板块的股票，导致股票价格出现拉升现象。三是聚堆行为。聚堆行为是信息外部效应导致的投资者交易行为，指前面的决策影响后面的决策。股票市场上的投资者不可能同时决策，客观上存在先后顺序，当前面的投资者决策的外部效应显著影响后面的投资者进行决策时，后面的投资者决策会出现随波逐流的情况，这种行为容易引起股票价格的剧烈波动，助推股票价格出现泡沫。

七、政府干预

价值规律不是万能的，市场也不是完美无缺的，经常会出现市场失灵的现象，因此，市场中会出现两只手：一只是以价格机制为主体的"看不见的手"，另一只是以政府干预为主体的"看得见的手"。在市场经济环境下，市场行为特别活跃，政府干预往往不及时、不精准，导致资产价格波动扩大，容易形成资产价格泡沫。这里以股票市场为例，描述可能导致股票价格泡沫的几种政府干预行为。一是制度缺陷。中央银行制度容易导致中央银行和商业银行间的道德风险，商业银行等金融机构普遍认为中央银行是最终贷款人，和政府一道成为债务最终承担者。此时，商业银行等金融机构和债务人均会加大风险偏好，出现信贷扩张行为，而信贷扩张可能导致股票价格泡沫。另外，源于政府知识缺陷和对资本市场认识或理解缺乏，所制定的不完善的制度或政策也可能助推股票价格泡沫的出现。二是监管不当。对已有监管条例、法规的执行缺乏严格性，或对资本市场的某些问题的认识、理解不到位，可能出现政府监管不当问题，而监管不当的存在可能导致资本市场资产价格泡沫。三是默许推动。18世纪初法国密西西比泡沫就是典型的政府默许推动。政府为了还债，将皇家银行发行的银行券用于政府借贷，并将银行券转至一般居民，居民用银行券购买密西西比公司的股票，政府将股票销售额用于支出和偿还债务，政府债权者又运用银行券继续购买密西西比公司的股票，导致股票价格不断飙升，形成股票价格泡沫。这种信用循环导致股票价格泡沫越来越大。事实上，英国南海泡沫也与政府默许推动有关，这里不再细述。

八、媒体舆论

近年来，随着媒体技术的发展，新闻媒体舆论也可能成为导致资本市场资产价格泡沫的重要因素。事实上，股票市场价格波动属于正常现象，一旦媒体舆论介入，就会引起股票价格变化的进一步变化。以股票价格泡沫为例，无论在价格上升还是下跌过程中，媒体舆论都具有强化作用，即在价格上升阶段助力价格进一步上升，在价格下跌阶段助力价格进一步下跌。

九、国际资本流动

随着经济全球化发展，国际资本流动不但成本不断降低而且障碍越来越小，那些游离于实体经济之外的资本出于逐利目的，在国际资本市场上兴风作浪，到处寻找投资或投机机会，逐利的国际资本流动往往导致资产价格剧烈波动，从而存在导致资产价格泡沫出现的可能性。无论国际资本流入一国还是炒作某一类资产，都会导致该国资产价格或某一类资产价格的上涨，从而存在导致资产价格泡沫的可能性。历史上不同时期的资产价格泡沫现象都表明国际资本流入和冲击助长了资产价格泡沫的出现，其中典型的是法国密西西比股市泡沫、英国南海泡沫，以及美国同日本、法国、英国、德国在纽约广场饭店共同发表的《广场协议》所引发的资本价格泡沫。

十、经济周期

经济周期对资产价格泡沫形成的影响很大，特别是在经济繁荣阶段，往往会出现范围广、全局性的资产价格泡沫，如20世纪80年代中后期的日本，全局性的资产价格泡沫就出现在日本经济发展非常好的时期。一般来说，在经济衰退和萧条时期，资产价格出现普遍下降，资产价格泡沫存在破灭或萎缩的可能性；在经济复苏时期，某些资产价格往往出现率先上涨的可能性，随着繁荣时期的到来，极有可能出现资产价格泡沫。

十一、技术革命

科学技术是第一生产力，在推动经济社会高质量发展的过程中也可能导致资产价格泡沫形成。当某一重大新技术即将投入应用并会对人们的生产生活产生重大影响时，人们就会对未来产生美好的预期和憧憬。在美好预期和憧憬的驱动下，与这一重大技术相关资产的价格便存在上涨预期，这种资产价格上涨预期容易导致资产价格出现泡沫现象。典型案例就是在以信息及通信技术为核心的 IT 时代，美国网络科技企业股票价格暴涨导致美国出现纳斯达克股市泡沫。

第六节　资产价格泡沫的存在性

基于历史上不同时期的资产价格泡沫现象，本节简要阐述资产价格泡沫载体的特征及其形成条件。资产价格泡沫之所以存在，必须具备存在的社会基础、理论基础和现实基础。本节内容遵循马克思政治经济学原理，从社会形态、价值规律和虚拟经济与实体经济的关系三个方面进行简要阐述。

一、社会形态

马克思认为，人类社会的发展表现为不同社会形态的依次更替，并提出三大社会形态理论。马克思指出，人的依赖关系（起初完全是自然发生的）是最初的社会形式，在这种形式下，人的生产能力只是在狭小的范围内和孤立的地点上发展着。以物的依赖性为基础的人的独立性是第二大形式，在这种形式下形成普遍的社会物质变换、全面的关系、多方面的需求以及全面的能力体系。建立在个人全面发展和他们共同的、社会的生产能力成为从属于他们的社会财富基础上的自由个性是第三个阶段。第二阶段为第三阶段创造条件。

人类社会发展的第一阶段的基本特征是"人的依赖关系"和"人的生产能力只是在狭小的范围内和孤立的地点上发展着"。在此阶段，生产力水平低下，人与人之间只能依靠相互依赖的共同体与自然抗衡而生存延续，其基本经济形态是自然经济。自然经济的目的生产物品的有效性，不存在因为交换才发生价值的经济活动。人类社会发展的第二阶段的基本特征是"以物的依赖性为基础的人的独立性"和"普遍的社会物质变换、全面的关系、多方面的需要以及全面的能力的体系"。其中，"物的依赖性"与"人的依赖性"相对，这一阶段的人类社会可理解为依赖以货币这种交换价值的形式为媒介的社会关系的社会。商品经济是这一阶段的基本经济形态，劳动力成为商品是这一阶段基本经济形态产生的关键因素，社会分工、社会生产力、社会产品的丰富性实现空前发展，人类社会"普遍的社会物质变换、全面的关系、多方面的需要以及全面的能力的体系"得以实现。人类社会发展的第三阶段的基本特征是"建立在个人全面发展和他们共同的、社会的生产力成为从属于他们的社会财富这一基础上的自由个性"。这就是指共产主义社会。产品经济是这一阶段的基本经济形态，人们取得自己所需并不通过货币交换，而是通过社会中心按需分配。人类社会发展的第三阶段以生产力的极大发展为基础，人能够得到真正自由和全面发展。

基于马克思三大社会形态理论，资产价格泡沫不可能出现在人类社会发展的第一阶段和第三阶段，只能出现在人类社会发展的第二阶段。在人类社会发展的第二阶段，商品经济占统治地位，具备资产价格泡沫存在的条件：第一，货币符号出现，并随着经济社会的发展而广泛使用；第二，信用及信用制度已经发展得非常成熟；第三，交换十分广泛，投资或投机成为交易活动的主要组成部分；第四，符合资产价格泡沫载体特征的资产不断涌现，如土地和房子等实物资产及股票和债券等金融资产。当今世界，无论是资本主义国家还是社会主义国家，都处于人类社会发展的第二阶段。因此，人类社会发展处于第二阶段是股票价格泡沫存在的社会基础。

二、价值规律

价值规律是商品经济的基本规律，只要存在商品经济，价值规律就会存在，并且必然发生作用。价值规律指出，商品价值量由生产商品的社会必要劳动时间决定，并按其价值量进行等价交换。然而，现实商品交换过程中，商品交换价格与商品价值量往往不一致。恩格斯指出，商品价格与商品价值的不断偏离是一个必要条件，只有在这个条件下并且只是由于这个条件，商品价值才能存在。只有通过竞争的波动从而通过商品价格的波动，商品生产的价值规律才能实现，社会必要劳动时间决定商品价值这一点才能成为现实。这说明商品价格受到竞争与供求关系的影响而上下波动，往往与商品价值不一致。因此，商品价格围绕商品价值波动由价值规律决定，也是价值规律的外在表现。

股票市场上交易的股票是一种所有权证书，自身并没有价值，但是代表着对应上市公司相应的现实资本，该现实资本具有价值（通常称为"基本价值"），且可以为股票持有者带来收益。因此，股票是一种商品，并且是股票市场上的交易主体，股票交易必须符合价值规律。受市场交易过程中竞争和供求关系的影响，股票价格势必围绕其基本价值出现波动现象，客观上不断偏离基本价值，加之股票基本价值难以确定及市场和交易者等复杂因素影响，相较于一般商品的价格波动，股票价格波动更为剧烈，极易形成股票价格泡沫。因此，价值规律是股票价格泡沫存在的理论基础。

三、虚拟经济与实体经济

虚拟经济与实体经济是一个对立统一的概念。虚拟经济主要指以金融系统为主要依托的虚拟资本循环运动的经济活动。虚拟资本是一种想象的无形资本，区别于货币资本、生产资本和商品资本，是能为所有者带来收入的信用凭证（股票和债券是其典型代表）。也有人说，金融工具、金融机构和金融市场分别是虚拟经济的产品、工厂和交易场所。实体经济主要指物质产品和精神产品的生产、销售及为之提供服务的经济活动，是人类社会赖以生存和发展的基础。实体经济不但包括传统产业结构中的第一、第二产业，而且还包括第三产业中除金融业之外的其他产业。虽然虚拟经济与实体经济在形式功能上存在诸多不同，但由于现实资本决定了虚拟资本，虚拟经济与实体经济又是相互依赖的，实体经济的发展决定着虚拟经济的发展，虚拟经济在一定程度上又反作用于实体经济。然而，在特定环境下，虚拟经济又具有一定的独立性，即虚拟经济可以脱离实体经济。

在某种特定环境下，若虚拟经济脱离了实体经济，就会出现经济发展不协调、经济虚胖的情况，形成经济泡沫。股票市场活动是一种虚拟经济，一旦某上市公司股票的价格超过了其在实体经济中所代表的现实资本，就为股票价格泡沫的产生提供了可能。当前，从世界范围来看，虚拟经济规模不但超出了实体经济规模，而且超出的趋势越来越明显，加之国际资本逐利，脱实向虚的经济行为也在加剧这种趋势，该趋势极易导致股票价格泡沫。因此，虚拟经济与实体经济的关系是股票价格泡沫存在的现实基础。

本章小结

本章以历史上著名的三大泡沫、20世纪美日股票市场泡沫及我国21世纪两次明显的股市波动为代表，阐释了资产价格泡沫产生的背景、条件、应对措施及其对经济社会发展的影响（主要是负面影响）；剖析了资产价格泡沫载体具有供给弹性小、内在价值难以确定、流通性强、产权清晰、排他性强和资产质量佳等特征。其中，股票资产特征明显，股票是资产价格泡沫的主要载体，股票价格泡沫应成为资产价格泡沫问题研究的主要对象，其研究结果具有代表性。资产价格泡沫的形成是由市场非有效性、市场信息不完全、商品经济形态、宽松的货币政策、投资渠道狭窄、资金逐利行为、投资者社会心理、政府（含政策）不当干预、媒体舆论助推、国际资本冲击、经济周期性和技术革命等多种因素导致的。其中，股票市场具有上述条件，股票价格极易出现泡沫现象，研究股票价格泡沫有助于维持金融市场健康稳定发展，发挥金融市场有效配置资源、服务于经济社会高质量发展的作用。最后，本章基于马克思政治经济学原理，从社会形态、价值规律和虚拟经济与实体经济的关系三个方面指出资产价格泡沫存在的社会基础、理论基础和现实基础。

第三章

国内外相关研究

如本书第一章所述，无论是以理性预期理论为主导的现代金融学还是以行为金融理论为主导的行为金融学都难以刻画金融资产价格泡沫现象和阐释其内在演化规律。泡沫来自物理学，用于刻画分散在液体或固体中的气泡的聚集与破裂，被形象化地借用于描述金融资产价格偏离其基本价值的现象。金融资产价格泡沫是金融资产的价格表现，探索其影响因素，加以识别与预警，并在此基础上有效测度其价格效率等问题，对促进金融市场的稳定健康发展，发挥金融市场有效服务于实体经济的作用具有重要的理论和现实意义。因此，本章围绕以下四个方面对国内外的研究现状进行评述：资本资产定价模型及其应用、金融资产价格泡沫及其影响因素、金融资产价格泡沫识别与预警和泡沫期间资产价格有效性测度。

第一节　资本资产定价模型及其应用

自 Markowitz（1952）提出现代资产组合理论以来，资本资产定价理论及其模型有效服务于金融实践，取得丰硕成果。本节拟基于三因子模型引入收益外推因子构建异质价格信念资本资产定价模型，阐释金融资产价格持续上涨和下跌的特征，并应用于我国金融市场。这里仅评述资产定价因子模型及其应用，其他模型不再一一赘述。资本资产定价模型（CAPM）是资产定价因子模型的基石（Sharp，1964；Lintner，1965；Mossin，1966），认为金融资产的期望收益率是由市场风险唯一决定，故而也称单因子模型。勾东宁等（2014）基于我国 16 家上市银行股的基本数据研究指出，资本资产定价模型能很好地解释银行股系统性风险报酬，但对资产收益总体的解释力度较弱，认为还存在其他重要的解释变量。赵清等（2015）研究指出，上海证券交易所的股票收益与其系统性风险存在显著的正相关关系，但系统性风险并非收益的唯一决定因素。最近，Dessaint 等（2021）认为资本资产定价模型的隐含收益和实际收益之间存在差异，并指出运用该模型进行资产估值时存在一定的估值误差。由于资本资产定价模型的单期性和局限性，Merton（1973）提出了跨期资本资产定价模型（ICAPM），将资产定价问题拓展至动态环境。Cederburg（2019）基于横截面数据研究预期市场收益变化和跨期风险因素的不确定性定价，以及先验信息的影响，指出跨期资本资产定价模型明显优于资本资产定价模型。基于跨期资本资产定价模型，Urbański 等（2020）提出了华沙证券交易所典型投资组合的资本成本估算方法；Xiao 等（2017）构建了双因素实证模型用于评估美国股票市场社会责任投资的横截面影响；Jang 等（2017）构建了结合高阶矩偏好和随机投资机会模型，基于美国股市数据获得了跨期资本资产定价模型的经验证据；Rafique 等（2019）设置了两阶段过程，基于巴基斯坦证券交易所数据检验了跨期资本资产定价模型的合理性。虽然跨期资本资产定价模型解决了动态环境下的资产定价问题，但投资者的目标是当前与未来消费效用最大化，需实现从财富到消费的转变。Rubinstein（1976）、Lucas（1978）和 Breeden（1979）根据代表性经济人追求当期与未来消费效用最大化的目标建立了预期资产收益率与消费增长率的相关关系模型，即消费资本资产定价模型（CCAPM）。Suárez 等（2020）基于消费资本资产定价模型研究了欧洲三大经济体的股票市场表现，指出按消费者信心指数比例计算的多重消费资本资产定价模型的效果很好，相关结果与五因子模型相当。随着研究的深入，研究人员发现假定资本资产定价模型中的市场风险系数 β 恒定与实际不符，影响了模型的定价效率，故而引入时变性 β 研究条件资本资产定价模型。Vendrame 等（2018）建立了具有时变 β 和风险溢价的条件资本资产定价模型，基于横截面检验发现此时资产定价的误差更低。Hollstein 等（2020）指出，高频 β 的条件资本资产定价模型能够解释资产规模、价值和动量的异常，并发现高频 β 比基于每日数据 β 对未来 β 的预测更准确。蒋志强等（2019）指出，大部分的投资组合收益率的可预测性可由条件资本资产定价模型予以充分解释。史永东等（2019）运用包含投资者情绪变量和宏观经济变量的条件资本资产定价模型解释我国股市收益异象，发现投资者情绪对特质波动率、规模效应和价值效应等异象的解释能力显著，宏观经济变量能够解释非流动性溢价。徐越等（2019）基于条件资本资产定价模型研究宏观经济变量对资产定价的影响，发现条件资本资产定价模型的定价效率显著提升。

资本资产定价模型及其演化模型以结构简单、容易理解和可行性强等特点备受青睐，同时也因难以阐释诸如规模效应、账面市值比效应、价益比效应、特质波动率等因素对金融资产价格的影响，而受到挑战和质疑。Fama 等（1993）开创性地提出了包含市场因子、市值因子及账面市值比因子的三因子资本资产定价模型（简称"三因子模型"）。三因子模型得到了国内外众多学者的认可，它不但弥补了单因子模型的不足，而且奠定了多因子模型的基础。Carhart（1997）根据股票走势将股票分为"赢家"组合（走势较好）和"输家"组合（走势较差），将两组合的收益率之差定义为动量因子，并将其引入三因子模型从而构建四因子模型。Fama 等（2015）在其三因子模型的基础上进一步探讨了盈利能力因子和投资水平因子对金融资产价格的影响，并提出五因子模型，但在运用美国市场数据检验其有效性时，他们发现五因子模型中的账面市值比因子是冗余因子。对此，Fama 和 French 认为这主要源于盈利因子和投资因子中包含了账面市值比因子的大部分信息。接着，Roy 等（2018）在五因子模型中引入人力资本要素，提出六因子模型，并通过不同投资组合的对比分析，指出人力资本要素与其他要素一样对资产收益变化具有一定的预测能力；Skocir 等（2018）基于五因子模型研究了金融资产动量、流动性和违约风险三个因素对资产收益的影响，提出八因子模型。检验结果表明，八因子模型的解释能力提高了。陈展辉指出，三因子模型基本解释了沪深 A 股市场收益率的截面差异，但对惯性和反转投资策略超额收益的解释力度不足。欧阳志刚等（2017）通过对沪深 A 股月度数据动量效应及反转效应的分析，指出加入滞后六个月动量因子的四因子模型对我国股市的解释力强于三因子模型和单因子模型，且在股权分置改革后解释力变得更强。Huang（2019）指出，我国股票收益率与规模、市场、动量、盈利能力和投资等因素密切相关，五因子模型具有较强解释力，且该解释力随时间变化而变化。Azimli（2020）认为相比三因子模型，五因子模型中新增的盈利因子和投资因子没能起到完善和改善三因子定价模型的作用。万谍等（2019）在三因子模型中加入反转因子、正反馈因子和涨强不对称因子，实证发现我国金融市场具有显著的正反馈交易现象，且追涨程度大于杀跌程度，并指出涨强不对称因子是新定价因子。赵胜民等（2016）指出，三因子模型相比五因子模型更适合我国金融市场。

有效市场假说认为投资者是理性的，但在实践中，受外推、避险情绪和从众心理等因素的影响，投资者通常难以做到绝对理性（刘洋等，2018）。其中，投资者收益外推是现实中典型的、具有代表意义的非理性资产交易行为，他们基于金融资产历史价格变化外推形成其未来价格的预期。投资者的收益外推行为对金融资产定价具有显著影响，Barberis等（2015）指出，传统资本资产定价模型和基于偏好、信念的行为资本资产定价模型能够解决部分现有证据，但不能解决预期数据，同时也指出已有关于基本面外推的相关研究也很难与调查数据相匹配，故而构建了含收益外推的资本资产定价模型，以便较好地解释金融市场现象。Lee等（2008）假设金融分析师具有有限理性特征，基于投资者对公司业绩的评价及分析师预测行为研究，他们发现金融市场上广泛存在基于外推的投资行为。Greenwood等（2014）分析了六组投资者调查数据，其中，大多数调查是询问投资者对未来一年股市表现的预期，部分调查包括了对股市未来更长时期的预期。调查结果显示，许多投资者都持有外推预期，认为股票价格在上涨后将会持续上涨，在下跌后将会持续下跌。彭涓等（2017）研究了过度外推偏差对投资者决策和福利的影响，指出过度外推会造成投资不足和过度消费，10% 的外推偏差可导致非理性投资者 30% 的损失。Hirshleifer 等（2015）将外推偏差引入具有递归偏好的生产模型，研究发现外推偏差增加了财富消耗率的变化。

此外，资产定价模型广泛应用于股票基本价值的估值。在一个无套利的市场中，资产的基本价值（fundamental value）可以表示为预期贴现的未来现金流之和，也可称之为资产内在价值（intrinsic value）或权益内在价值（卿小权等，2011）。与资产账面价值不同，基本价值无法从上市公司披露的财务报表信息中直接获得，而需借助相应的价值估值方法。根据不同的估值原理，常见的估值模型可以分为相对价值模型与绝对价值模型。相对价值模型通过对比待估值公司和可比公司的价值与估值指标的比值关系进行价值判断，其估值过程简单方便，但部分指标只能在行业内对比，难以进行行业间对比，且估值指标选取具有主观性，估值结果的准确性较难保证。绝对价值模型主要包括股利贴现模型、现金流贴现模型及剩余收益估值模型等。

股利贴现模型遵循股票的内在价值是未来各期股利的贴现值。Williams（1938）于1938 年提出了股利贴现估值模型，认为股票价值等于预期未来各期股利的贴现和。随后，

Gordon（1963）构建了股利固定增长模型，认为股利会以固定的速度增长，权益价值等于股利在既定贴现率下的贴现和。Campbell 等（1988）引入了一个股利比模型，将股利 - 价格比对数线性化，较好地预测了未来一个时期的实际贴现率和实际股利增长率。但股利贴现模型也存在一些局限，其在使用过程中需要预测未来各期的股利，而如何准确预测股利在学术界充满了争议，所以股利贴现模型在实际中的运用十分受限（Olweny，2011）。

现金流贴现模型与股利贴现模型一脉相传，只是估值角度略有不同。股利贴现模型基于股东视角衡量，以公司未来发放的股利为估值基础，而现金流贴现模型以公司未来产生的净现金流为估值基础。Rappaport（1999）提出了现金流贴现模型，认为公司价值取决于未来可支配现金流的贴现值。随着 "MM 股利无关论"（Miller 等，1999）的发展，相较于股利贴现模型，现金流贴现模型不但用于公司价值的估值研究，还广泛应用于股票、债券等金融资产的估值中。此外，Shrieves 等（2001）将现金流贴现模型用于项目估值，但该方法需对大多数公司可用的会计信息进行无数次调整，故实用性不强。同时，模型使用的变量单一，且需要对未来现金流进行主观估计，估值结果的客观性和可靠性也会受到影响，故而现金流贴现模型也存在使用受限的问题。

剩余收益（residual income）也称超额收益（excess earnings）或非正常盈余（abnormal earnings），表示会计总利润中扣除正常收益后的部分（Preinreich，1937）。Edwards 等（1961）提出了净剩余关系，并在此基础上获得了最早的剩余收益估值模型（EBO 模型），此模型与股利贴现模型和现金流贴现模型相似，也存在主观预测的问题。随后，Ohlson（1995）拓展了 EBO 模型，提出线性信息动态剩余收益估值模型。相较于股利贴现模型、现金流贴现模型及 EBO 模型，线性信息动态剩余收益估值模型具有以下优点：第一，避免了对股利政策、未来公司盈利、现金流的主观估计，解决了模型无穷项难以计算的问题；第二，模型中包含了更多可观测的财务会计信息，对股票价格的解释能力更强（张景奇等，2006）。较多学者基于剩余收益估值模型获得资产的基本价值，继而用于资产价格泡沫测度与识别。刘熀松（2005）对 F-O 模型进行了改进，选取了 15 ~ 20 年期限的国债收益率作为贴现率，并在此基础上计算资产基本价值，用以度量资产价格泡沫的强弱。陈国进等（2009）基于我国 A 股上市公司的样本数据，在剩余收益估值模型的基础上估计我国股市的基本价值，并指出该模型的适用性更强。徐浩峰等（2012）采用考虑了企业衰退的剩余价值估值模型估计股票的基本价值，探究机构投资者与股票市场泡沫的形成问题。

在绝对价值模型中，除上述三个经典模型外，还有学者基于经济利润估值模型、期权定价模型等模型进行企业或资产估值。经济利润模型即 EVA 估值模型，它认为企业的内在价值等于当期资本总额加上未来企业各期经济利润的贴现值，模型使用过程中需要对公司财务数据进行大量调整，操作难度较大（卿小权，2009）。期权定价模型即 B-S 模型（Black 等，1973），该模型假设较为严苛，参数较难获得，故而估值难度较大。

第二节　金融资产价格泡沫及其影响因素

　　金融资产价格泡沫现象最早可以追溯到 17 世纪，但"泡沫"一词由 Kindleberger（1978）于 1978 年首次提出，他认为泡沫是一种或一系列资产价格在一个连续过程中陡然上升，开始的上升产生进一步价格上升的预期，并且吸引新的买主，这些人只是想通过资产买卖来谋取利润，而对资产本身的使用或产生盈利的能力不感兴趣；伴随涨价的常常是预期逆转，接着是价格的暴跌，最终以金融危机告终。2013 年诺贝尔经济学奖得主 Shiller（2000）认为，泡沫是因为投资者的购买行为造成了资产价格非理性上涨，而这不是由资产真实价值和基本面因素引起的。Brunnermeier（2009）认为，泡沫是指资产价格超出了其基本价值，因为当前资产所有者认为他们可以在未来以更高的价格转售资产。Liao 等（2021）指出，泡沫通常始于价格上涨，在上涨阶段，资产价格高于基本价值，并在相当长的一段时间内持续上涨，最后以崩盘告终；在崩盘阶段，资产价格迅速回落至基本价值，甚至低于基本价值。Smith 等（1988）基于实验研究指出泡沫时期资产价格严重偏离基本价值。周春生等（2002）认为，价格泡沫源于投资者的某种非理性行为偏差，导致资产价格偏离基本面。杨秋怡等（2021）指出，资产价格泡沫是资产的实际价格超出基本面的部分，即资产价格变动中无法由基本面解释的溢价部分。周为（2019）认为，金融泡沫是指一种或一系列金融资产在经历连续价格上涨之后，市场价格持续高于基本价值的经济失衡现象。徐浩峰等（2012）发现，人们在资产交易过程中存在投机行为，该投机性特征导致资产价格偏离其基本价值，从而引发泡沫。宫玉松（2017）基于马克思主义观点指出，虚拟资本与职能资本的运动往往不同步，受信用、投机等因素影响，虚拟资本价值量常常大于职能资本的价值量，造成泡沫客观存在，甚至成为市场常态。因此，尽管对金融资产泡沫的表述不一致，但基本都认为泡沫期间资产价格偏离或严重偏离资产基本价值，且非理性成分居多。

　　金融资产泡沫是客观存在的。诸多研究表明，金融资产泡沫影响金融市场的稳定和经济社会的健康发展。Brunnermeier（2013）指出，金融资产泡沫是经济发展史上反复出现的金融异象，对金融市场产生剧烈负面影响，甚至出现金融危机。Brunnermeier 等（2016）认为，泡沫及其随后的崩溃代表着无效的价格时期，可能导致资源错配和资产负债表受损，泡沫破灭往往会导致惨痛的经济损失，严重时甚至引发经济危机。Kashyap 等（2020）认为，过高的资产估值会影响金融市场的稳定。Chauvin 等（2011）认为，由泡沫产生的社会福利成本会对社会福利造成不良影响。Narayan 等（2013）指出，金融资产价格泡沫的存在是市场效率低下的重要原因，但也有研究指出，金融资产泡沫能够促进经济发展。Martin 等（2012）认为，泡沫时期有助于将资源流向生产性投资，促进资本增长率和产出增长率。Olivier（2000）认为，股票投机性泡沫能够促进市场中微观主体的生存发展，提高公司的市场价值，提升公司创造、投资和增长能力。也有研究认为，泡沫对经济的影响存在一个阈值，不同程度的泡沫对经济发展的影响也不同，且与金融发展水平有关（Hirano 等，2016；Yago，2000）。因此，虽然一般认为金融资产泡沫对金融市场的稳定和经济社会的健康发展具有负面影响，但资产价格偏离基本价值的程度不同，金融资产泡沫的影响也存在显著差异。

金融资产泡沫的成因及其表现形态较为复杂。Kakushadze（2017）认为，当股票收益与风险不对等时，泡沫就产生了。Gale 等（2000）认为，当实际资产收益或信贷扩张存在相当大的不确定性时，泡沫就会出现。Hu 等（2018）调查并检验了 20 世纪八九十年代日本记录最为详尽的资产价格泡沫，指出日本泡沫经济的特征是资产价格的快速上涨，经济活动过热、货币供应扩张和信贷供应扩张等皆是主要因素。Schatz 等（2020）将泡沫理解为非理性繁荣和不可持续增长的时期。石广平等（2018）基于投资者过度自信和金融市场的流动性分析了投机性泡沫的内在机理。潘娜等（2018）认为，资产价格泡沫的产生及膨胀源于股市中大量投资者的非理性导致了大量噪声交易及投机套利者的风险规避行为。

从目前的研究来看，有关泡沫理论的研究大致可分为理性泡沫和非理性泡沫，以及近年来出现的非线性泡沫。理性泡沫以投资者的理性假设为前提，形成以下推论：如果市场有效，资产价格能正确反映资产基本价值，资产市场价格不会出现持续性或系统性偏离，不会产生金融泡沫；反之，若不具备有效市场条件，则有可能出现金融泡沫。

Blanchard 等（1982）以理性预期为基础，将泡沫分为理性泡沫和非理性泡沫，并运用统计分析方法在套利均衡的条件下获得理性泡沫解。Santoni（1987）指出，股票未来价格预测不仅仅取决于其基本价值，回归分析中残差项的期望值可能产生持续性正偏差，该持续性偏差能导致理性泡沫；如果投资者认为泡沫会持续膨胀，并产生更高的风险收益，则将继续购买股票，导致理性泡沫连续膨胀。Abreu 等（2002）指出，即使市场中存在理性交易者，但源于知识背景差异和专业知识缺乏，可能发生持续错误定价，这也将促使泡沫的产生。行为金融学认为，投资者并非完全理性，质疑理性泡沫解释，从而基于投资者非理性心理和非理性行为分析，提出以时尚潮流、羊群效应、噪声交易、正反馈交易、非对称信息和过度自信等理论模型为代表的非理性泡沫理论。

在时尚潮流方面，Shiller 等（1984）指出，投资者对时尚潮流的追捧会导致股市泡沫，如投资者在某一段时间热衷于购买某一行业、某种类型的股票，会导致股票价格持续上涨，最终形成非理性泡沫。

在羊群效应方面，Lux 等（1995）指出，投资者在无法选择购买哪只股票时，往往会参考其他投资者的投资行为，这种从众行为不仅导致股票价格在超过基本价值后继续上涨，也会导致股票价格朝反方向持续下跌。

在噪声交易方面，Black（1986）将噪声与市场有效性相结合，指出噪声交易会导致风险资产价格成为噪声价格，噪声价格会偏离风险资产内在价值并形成泡沫，降低风险资产市场有效性。De Long（1990）认为，市场中存在知情交易者和噪声交易者，他们的不对称信息及其非理性行为致使风险资产价格持续偏离基本价值，导致泡沫的形成。黎超等（2018）的研究表明，市场中带情绪的噪声交易者数量越多，股价中的非理性投机泡沫成分越大，其波动程度也越剧烈。

在正反馈交易方面，Jones等（1999）指出，市场上存在很多正反馈交易者，他们在风险资产价格上涨时买进，价格下跌时卖出，这种交易行为会使风险资产价格进一步上涨和下跌，形成金融泡沫。De Long等（1990）指出，由于利好消息的出现，正向反馈交易者随后会购买风险资产，引起风险资产价格进一步上升，而正反馈交易策略会导致正反馈泡沫。Pearson（2021）基于经纪账户记录研究了看跌权证泡沫期间的交易，发现投资者基于自己过去的回报参与了一种反馈交易，此反馈交易与突发事件相互作用，在反馈循环中导致了额外的价格上升，进而解释了泡沫期间的资产价格及其收益。

在信息不对称方面，Cennotle等（1990）认为，市场中投资者的信息不对称是导致资产价格泡沫的重要原因。彭惠（2000）基于信息不对称和从众行为，指出当投资者的信心和预期过高时会出现从众行为和股市泡沫现象；源于利空消息的不断累积，股市泡沫最终会破灭。在过度自信方面，Scheinkman等（2003）指出，投资者往往会过度自信，认为自己的股票在未来能以更好的价格卖出，造成只有当资产价格低于成本时才会被买进、高于成本时才会被售出的现象，从而导致金融泡沫。近年来，部分学者基于博弈论、混沌理论、分型和突变理论提出了非线性泡沫理论。

在博弈论方面，Abreu等（2002）认为，风险资产价格上涨到一定程度后，投资者会卖出手中的风险资产获利，或等到风险资产价格更高时再售出，后者会使投资者承受较大风险，而这种风险与收益的博弈会导致金融泡沫。在混沌理论、分形理论和突变论方面，Brock等（1997）人认为投资者有两类，一类是能够充分获取信息的理性交易者，另一类是不能充分获取信息的图表交易者。两类投资者的行为刻画了股票价格从理性走向随机，从均衡价格走向混沌的过程，而当市场出现变化时，有可能引发股票价格重新从混沌走向稳定。

因此，泡沫成因相当复杂，既涉及金融市场也涉及投资者行为，同时也与金融资产本身有关。

众多学者研究了金融资产泡沫的驱动因素，研究表明，利好消息、现金流入、卖空限制、长交易期、交易者异质信念、风险态度、认知技能及科技创新等都对泡沫的产生具有推动作用。

谢海滨等（2017）指出，好消息在股价上涨时对市场有很强的冲击力，进一步推动股价上涨。蔡向高等（2019）指出，好消息获取成为股票交易获利的决定性因素，并且在"好消息"的高概率下，股票卖出量占比较大，而卖出量大意味着交易量高，此时价格和交易量的变化十分剧烈，其内在关系往往很难合理解释。陈浪南等（2018）运用时变参数因子增广型向量自回归模型分析我国货币政策的冲击对股票市场价格泡沫影响的时变特征，发现货币政策变动对股票市场价格的影响具有显著的时变特性。当股票市场存在较大程度的资产价格泡沫时，股票市场价格可能会随着利率的提高而上升，此时采用加息的紧缩货币政策未必能够调控资产价格的波动。Palfrey等（2012）指出交易者具有后端异质性，对公开信息的不同推断在一定程度上导致定价过高，并指出当好消息状态超过坏消息时，价格的反应更强烈。Brunnermeier等（2016）分析了过去400年间的23次泡沫，发现泡沫的出现往往伴随着扩张性货币政策、市场参与者的高杠杆率、放贷潮和资本流入等。

Miller（1977）最早提出异质信念的概念并应用于资产定价问题研究，指出在异质信念和卖空限制双重条件下，股票价格主要反映乐观投资者的意见，导致股价估值偏高。Kirchler等（2015）指出，若金融市场同时出现现金流流入和新投资者进入，则风险资产会被强烈过高估值，且伴随着资产价格的迅速上涨。Razen等（2017）的实验证明了现金流入和长交易期的共同作用是泡沫的驱动因素，同时也指出泡沫的强弱会随着投资者信念的变化而变化，投资者对资产价格及其基本面的异质信念也是泡沫驱动因素。

Demarzo等（2008）基于构建的相对财富模型指出相对财富效应具有维持泡沫的功能，个体投资者效用不仅取决于其绝对财富，还取决于其相对财富（与别人攀比的偏好）；个体投资者相对财富效应越强，泡沫期间参与资产交易的意愿就越强。Moinas等（2013）认为，即使交易者赋予相同的基本信息，源于他们对未来价格预测的异类信念，也会导致不同的转售价格，继而出现资产泡沫。

Akiyama等（2017）定义了实验性资产市场，他们观察资产交易过程和资产价格变化，发现错误定价和泡沫在一定程度上源于投资者有限理性和其他投资者交易行为的不确定性，指出是投资者的投机行为导致了资产泡沫。Janssen等（2019）也指出，如果允许追求资本利得，投机是导致定价过高和资产泡沫的一个重要因素。Bosch-Rosa等（2017）发现在由高认知复杂度投资者组成的市场中观察不到资产泡沫及其崩溃现象，相反，在由低认知复杂度投资者组成的市场中能观察到典型的资产泡沫及其崩溃，指出投资者的困惑程度与资产泡沫相关。无独有偶，Weitzel等（2020）通过定义实验性资产市场研究了金融专业人士和业余人士的资产交易行为，发现金融专业人士扮演了资产价格稳定器的角色，能够有效抑制资产泡沫。

有效市场假说认为投资者是理性的，但在实践中，受外推、避险情绪和从众心理等因素的影响，投资者通常难以做到绝对理性（刘洋等，2018）。其中，投资者收益外推是现实中典型的、具有代表意义的非理性资产交易行为，他们基于金融资产历史价格变化外推形成未来的价格预期。从一定意义上讲，投资者收益外推行为与股票市场长记忆性特征相似。长记忆性也称为持久性或长程相关性，用于描述相隔较远的观测值之间的持续性依赖关系（陈淼鑫等，2020）。投资者的收益外推行为对金融资产定价具有显著影响。

Barberis等人（2015）指出，传统资本资产定价模型和基于偏好、信念的行为资本资产定价模型能够解决部分现有证据，但不能解决预期数据，同时也指出已有关于基本面外推的相关研究也很难与调查数据相匹配，故而构建了含收益外推的资本资产定价模型，较好地解释了金融市场上资产价格持续上涨或下跌的现象。Barberis 等（2018）在无风险资产收益率为零的设定下研究了纯风险资产市场中的金融资产价格外推与金融资产泡沫的关系，认为高交易量是资产价格泡沫的特征之一。Lee 等（2008）假设金融分析师具有有限理性特征，基于投资者对公司业绩的评价及分析师预测行为研究，他们发现金融市场上广泛存在基于外推的投资行为。Greenwood 等（2014）分析了六组投资者调查数据，其中，大多数调查是询问投资者对未来一年股市表现的预期，部分调查包括了对股市未来更长时期的预期，调查结果显示，许多投资者都持有外推预期，认为股票价格在上涨后将会持续上涨，在下跌后将会持续下跌。彭涓等（2017）研究了过度外推偏差对投资者决策和福利的影响，指出过度外推会造成投资不足和过度消费，10% 的外推偏差可导致非理性投资者30% 的损失。Hirshleifer 等（2015）将外推偏差引入具有递归偏好的生产模型，发现外推偏差增加了财富消耗率的变化。Jin 等（2021）基于 Lucas 一般均衡框架提出了一个新的综合股票市场价格模型，该模型通过量化代理人的收益外推信念，研究其对资产价格、收益预期和现金流预期的作用机制。Da 等（2021）利用众包平台的股票排名研究了投资者对未来资产回报的预期，指出投资者会通过近期回报推断未来资产回报，并根据这种外推信念进行股票交易。

在研究金融资产泡沫的过程中，人们也总结了泡沫的相关特征。Xiong 等（2011）在研究权证泡沫时指出，泡沫不仅存在于资本市场，也存在于房地产市场，并且指出尽管导致泡沫的因素存在差异，但泡沫的过程特征却具有相似性。Barberis 等（2018）认为，资产价格在一段时间内急剧上升然后下降，并且大部分上升趋势终被逆转；资产价格上涨的早期阶段会出现关于资产未来现金流的积极消息；资产价格上升阶段的交易量比其下降阶段的交易量高；在泡沫期间，众多投资者对资产未来回报存在高度的外推预期。Oechssler 等（2012）通过资产实验发现，如果某种资产的日价格中位数至少连续三个时期超过其基本价值的 60% 以上，就可以认为该资产出现了泡沫。Griffin 等（2007）和 Statman 等（2006）的研究表明，资产价格上涨时的交易量大于其下跌时的交易量；他们同时指出，投资者的外推交易行为可以解释上述现象，投资者外推信念与资产价格泡沫之间存在着密切关系。

第三节　金融资产价格泡沫的识别与预警

相对而言，非理性泡沫理论更能真实反映出市场上投资者的复杂心理和行为，更符合实际金融市场，但难以运用计量方法进行泡沫存在性检验，因此目前研究较少。然而，理性泡沫理论虽然受到不少质疑，但能证明风险资产价格确实存在泡沫，且便于运用计量方法对其泡沫特征进行深入研究，故目前研究主要聚焦于理性泡沫的识别，具体分为以下两类。

第一类是基于资产价格变动识别是否存在源于泡沫价格异常变动的间接检测法。Shiller（1981）提出方差界检验，此方法虽然能够识别出一定的泡沫，但可能会过度拒绝泡沫的存在性；鉴于此，West（1987）基于方差界检验提出二步检测法，用以识别理性泡沫。Diba 等（1988）提出单位根协整检验方法，但无法检测周期性泡沫，进而，Nunes 等（2008）使用标准协整和阈值协整的方法来检测周期性泡沫。基于递归右尾单位根检验，Phillips 等（2011）提出了 sup ADF 检验，Phillips 等（2015）在 sup ADF 方法的基础上提出 GSADF 法对泡沫的存在性进行检验，提出 BSADF 法用于识别多重泡沫，并标记泡沫的起始和终止位置。邓伟等（2013）基于 sup ADF 方法，在指数平滑转移模型的框架下提出了 sup KSS 检验，此方法相对于 sup ADF 有一定的改进；除此之外，Homm 等（2012）提出了结构突变点检验法。Sornette 等（1996）基于对数周期幂律 LPPLS，将资产价格高于指数的增长速度和加速振荡作为泡沫识别的主要指标。在此之后，诸多国外学者使用对数周期幂律 LPPLS 模型进行资产价格泡沫的识别（Sornette 等，2006；Jiang 等，2010；Filimonov 等，2013；Yao 等，2021）。国内学者林黎等（2012）采用 LPPLS 模型检测非线性非平稳的股价序列是否潜在隐含均值——恢复的平稳临界时点序列，估计正反馈效应指数和潜在临界时点，并用于我国股市泡沫的存在性、膨胀强度和稳定性检验。也有学者通过局部鞅来研究资产价格泡沫，认为如果资产价格过程是严格局部鞅就存在泡沫（Biagini 等，2014；Jarrow 等，2011）。在此基础上，国内学者李洋等（2020）基于检验泡沫的严格局部鞅判别原理，并基于 RKSH 方法形成了一种倒向滚动检验方法 BSLM，指出 BSLM 法不仅能更早地做出事前预警，还能够判别泡沫的生成时间和破灭时间，并通过实证发现上证指数和深证成指的泡沫具有较强的联动性。Christensen 等（2020）提出了 Drift Burst Hypothesis，认为资产价格路径中若存在短期局部爆炸性趋势则存在泡沫。Gao 等（2021）基于 Campbell–Shiller 对数线性化方法和 Gordon 增长模型提出了一个基于期权价格、估值比率和利率的情绪指标，用于衡量市场泡沫。也有学者通过选择能够反映资产价格变化的代理变量（如换手率、波动率、市盈率等）来识别泡沫（Mei 等，2009；Shiryaev 等，2014；Sornette 等，2018；Evgenidis 等，2020）。这类泡沫检测方法在泡沫识别过程中虽然规避了资产的基本价值，但未能反映泡沫期间资产价格与其基本价值的关系。

第二类是基于资产基本价值识别资产价格泡沫全过程的直接检测法。Froot 等（1991）运用股利折现公式计算基本价值，提出内在泡沫检验方法。Hamilton（1988，1989）和 Hall 等（1999）提出了基于马尔科夫区制转换模型的泡沫识别方法。后续学者对模型进行改进和创新，提出了多种 VNS 模型，使其成为分析价格泡沫的有力工具（Driffill 等，1998；Van 等，1993，1999；Van，1996；Brooks 等，2005；Shi，2013）。陈国进等人

（2013）基于股利倍数法直接估计股市的基本价值、衡量股市泡沫，并使用状态空间马尔科夫机制对我国股市泡沫的动态特征进行分析。马尔科夫区制转换模型虽然可表现出泡沫的不同状态，但是其可能存在状态划分和区制转换难以界定、各区制之间的转换概率与泡沫特征无关等问题。Caspi（2016）从泡沫含义和形成机理出发，构建模型计算基本价值并对比资产价格与基本价值的关系实现泡沫识别。Ahmed 等（2017）以世界利率、汇率和世界股票指数为基本变量，估计股票基本价值并进行股票泡沫检验。刘熀松（2005）利用改进后的 F-O 模型，以 15～20 年期限的国债收益率代替折现率计算资产基本价值，用以度量资产泡沫的强弱。陈国进等（2009）以我国 A 股上市公司为样本，运用动态剩余收益估值模型估计我国股市的基本价值，指出该模型较普通剩余收益估值模型更符合实际，并用于泡沫的识别。徐浩峰等（2012）采用考虑了企业衰退的剩余价值估值模型估计股票的基本价值，探究机构投资者与股票市场泡沫的形成问题，认为机构投资者的交易行为存在投机性，这种行为会导致股票价格偏离内在价值。直接检测法虽然考虑了资产的基本价值，但未能体现资产价格泡沫中的非理性成分。

随着行为金融学的不断发展，越来越多的学者注意到实验经济学，并将其用于对资产价格泡沫的研究，提出一种基于实验资产市场的泡沫识别方法。Smith 等（1988）最早在资产市场实验中发现价格泡沫，实验过程中资产价格常常高于其真实价值，随后会发生价格崩溃。一些人基于直接检测法的思想，通过实验资产的价格和基本价值（预先设定）的偏差，测定和研究实验资产市场的价格泡沫，并在此基础上剖析泡沫成因，探究泡沫驱动因素，如交易者理性程度、异质信念、专业人士、男女差异、卖空限制、现金流冲击和交易期长短等（Dufwenberg 等，2005；Sutter 等，2012；Janssen 等，2019；Eckel 等，2015；Kirchler 等，2015；Weitzel 等，2015；Razen 等，2017）。这类泡沫识别方法多用于实验资产市场，但其忽略了真实金融市场的表现。与传统金融经济学研究相比，此方法不是基于被动观测数据的实证手段，而是利用设定的实验探求传统金融现象背后的规律，且能实现对市场环境和相关变量的高度可控，排除无关因素对经济结果的影响（Thaler，2005）。但该方法需要招募被试，安排实验时间及场地，操作成本较高，实验结果也较难复现。

随着间接检测法、直接检测法和实验经济学方法的发展，近年来，越来越多的学者基于计算实验金融研究金融经济学、行为经济学的基础性问题。计算实验金融为研究金融市场和产品提供了一种基于模拟和实验的新方法，它可以帮助研究者更好地理解金融市场的行为和特性。与实验经济学不同，计算实验金融的指导思想为复杂性科学中的 CAS 理论（张维，2013），它依托计算机仿真技术，根据金融经济学的基础理论，在用户设定的市场结构下，通过仿真建模表达系统的内在规律，并基于计算实验将模型和真实市场"对接"，以此研究市场中微观主体之间的交互及其交易行为对整个市场的影响。

目前，已有学者基于计算实验金融构建了人工股票市场用于研究市场和投资者行为，涉及股票、期货、债券等金融产品。其中，在市场方面，吴术等（2013）运用计算实验方法，基于人工股票市场探究卖空机制和不同保证资金要求对股票价格、市场流动性和波动性的影响；周融天等（2019）通过人工股票市场发现，基于市场化竞价的融券费率决定机制是提升融券活跃度的有效方法；梁睿等（2022）基于计算实验金融探究市场运行机制、不同大小的报价单位对市场质量的影响。在投资者交易方面，研究发现，交易者的构成和行为会影响资产市场的价格特征（赵志刚等，2013），导致市场中产生羊群效应和不同的财富分布（张一等，2021）。在资产价格泡沫方面，国外学者从交易者学习、互动及历史财富损失等方面研究了泡沫的产生和崩溃。Arthur等（2018）提出了一种基于异质性代理人的资产定价理论，在人工股票市场中，交易者能够不断调整自己的预期、不断学习以适应市场。Giardina等（2003）认为交易者有不同的策略，他们可以根据自己的相对盈利能力选择是否参与交易，这也可能导致泡沫的产生和崩溃。比较而言，国内从事这方面的研究较少。相较于实验经济学方法，计算实验金融不仅能实现实验过程的高度可控，还能较好地刻画真实金融市场的交易环境，且实验结果可以复现，因此拥有更大的数据规模和更广泛的应用范围。

股票价格泡沫预警既是维护股票市场稳定、引导资源优化配置的关键，也是阻止金融市场泡沫乃至经济泡沫的"隔离墙"，在泡沫识别的基础上实施泡沫预警，有助于防范价格泡沫，化解金融危机。现有的泡沫预警方法大致可以分为直接预警法和间接预警法两种。

直接预警法通过测度资产泡沫大小达到预警的效果。Frankel等（1996）最早提出了FR模型，发现货币危机更容易发生在国际储备低、本国信贷膨胀或利率高估等情况下。Cipollini等（2009）建立概率模型，并在此基础上利用动态因子模型预测危机发生的概率，但受到计量方法的影响，危机预测的准确性不高。朱钧钧等（2010）应用MCMC方法估计多个马尔科夫模型，并将其用于货币危机的预警。李铮等（2021）认为LPPLS模型在实际运用中存在一定误差，只有在较为理想的条件下才能够准确预测泡沫破裂的时间。陈国进等（2016）构建了状态空间马尔科夫区制转换模型用于股市泡沫预测，但受到计量方法、模型限制等的影响，可能存在状态划分不明晰、区制间转换较难确定等问题。因此，由于假设、模型限制及计量方法选择等原因，预警的准确性会受到影响，其适用性也会受到限制。

间接预警法通过构建预警指标体系进行预测。泡沫膨胀和崩溃过程中往往有所征兆，一般体现在一些经济指标的异常变动上，因此我们可以选用适当的经济指标与数量分析方法构建预警指标体系（高红红，2019），并在此基础上进行泡沫预警。1979年，美国三大监管机构提出了CAMELS（刘积余，2001），选取了资本充足率、资产质量、收益与资金流动性、市场风险敏感性等指标作为危机预警指标。Haner（1985）设计了包含偿付能力、管理能力及经济环境状况的定量评级体系，对风险情况进行综合评分以达到预警的目的。在泡沫的间接预警法上，国内学者较多集中于房地产泡沫与金融危机方面的研究。吴艳霞（2008）基于对房地产交易中投机行为的分析，构建了适用于分析房地产投机大小及程度的指标体系，她借助功效系数法，基于指标合成的方法构建了投机性房地产泡沫预警体系，并在此基础上进行房地产投机分析。刘超等（2020）在分析金融系统风险传导路径的基础上构建了金融系统性风险预警指标体系，对我国金融系统性风险预警进行实证分析。马威等（2014）利用结构方程模型，构造了体现政府、金融、企业和外贸等四个部门之间的关联性的金融危机预警指标体系。张晓蓉（2007）认为可以基于股价指数、股市成长能力、市盈率与市净率、换手率等方面构建股票预警指标体系。曹建飞（2009）基于功效系数法，针对投机性股市泡沫构建了股市泡沫预警体系，实现了对投机性股市泡沫的监控。金雪等（2012）基于泡沫繁荣基本特征，选取包括流通市值、市盈率、狭义货币 M1 等指标构建了股市泡沫预警指标体系。相较于直接预警方法，间接预警法构建的泡沫预警指标体系在实际运用过程中不存在一些假设和限制条件，操作性、适用性较强；同时，预警指标体系包含多个指标，因此能较直接和全面地反映预警对象的本质及特征，使预警结果更加直观。

第四节　泡沫期间资产价格有效性测度

金融资产泡沫期间，不同时期资产价格偏离基本价值的程度不同，资产价格的有效性程度存在差异，测度不同时期资产价格的有效性程度有助于金融资产泡沫的有效应对。目前，仅有少许研究涉及泡沫期间的资产价格有效性测度，主要集中于对金融市场效率的研究。金融市场的核心功能是合理配置资源，服务实体经济，而金融市场效率是金融市场功能发挥程度的综合反映。Tobin（1984）提出了证券市场效率的四个分类定义：一是信息效率，也称定价效率，指反映到股票价格的信息量及新信息反映到价格中的速度；二是估值效率，指资产价格反映其真实经济价值的程度；三是保险效率，指证券市场合理地让投资者对冲未来潜在风险的程度；四是功能效率，也称资源配置效率，指证券市场服务实体经济的有效程度，以及市场调节资金、保证资金流向优质公司的机制和能力。其中，估值效率和信息效率（定价效率）是保险效率和功能效率（资源配置效率）的前提条件，在一定程度上反映了股票价格与信息量和速度的关系，也反映了股票价格是否体现其真实价值，进而反映市场效率。

很长一段时间内，学术界普遍认为信息效率是市场效率的一个重心，其解释了金融市场资产价格的变化及这些变化是如何发生的。定价效率指证券价格反映信息的能力，或者说是价格反映所有相关信息的速度和准确性，因此定价效率在一定程度上也是信息效率。在一级市场上，学者们主要研究 IPO 定价效率。梁鹏（2021）发现注册制改革能够显著降低 IPO 溢价，促进 IPO 定价效率提升。薛爽等（2021）发现科创板 IPO 审核问询能发挥信息挖掘和价值发现功能，帮助投资者评估新股价值，从而提升 IPO 定价效率。在二级市场上，学者们从多个角度探究影响价格效率的因素。在专业人士和机构投资者方面，孔东民等（2015）重点研究了机构持股、流动性及二者的交互对信息效率的影响，指出机构持股比例增加及流动性水平提高均能促进信息效率。潘宁宁等（2015）指出，证券投资基金的交易行为能够促进股票价格对公司特有信息的吸收，降低股价联动性，有助于市场信息效率的提高。Sias 等（1997）认为机构投资者是知情交易者，其交易行为反映了市场信息，并且高知情交易股票的价格反映信息速度更快，因此，机构投资者交易行为能够使市场信息更多、更快地反映于市场价格，有助于提升市场价格效率。李志生等（2015）基于融资融券机制比较研究卖空机制对定价效率的影响，发现融资融券有效改善了我国股票市场的价格发现机制，标的股票的定价效率显著提高，且融券卖空量与定价效率之间存在正相关关系。朱光伟等（2020）基于转融通实施设计计算实验金融研究融券约束放松后标的股票的定价效率，发现在融券约束放松后市场下跌时股价的共同趋势增强，信息效率下降；而市场上涨时股价对市场信息的反应速度增快，股价更加接近随机游走，信息效率提高。

由于资产基本价值难以测度，对估值效率的研究少于对信息效率的研究，一般通过检验实际股价与内在价值的差异或比较实际市盈率与标准市盈率的差异来判断估值效率。以 Shiller（1981）为代表的研究者在标准的股利贴现模型中增加了情绪因素，提出了定价效率和股息贴现模型的联合检验方法，用于检验实际股价与内在价值的差异。张志强（2011）基于 ZZ 增长模型，提出依据收益增长潜力确定合理市盈率的定量方法，继而确定合理的估值水平。

具备保险效率的证券市场必须是完全的，市场中拥有足够多的证券选择，投资者可以根据不同的偏好和需求改变支出和消费的时间模式，为应对未来的各种状态提供充足的保险机会。因条件严苛，且证券市场仅作为提供保险服务的制度体系的一部分，对其测度更加困难，即便是发达的金融市场也未必具有完全的证券市场，故专门研究保险效率的文献较少。

对于功能效率（资源配置效率）而言，Wurgler（2000）指出相较于发达国家，发展中国家的资本配置效率低，主要源于金融市场发展缓慢，资源配置功能比较弱，信息不对称导致的资金滥用现象比较严重。Beck 等（2002）从市场和银行角度探究行业增长和资本配置的关系，发现金融系统能促进外部融资，提高了行业间的资本配置效率。韩立岩等（2002）认为，信贷市场和股票市场对企业资本配置有不同的影响，国有银行信贷业务阻碍了资本配置优化，而证券市场能够提高资本配置效率。

效率有不同分类，衡量方式也有所不同。对于市场效率而言，Epps 等（1976）把股票市场价格波动率作为衡量市场效率的重要标志，将 CAPM 模型和 Fama—French 三因子模型中未拟合的程度和残差波动定义为波动率。对于信息效率（定价效率）而言，通常用股票信息的含量及价格对信息的反应速度来衡量。Bris 等（2007）提出可以使用当期个股的收益率与滞后一期的市场收益率之间的相关系数来衡量个股和市场的定价效率。Hou 等（2005）提出利用资产价格对市场信息调整速度的相对效率来衡量定价效率，并构建了价格滞后标准，滞后变量对价格的解释能力越强，价格对信息反应的时间也越长，信息效率就越低。对于估值效率而言，Li（2003）基于国家宏观经济和金融特征指标构建了一个随机生产前沿估值模型，将距离前沿的偏差作为市场估值无效的测度。

与上述观点和方法不同，Campbell 等（1997）认为传统市场效率是一个绝对效率概念，市场有效是一个难以实现的理想情形，但可以作为一个有用的测量基准，因而提出了相对市场效率，即一个市场相对于另一个市场的效率。

影响价格效率的因素很多，如网络媒介、信息披露和信息公开、专业人士、政策和监管、市场操纵、价格波动和流动性等。在网络媒介方面，Huang（2018）认为个体的互动交流能够结合群体智慧，有助于群体做出更明智的投资决策，这有利于提高股票价格效率。而 Drake 等（2017）发现非专业社交媒体上的帖子主要是噪声，阻碍了价格效率。在信息披露和信息公开方面，许晨曦等（2021）指出，年报超额净乐观语调含有较少的公司层面特质性信息，会导致股价同步性提高，损害了资本市场的定价效率。陈强等（2021）构建了完全竞争的噪声理性预期模型，发现信息公开程度和预期精度的提高对市场效率具有正向促进作用。此外，金融专业人士、机构投资者等对价格效率也会产生影响。Chen 等（2020）发现卖方分析师有助于价格发现，可以促进价格效率的提高。当卖方分析师外源性减少后，效率会受到损害。吴祖光等（2021）认为，证券分析师覆盖有利于将更多的会计盈余信息并入股票价值，高质量的分析师团队有利于提升资本市场效率。Edmans（2014）认为，外部投资者可以获取有关企业的增量信息，并通过交易将信息反馈到股价中，从而提高股价信息含量与股票定价效率。在政策和监管方面，Kim 等（2019）认为，积极执行内幕交易监管会导致更多内幕交易信息和更高的股价效率。翟淑萍等（2021）认为，财务问询监管能提高公司特质信息披露的质量，增加信息透明度，进而降低股价同步性，提升资本市场定价效率。王晓宇等（2021）通过分析不同时期经济政策的不确定性程度与股价同步性，发现经济政策不确定性越大，股价同步性程度就越高，从而降低市场信息效率。在价格波动方面，Bollerslev 等（2020）认为价格波动是一种不确定性风险，知情交易者倾向于在市场波动较高时进行交易，由此会增加其他投资者交易成本，在一定程度上阻碍价格效率的提升。石建勋等（2017）认为市场存在大幅波动时，交易量与价格之间的关系很弱，容易出现单边暴涨暴跌现象，影响价格效率和市场的有效运行。在市场操纵方面，孙广宇等（2021）以尾市交易操纵为研究对象，通过实证检验发现市场操纵后股票流动性和波动性会发生异常变化，从而对价格效率产生不利影响。在流动性方面，充足稳定的流动性有助于价格发现，而流动性不足会影响市场交易实现，导致市场价格偏离甚至引起异常波动，因而较多学者研究流动性对价格效率的影响。Han 等（2016）基于理性预期模型研究流动性水平与价格效率的关系，指出公开信息披露能够增加市场流动性，但会通过挤占私有信息和吸引噪声交易对价格效率产生负面影响。Wan 等（2017）基于我国个股高频交易数据，对正反馈交易强度及其不对称性进行了测度，发现高频非对称正反馈交易对市场质量的影响存在混合性，日内正反馈交易有助于市场流动性和活跃性，但同时也减缓了价格发现过程，降低了价格效率。还有一些学者将流动性和资产性质、市场结构及市场状态结合起来分析对价格效率的影响。Jiang（2017）指出流动性供给、股票属性和市场结构都是影响价格效率的因素。马丹等（2020）基于我国 A 股市场高频交易数据，结合信息交易和市场状态分析了流动性供给与日内价格效率的关系，指出提高流动性供给能够提高日内价格效率，且低价格波动和高机构交易比例对流动性供给与价格效率之间的关系有显著的正向促进作用。

也有一些研究涉及泡沫期间的资产价格效率问题，但基本以资产市场实验为测试床，忽略了真实的资产市场表现。

Razen 等（2017）通过设计资产市场实验研究现金流入、交易期长短与泡沫时期资产价格效率的关系，指出无论是否有现金流入，中等交易期市场基本不会出现泡沫；而在现金流入和长期交易期的共同作用下，市场会产生明显的过度定价，进而产生泡沫，故资产价格效率低于中等交易期市场。

Weitzel 等（2020）设置实验室资产实验，邀请金融专业人士和非专业人士在特定实验期内进行资产交易，分析卖空限制、现金流入、初始现金资产对资产泡沫及其价格效率的影响，发现在泡沫驱动设置下市场更易出现泡沫，资产价格效率偏低；而非金融专业人士组成的市场资产价格效率更低。

Bosch-Rosa 等（2018）通过资产市场实验探究投资者的认知复杂度是不是导致泡沫的因素，相较于认知复杂度高的投资者市场，认知复杂度低的投资者市场中出现了明显的泡沫和崩溃，资产价格效率也更低。

Shestakova 等（2019）设计资产市场实验研究混合了经验市场的泡沫及市场效率，发现由先前市场表现差的参与者构成的混合经验市场效率最低，容易出现价格泡沫；而由先前市场表现中等和优异的参与者构成的混合经验市场效率差异较小，但高于先前市场表现差的参与者构成的混合经验市场。

本章小结

纵观目前的研究，针对金融资产价格泡沫问题的研究一直是理论界和实务界关注的焦点，人们希望能够洞悉和把握其内在演绎规律，获得有效应对泡沫的经验证据和政策、措施建议，从而满足金融市场稳定、护航经济发展的现实需求。尽管金融资产价格泡沫问题研究取得较大进展，奠定了后续研究的理论和方法论基础，为金融市场建设作出了积极贡献，但相比而言，至少存在以下三点不足。

一是诸多研究集中于金融资产价格泡沫的产生，以及对金融市场和经济发展的影响，但缺少对泡沫形成过程的鲜明刻画及其强弱效应。资产错误定价和资产价格暴涨暴跌（特别是资产价格波动）在金融市场经常出现，但不一定形成泡沫；泡沫的形成应该是资产价格偏离基本价值后持续上涨，达到价格顶峰，尔后持续下跌，跌回（跌破）基本价值的一个连续性过程。泡沫期间，资产价格中存在非理性成分，而正是这种非理性导致的金融资产泡沫负面影响最为致命。目前的研究瓶颈主要是资产基本价值的不可观察及对非理性成分的描述等难以突破。本书基于投资者异质价格信念，结合目前有关金融资产价格泡沫驱动因素的研究，从投资者和金融市场层面选择代表性泡沫因素构建金融资产价格泡沫模型，刻画出金融资产泡沫形成过程，剖析泡沫形成机制，并结合形成机制凝练泡沫形成的内在机理，提出以价格效率为中心的市场流动性和股市泡沫间的传导路径。

二是诸多研究集中于对理性泡沫的识别，近年来虽然也有针对实验识别法的研究，但要么缺少非理性泡沫识别研究，要么忽略了泡沫的真实金融市场表现。事实上，金融资产价格泡沫往往是非理性的，或泡沫中非理性成分居多；同时，泡沫直接识别法效果明显、操作性强。目前的研究瓶颈主要是动态资产基本价值的不可观察和识别标准难以突破。本书结合目前对直接识别法和实验识别法的研究成果，运用资产剩余收益估值模型描述动态资产的基本价值，参照真实金融市场设置模拟金融市场，通过计算实验金融设计泡沫识别标准。

三是诸多研究集中于金融资产价格泡沫与金融市场稳定和经济发展的关系，缺少对泡沫预警问题的研究。事实上，在金融资产泡沫期间，资产价格偏离基本价值的程度不同，对金融市场稳定和经济发展的影响存在显著差异，应对泡沫的措施也存在差异性。目前的研究瓶颈主要是泡沫期间资产价格有效性阈值难以突破。本书结合目前有关资产价格相对市场效率的研究成果，从宏观层面和微观层面遴选市场、资产及投资者三个代表性指标，并采用线性合成法构建股票价格泡沫预警指标，提出股票价格泡沫预警的三种模式和六种状态。

因此，本书的研究不但是对当前研究成果的自然延伸，而且能为金融资产价格泡沫的研究提供一个新路径、为金融资产泡沫的识别提供一个新方法，弥补泡沫期间资产价格效率研究的缺失，为有效应对金融资产泡沫提供经验证据、政策和措施建议。

第四章

基于异质价格信念的股票价格泡沫形成机制

理论研究和经验证据均表明，无论股票价格泡沫的表现还是其内在演绎规律都较为复杂，单纯从理性预期理论或行为金融理论出发都难以刻画与阐释。经典金融学主要基于市场有效性研究理性泡沫，行为金融学主要基于投资者认知和心理差异导致的非理性预期或投资行为研究非理性泡沫，也有从金融市场视角，主要基于货币供应量、供求关系、信息不对称及流动性等研究泡沫成因的。上述单一视角的研究均未能刻画股票价格泡沫的基本运动规律——股票价格偏离基本价值后持续上涨、达到价格顶峰后持续下跌、跌回甚至跌破基本价值的运动过程，自然也难以揭示股票价格偏离基本价值的内在规律和机理，更难以洞悉股票价格泡沫形成机制和有效监管措施。这不但源于资产基本价值不可观察，难以描述其动态过程，而且源于泡沫的产生既与投资者有关，也与金融市场与资产本身有关。鉴于此，本章假设金融市场存在风险和无风险两类资产、基本面和外推型两类投资者，引入泡沫驱动的收益外推和现金流冲击因素，构建投资者优化决策模型获得两类投资者的风险资产需求函数，在市场出清均衡条件下获得资产基本价值模型和资产价格泡沫模型，鲜明刻画泡沫期间资产价格偏离基本价值后持续上涨、达到价格顶峰后持续下跌的运动过程，继而基于投资者资产需求函数和资产基本价值及其价格泡沫模型剖析泡沫形成机理，指出股票价格泡沫具有产生、膨胀和崩溃的三阶段特征，比较研究投资者结构、投资者信念差异、金融产品供给等与金融资产泡沫强弱的关系，为股票价格泡沫监管提供经验证据。

同时，我们用指数平滑法表征收益外推，体现了投资者非理性预期和投资行为，平滑系数的变化代表了投资者认知和心理差异，平滑系数的指数形式表示投资者对更近时期的资产价格变化赋予更高权重；我们用随机性股息现金流表征现金流冲击，事实上，信贷扩张、扩张性货币政策、资本流入、高杠杆交易、新股发行、新投资者进入和存量投资者增加货币资金等泡沫驱动因素均表现为现金流对金融市场的冲击；最后，无风险资产纳入金融资产价格泡沫模型构建体系，也代表了金融产品供给，其收益率高低有助于平衡市场供求关系。

此外，收益外推是导致金融资产泡沫的内生变量，主要源于投资者。直观上看，虽然投资者认知和心理难以直接控制，但我们发现投资者识别泡沫（特别是泡沫即将产生时）的能力、关注资产基本价值回归理性的程度、对资产过去价格持续上升或持续下跌的判断水平等均与金融资产泡沫强弱直接相关，故而可以提出引导投资者预期、规范投资者行为的建议；现金流冲击是导致金融资产泡沫的外生变量，主要源于宏观经济因素，是可控因素，我们发现央行货币政策、金融产品供给、IPO 及上市公司管理、投资者进入及其账户管理等也均与金融资产泡沫强弱直接相关，故而可以提出规范金融市场运行的组合性建议。因此，本章研究不但为股票价格泡沫形成机理研究提供一个新路径，而且为股票价格泡沫的有效控制与应对提供了经验证据。

本章创新点主要表现为以下三个方面。一是基于与资产基本价值的比较和投资者交易行为的分析，提出金融资产泡沫具有三阶段特征。尽管外推型投资者往往基于资产过去价格外推其未来价格，但也会关注资产的基本价值，这体现了投资者的有限理性特征，更符合实际。本章将资产基本价值引入资产价格泡沫模型，不但为金融资产泡沫提供了判断基准，而且通过外推型投资者和基本面投资者的交易行为分析可将金融资产泡沫划分为产生、生存和破灭三个连续性阶段。二是基于模型剖析金融资产泡沫形成机制并结合金融市场证据，指出量价齐升是金融资产泡沫产生的重要标志之一。当前文献指出，金融资产泡沫期间，资产价格及其交易量变化剧烈，量价关系难以合理解释。本章基于金融资产泡沫三阶段特征，从投资者异质价格信念的视角分析了资产价格变化与其交易量的关系，并以我国三大主要证券市场的表现为证据，指出当资产价格与其交易量均处于上升状态，且具有高度正相关关系时，金融资产泡沫就产生了，而在金融资产泡沫生存和破灭阶段分别表现出弱负相关和低度正相关的量价关系。三是基于模型参数设定对比分析异质价格信念和无风险资产供给与金融资产泡沫强弱的关系，为金融市场建设提出建议。源于异质信念，投资者对获取信息的处理方式不同，导致他们的交易行为存在差异，最终表现为资产价格的波动，甚至会产生巨大的金融资产泡沫。本章一方面讨论投资者结构的差异与金融资产泡沫强弱的关系，另一方面讨论外推型投资者对资产基本价值关注程度的差异及其对过去价格变化赋权的差异与金融资产泡沫强弱的关系，更为重要的是，本章从供给侧角度讨论了无风险资产收益率的差异与金融资产泡沫强弱的关系，并在上述对比分析的基础上，提出金融市场稳定健康发展的相关建议。

第一节　投资者的风险资产需求

假设投资者所处的经济状态可划分为 $T+1$ 期，终期时刻 T 前的任一期记为 $t, t=0,1,2,3\cdots T$。该经济状态中存在两种资产：一种是无风险资产，其收益率固定，设为 r；另一种是风险资产，t 时刻的价格设为 P_t，供给份额固定，设为 Q，并声称每份份额在终期时刻 T 可获得现金流股息为 $\tilde{D}_T$，则：

$$\tilde{D}_T = D_0 + \tilde{\varepsilon}_1 + \tilde{\varepsilon}_2 + \cdots + \tilde{\varepsilon}_T, \quad \tilde{\varepsilon}_t \sim N\left(0, \sigma_\varepsilon^2\right), t \in \left(1,2,3\cdots T\right) \tag{4-1}$$

其中，D_0 为初始时刻 $t=0$ 时公开的现金流股息，$\tilde{\varepsilon}_t$ 为 t 时刻的现金流股息冲击。

假设该经济状态中存在两类异质价格信念投资者：一类是外推型投资者，占投资者的比例为 ω^x，t 时刻每位外推型投资者的风险资产需求份额为 M_t^x；另一类是基本面投资者，占投资者的比例为 $\omega^f, \omega^f = 1 - \omega^x$，$t$ 时刻每位基本面投资者的风险资产需求份额为 M_t^f。同时，假设投资者的财富偏好以常绝对风险规避效用函数表示，即：$U\left(W_t\right) = -e^{-\gamma W_t}$，其中，$W_t$ 为 t 时刻投资者财富，γ 为投资者绝对风险规避系数，投资者在任一时刻对风险资产的需求都是为了使其财富在下一期期望效用最大。为计算方便并不失一般性，我们进一步假设投资者初始财富为 1，即：$W_0 = 1$；投资者总数量为 1，即两类投资者比例为其数量。

一、基本面投资者的风险资产需求

基于上述假设，基本面投资者在 t 时刻确定风险资产的需求份额 M_t^f 是为了使 $t+1$ 时刻其财富期望效用最大。那么，在无其他市场交易摩擦时，基本面投资者的决策行为可表示为：

$$\max_{M_t^f}. \quad \mathrm{E}_t^f\left(-e^{-\gamma W_{t+1}}\right)$$

$$s.t. \quad \begin{cases} W_{t+1} = (1+r)W_t + M_t^f\left[\tilde{P}_{t+1} - (1+r)P_t\right] \\ W_0 = 1 \end{cases} \quad (4\text{-}2)$$

这里，运用随机动态规划中的倒向递推法获得 t 时刻最优风险资产需求 M_t^f。

在 $T-1$ 时刻，由式（4-2）的一阶条件获得该时刻最优风险资产需求 M_{T-1}^f 为：

$$M_{T-1}^f = \frac{\mathrm{E}_{T-1}^f\left(\tilde{P}_T\right) - (1+r)P_{T-1}}{\gamma Var_{T-1}^f\left[\tilde{P}_T - (1+r)P_{T-1}\right]} \quad (4\text{-}3)$$

基本面投资者持有理性的资产价格信念，认为风险资产价格由其获得的现金流股息内生确定。因此，在终期时刻 T，风险资产价格 P_T 等于该时刻已实现的现金流股息，即 $P_T = D_T$，由此获得 $\mathrm{E}_{T-1}^f\left(\tilde{P}_T\right) = \mathrm{E}_{T-1}^f\left(D_T\right) = D_{T-1}$；同时，假设风险资产价格变化服从正态分布，其条件方差等于现金流股息冲击方差，即：$Var_{T-1}^f\left[\tilde{P}_T - (1+r)P_{T-1}\right] = \sigma_\varepsilon^2$。将其带入式（4-3）得：

$$M_{T-1}^f = \frac{D_{T-1} - (1+r)P_{T-1}}{\gamma \sigma_\varepsilon^2} \quad (4\text{-}4)$$

同理，在 $T-2$ 时刻，基本面投资者的最优风险资产需求 M_{T-2}^f 为：

$$M_{T-2}^f = \frac{\mathrm{E}_{T-2}^f\left(\tilde{P}_{T-1}\right) - (1+r)P_{T-2}}{\gamma \sigma_\varepsilon^2} \quad (4\text{-}5)$$

为了获得 $\mathrm{E}_{T-2}^f\left(\tilde{P}_{T-1}\right)$，必须获得 P_{T-1}。在 $T-1$ 时刻，市场出清时存在：$\omega^f\left[\frac{D_{T-1} - (1+r)P_{T-1}}{\gamma \sigma_\varepsilon^2}\right] + \omega^x M_{T-1}^x = Q$，即：$P_{T-1} = \frac{D_{T-1}}{1+r} - \frac{\gamma \sigma_\varepsilon^2}{(1+r)\omega^f}\left(Q - \omega^x M_{T-1}^x\right)$。则：

$$\mathrm{E}_{T-2}^f\left(\tilde{P}_{T-1}\right) = \mathrm{E}_{T-2}^f\left(\frac{D_{T-1}}{1+r}\right) - \frac{\gamma \sigma_\varepsilon^2}{(1+r)\omega^f}\left[Q - \omega^x \mathrm{E}_{T-2}^f\left(M_{T-1}^x\right)\right] \quad (4\text{-}6)$$

这里，$\mathrm{E}_{T-2}^f\left(D_{T-1}\right) = D_{T-2}$。为获得 $\mathrm{E}_{T-2}^f\left(M_{T-1}^x\right)$，在稳定经济状态下，假设基本面投资者并不预测外推型投资者下一时刻的风险资产需求，认为外推型投资者持有的风险资产总额等于资产供给总额与其占比的乘积；也就是说，外推型投资者未来持有的风险资产与其在投资者中所占的比例一致。在此假设下获得 $\omega^x E_{T-2}^f\left(M_{T-1}^x\right)=\omega^x Q$，进而由式（4-6）得：
$E_{T-2}^f\left(\tilde{P}_{T-1}\right)=\dfrac{D_{T-2}-\gamma\sigma_\varepsilon^2 Q}{1+r}$，并将其带入式（4-5）得：

$$M_{T-2}^f=\frac{D_{T-2}-\gamma\sigma_\varepsilon^2 Q-(1+r)^2 P_{T-2}}{(1+r)\gamma\sigma_\varepsilon^2} \tag{4-7}$$

以此类推，可获得基本面投资者 t 时刻的最优风险资产需求 M_t^f 为：

$$M_t^f=\frac{D_t-\gamma\sigma_\varepsilon^2 Q(T-t-1)-(1+r)^{T-t} P_t}{(1+r)^{T-t-1}\gamma\sigma_\varepsilon^2} \tag{4-8}$$

其中，$D_t=D_0+\sum_{j=1}^t \varepsilon_j$。由式（4-8）可知：$D_t-\gamma\sigma_\varepsilon^2(T-t-1)Q$ 为风险资产 $t+1$ 时刻的期望价格，$D_t-\gamma\sigma_\varepsilon^2(T-t-1)Q-(1+r)^{T-t} P_t$ 为风险资产在 $t+1$ 期的期望价格变化。若假设该经济状态中的投资者均为基本面投资者，在市场出清条件下，基本面投资者在 t 时刻的风险资产需求 M_t^f 应等于风险资产总供给 Q，结合式（4-8）可获得风险资产的基本价值 P_t^f：

$$P_t^f=\frac{D_t-\gamma\sigma_\varepsilon^2 Q(T-t-1)}{(1+r)^{T-t}}-\frac{\gamma\sigma_\varepsilon^2 Q}{1+r} \tag{4-9}$$

二、外推型投资者的风险资产需求

除资产价格信念不同外，外推型投资者与基本面投资者一样，t 时刻确定风险资产的需求份额 M_t^x 也是为了使 $t+1$ 时刻其财富期望效用最大。故外推型投资者的决策行为表示为：

$$\max_{M_t^x}. \ E_t^x\left(-e^{-\gamma W_{t+1}}\right)$$
$$s.t. \ \begin{cases}W_{t+1}=(1+r)W_t+M_t^x\left[\tilde{P}_{t+1}-(1+r)P_t\right]\\ W_0=1\end{cases} \tag{4-10}$$

同理，假设 $Var_t^x\left[\tilde{P}_{t+1}-(1+r)P_t\right]=\sigma_\varepsilon^2$。由式（4-10）的一阶条件获得 t 时刻最优风险资产需求 M_t^x。

$$M_t^x=\frac{E_t^x\left(\tilde{P}_{t+1}\right)-(1+r)P_t}{\gamma Var_t^x\left[\tilde{P}_{t+1}-(1+r)P_t\right]}=\frac{E_t^x\left[\tilde{P}_{t+1}-(1+r)P_t\right]}{\gamma\sigma_\varepsilon^2} \tag{4-11}$$

式（4-11）右边分式的分子为风险资产下一期的期望价格变化。与基本面投资者的资产价格信念不同，外推型投资者持有外推的资产价格信念，认为风险资产未来价格变化由其过去价格变化外推形成。参照 Greenwood 等人（2019）和 Barberis 等人（2015，2018）的研究成果，本章假设风险资产下一期的期望价格变化是其过去各期价格变化的加权平均，且越近时期影响越大，故运用指数平滑法可获得：

$$
\mathrm{E}_t^x \left[\tilde{P}_{t+1} - (1+r)P_t \right] = (1-\theta) \sum_{k=1}^{\infty} \theta^{k-1} \left[P_{t-k} - (1+r)P_{t-k-1} \right] \tag{4-12}
$$

其中，$\theta, \theta \in (0,1)$，为平滑系数。在初始经济状态 $t=0$ 时刻，结合本章第一节中基本面投资者风险资产需求中的假设 $\omega^x \mathrm{E}_{T-2}^f \left(M_{T-1}^x \right) = \omega^x Q$，可获得 $M_0^x = Q$，结合式（4-11）获得 $\mathrm{E}_0^x \left[\tilde{P}_1 - (1+r)P_0 \right] = \gamma \sigma_\varepsilon^2 Q$。因此，式（4-12）可改写为：

$$
\mathrm{E}_t^x \left[\tilde{P}_{t+1} - (1+r)P_t \right] = (1-\theta) \sum_{k=1}^{t-1} \theta^{k-1} \left[P_{t-k} - (1+r)P_{t-k-1} \right] + \theta^{t-1} XB_1 \tag{4-13}
$$

其中，XB_1 为外推型投资者在 $t=1$ 时刻初始信念，基于上述初始经济状态的讨论，令 $XB_1 = \gamma \sigma_\varepsilon^2 Q$。将式（4-13）带入式（4-11）获得 t 时刻外推型投资者的最优风险资产需求：

$$
M_t^x = \frac{(1-\theta) \sum_{k=1}^{t-1} \theta^{k-1} \left[P_{t-k} - (1+r)P_{t-k-1} \right] + \theta^{t-1} XB_1}{\gamma \sigma_\varepsilon^2} \tag{4-14}
$$

为表达方便，在下面的表述中，令 $XB_t \equiv (1-\theta) \sum_{k=1}^{t-1} \theta^{k-1} \left[P_{t-k} - (1+r)P_{t-k-1} \right] + \theta^{t-1} XB_1$。因此，$XB_t$ 的演化过程满足：

$$
XB_t = \theta XB_{t-1} + (1-\theta) \left[P_{t-1} - (1+r)P_{t-2} \right] \tag{4-15}
$$

第二节　资产价格泡沫模型

第一节分别获得两类投资者的风险资产需求表达式。其中，基本面投资者持有理性的资产价格信念，遵循风险资产基本价值原则按照式（4-8）进行资产交易；外推型投资者持有外推的资产价格信念，遵循历史价格外推原则按照式（4-14）进行资产交易。一般认为，金融资产泡沫是资产价格偏离其基本价值，故本章假设外推型投资者是有限理性，在资产交易过程中也部分关注资产的基本价值。该假设不但更加符合投资者的实际特征（绝大多数投资者是有限理性投资者），而且将资产基本价值引入资产价格泡沫模型，为金融资产泡沫提供判断基准。因此，结合式（4-8）和修正式（4-14），获得修正后的外推型投资者最优风险资产需求 $\bar{M}_t^x$：

$$\bar{M}_t^x = (1-w)\left[\frac{D_t - \gamma\sigma_\varepsilon^2 Q(T-t-1) - (1+r)^{T-t}P_t}{(1+r)^{T-t-1}\gamma\sigma_\varepsilon^2}\right] + w\left(\frac{XB_t}{\gamma\sigma_\varepsilon^2}\right) \quad (4\text{-}16)$$

其中，$w \in (0,1)$为外推型投资者赋予基于外推资产价格信念的风险资产需求的权重，那么赋予基于理性资产价格信念的风险资产需求的权重为$(1-w)$。

式（4-16）表明外推型投资者的风险资产需求受两种相反势力的信号影响：一种（等式右边第一项）来自基于理性资产价格信念的"价值信号"，它测度了风险资产价格与其基本价值之间的差异；另一种（等式右边第二项）来自基于外推资产价格信念的"增长信号"，它是风险资产过去价格变化的加权平均，越近时期赋予权重越高。由此可知，当风险资产价格远远高于其基本价值，且近来一直处于上涨态势时，价值信号取负值，且偏离越来越大，则是在告诉外推型投资者应降低风险资产持有头寸，但增长信号的增长态势越来越明显，是在告诉外推型投资者应增加风险资产持有头寸；若外推资产价格信念占主导地位，即$w \in (0.5,1)$，资产价格及其交易量均处于上升态势，金融资产泡沫就产生了。反之，当风险资产价格近来一直处于下降态势时，价值信号和增长信号趋势逐步减弱，资产价格及其交易量处于下降态势，金融资产泡沫开始破灭。进一步来讲，这两种信号也反映了外推型投资者的恐惧和贪婪心理。当风险资产价格近来处于持续上涨时，价值信号描述了外推型投资者的恐惧心理，担心风险资产价格可能会跌回基本面价值，故降低风险资产持有头寸；增长信号描述了外推型投资者的贪婪心理，认为风险资产价格还将持续上涨，故增加风险资产持有头寸。反之，当风险资产价格近来处于持续下跌时，增长信号描述了外推型投资者的恐惧心理，担心风险资产价格进一步下跌，而价值信号描述了外推型投资者的贪婪心理，认为资产基本价值是底线。

式（4-8）和式（4-16）表明，无论是基本面投资者还是外推型投资者，他们的风险资产需求都是风险资产价格P_t的严格单调减函数，那么他们对风险资产的加总需求$(1-\omega^x)M_t^f + \omega^x\bar{M}_t^x$也是风险资产价格$P_t$的严格单调减函数。因此，在风险资产总供给为$Q$，且市场处于出清状态时，存在唯一资产价格且满足：

$$(1-\omega^x)\left[\frac{D_t - \gamma\sigma_\varepsilon^2 Q(T-t-1) - (1+r)^{T-t}P_t}{(1+r)^{T-t-1}\gamma\sigma_\varepsilon^2}\right]$$
$$+ \omega^x\left\{(1-w)\left[\frac{D_t - \gamma\sigma_\varepsilon^2 Q(T-t-1) - (1+r)^{T-t}P_t}{(1+r)^{T-t-1}\gamma\sigma_\varepsilon^2}\right] + w\left(\frac{XB_t}{\gamma\sigma_\varepsilon^2}\right)\right\} = Q \quad (4\text{-}17)$$

继而，由式（4-17）获得t时刻风险资产唯一均衡价格P_t：

$$P_t = \frac{D_t}{(1+r)^{T-t}} + \left[\frac{\omega^x w}{(1+r)(1-\omega^x w)}\right]XB_t - \left[\frac{(1-\omega^x w)(T-t-1)+(1+r)^{T-t-1}}{(1+r)^{T-t}(1-\omega^x w)}\right]\gamma\sigma_\varepsilon^2 Q \quad (4\text{-}18)$$

式（4-18）表明，任一时刻风险资产的价格由三部分组成。第一部分与风险资产现金流股息的期望有关，是风险资产基本价值的体现。第二部分体现了外推的资产价格信念对风险资产价格的影响，与风险资产过去价格变化有关：如果风险资产过去价格处于上涨态势且变化较大，外推型投资者增加风险资产持有，形成风险资产价格上涨压力，若该趋势一直持续，则风险资产价格持续上涨，严重偏离其基本价值，形成金融资产泡沫；如果风险资产过去价格处于下降态势且变化较大，外推型投资者将降低风险资产持有，形成风险资产价格下跌压力，若该趋势一直持续，则风险资产价格持续下跌，跌回基本价值，金融资产泡沫破灭。第三部分是价格折扣，是外推型投资者因持有风险资产而承担的风险补偿。

式（4-18）进一步表明，两类投资者交易行为的相互作用导致金融资产泡沫，其中，外推型投资者交易行为占主导作用。假设风险资产在 t 时刻受到持续正的现金流股息冲击，资产价格开始上涨，外推型投资者交易行为推动资产价格快速上涨，这主要源于外推的资产价格信念，现金流股息冲击下的资产价格上涨态势导致外推型投资者产生未来价格更高的预测，从而持续增加风险资产需求，导致资产价格快速上涨，逐渐偏离其基本价值，产生金融资产泡沫。在这一过程中，资产价格持续快速上涨，越来越偏离其基本价值，按理说基本面投资者应快速降低风险资产需求，削弱资产价格持续上涨态势，但事实并非如此，基本面投资者不会积极地削弱上述资产价格持续上涨态势，这主要源于基本面投资者认为资产价格持续上涨态势是外推型投资者对持续现金流股息冲击的反应，外推型投资者持续高涨的交易热情使风险资产未来收益并不一定低，故而基本面投资者只是适度地降低风险资产需求，不会积极地削弱资产价格持续上涨态势。也就是说，基本面投资者交易行为只是部分抵消了外推型投资者交易行为对资产价格的影响。

综上所述，投资者外推的资产价格信念是导致金融资产泡沫的重要因素之一。接下来，基于资产价格泡沫模型式（4-18）和资产基本价值式（4-9），数值模拟金融资产泡沫形成机制，结合金融市场证据和模型参数设定对比探讨金融资产泡沫内在机理。

第三节　金融资产泡沫形成机制的数值模拟

一、参数值选取

参数值选取应与式（4-18）和式（4-9）推导过程中的相关假设对应，即：经济状态可划分为若干期，在运行过程中受到持续正的现金流股息冲击后又回到稳定状态。这里假设经济状态运行 12 年 9 个月，划分为 51 期，每期为 1 个季度，则 $T = 50$；当经济处于稳定状态时，现金流股息冲击为零，基本面投资者和外推型投资者均在金融市场上，风险资产价格每一期的变化为常数且等于 $\gamma\sigma_\varepsilon^2 Q$，式（4-16）中定义的增长信号 XB_t 也等于 $\gamma\sigma_\varepsilon^2 Q$。基于此给出描述该经济状态下资产层面和投资者层面的相关参数值。

资产层面：该经济状态中存在两种资产，其存续期与经济状态运行期一致，为 51 期。假设无风险资产每期获得 0.9% 的固定收益率，即 $r=0.9\%$。假设风险资产在初始时刻 $t=0$ 时的现金流股息为 100，即 $D_0=100$，在随后各时刻中出现两波持续正的现金流股息冲击，第一波从第 11 时刻开始持续到第 14 时刻，第二波从第 36 时刻开始持续到第 39 时刻，其余各时刻现金流股息冲击为零，该假设保证了经济在稳定运行状态下经过两波现金流股息冲击后又能回到稳定状态；同时，为体现现金流股息冲击强弱与金融资产泡沫强弱的关系，假设第一波现金流股息冲击强于第二波。基于上述假设，设定初始时刻后各时刻现金流股息参数值：$\tilde\varepsilon_1,\tilde\varepsilon_2\cdots\tilde\varepsilon_{10}=0$；$\tilde\varepsilon_{11}=5$，$\tilde\varepsilon_{12}=7$，$\tilde\varepsilon_{13}=10$，$\tilde\varepsilon_{14}=10$；$\tilde\varepsilon_{15},\tilde\varepsilon_{16}\cdots\tilde\varepsilon_{35}=0$；$\tilde\varepsilon_{36}=2$，$\tilde\varepsilon_{37}=4$，$\tilde\varepsilon_{38}=6$，$\tilde\varepsilon_{39}=6$；$\tilde\varepsilon_{40},\tilde\varepsilon_{41}\cdots\tilde\varepsilon_{50}=0$。假设现金流股息冲击的标准差为 3，即 $\sigma_\varepsilon=3$；风险资产总供给为 1，即 $Q=1$。

投资者层面：假设该经济状态中外推型投资者与基本面投资者的比例为 7:3，即 $\omega=0.7$；外推型投资者赋予基于外推资产价格信念的风险资产需求的权重为 0.9，即 $w=0.9$；外推型投资者对风险资产过去价格变化的赋权系数（本书中的平滑系数）为 0.9，即 $\theta=0.9$；同时假设两类投资者的绝对风险规避系数为 0.1，即 $\gamma=0.1$。

最后，为防止投资者在资产价格足够高的情况下出现卖空行为，对投资者的风险资产需求赋予卖空限制，即：

$$M_t^f = \max\ [\frac{D_t-\gamma\sigma_\varepsilon^2 Q(T-t-1)-(1+r)^{T-t}P_t}{(1+r)^{T-t-1}\gamma\sigma_\varepsilon^2},0] \tag{4-19}$$

$$\bar M_t^x = \max\ \left\{(1-w)\left[\frac{D_t-\gamma\sigma_\varepsilon^2 Q(T-t-1)-(1+r)^{T-t}P_t}{(1+r)^{T-t-1}\gamma\sigma_\varepsilon^2}\right]+w(\frac{XB_t}{\gamma\sigma_\varepsilon^2}),0\right\} \tag{4-20}$$

这意味着，在风险资产价格足够高时，投资者不再持有风险资产，离开金融市场。

二、金融资产泡沫形成过程

借助 MATLAB 2018，基于上述参数值选取，运用式（4-18）和式（4-9）获得存续期内风险资产价格及其基本价值，结果如图 4-1 所示；运用式（4-19）和式（4-20）获得存续期内两类投资者的风险资产需求，结果如图 4-2 所示。

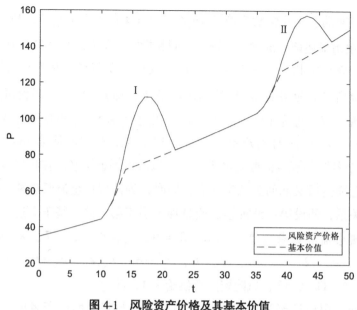

图4-1 风险资产价格及其基本价值

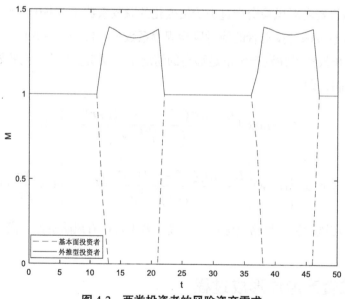

图4-2 两类投资者的风险资产需求

图4-1显示，存续期内两波正的现金流股息冲击导致资产价格出现两个完整的泡沫期，分别称之为金融资产泡沫Ⅰ和金融资产泡沫Ⅱ。

金融资产泡沫Ⅰ：从 $t=11$ 受到正的现金流股息冲击直至 $t=22$ 风险资产价格跌回基本价值，形成一个完整的泡沫周期。正的现金流股息冲击开始时，风险资产价格及其基本价值均处于快速上升态势，但风险资产价格上升速度更快，开始偏离基本价值，金融资产泡沫产生了；$t=14$ 后正的现金流股息冲击消失，风险资产基本价值的增速回到稳定状态，但其价格仍持续上涨，偏离基本价值的程度越来越大，在 $t=17$ 时达到峰值，此后急速下跌，在 $t=22$ 时跌至其基本价值，金融资产泡沫结束。同理，泡沫Ⅱ也有类似的形成过程，在 $t=35$ 受到正的现金流股息冲击直至 $t=47$ 风险资产价格跌回基本价值，也形成一个完整泡沫周期。与金融资产泡沫Ⅰ类似，在金融资产泡沫Ⅱ形成过程中，在 $t=36$ 时，风险资产价格开始偏离其基本价值；$t=39$ 后现金流股息冲击消失，风险资产价格持续大幅上涨；$t=43$ 风险资产价格达到峰值，而后又急速下跌，在 $t=47$ 跌至其基本价值，金融资产泡沫结束。

图 4-2 显示，在金融资产泡沫形成过程中，两类投资者的风险资产需求变化较大。在金融资产泡沫Ⅰ的形成过程中，$t=11$ 时受到正的现金流股息冲击后，外推型投资者对风险资产的需求快速增加，而基本面投资者对风险资产的需求则快速减少；$t=13$ 时外推型投资者对风险资产的需求到达峰值，同时基本面投资者对风险资产的需求为零，退出金融市场；$t=21$ 时外推型投资者对风险资产的需求开始下降，基本面投资者对风险资产的需求从零开始增加，重返金融市场，并在 $t=22$ 时回到稳定状态。与金融资产泡沫Ⅰ类似，在金融资产泡沫Ⅱ形成过程中，$t=36$ 时再次受到正的现金流股息冲击后，外推型投资者对风险资产的需求再次快速增加，基本面投资者对风险资产的需求也是快速减少；$t=38$ 时外推型投资者对风险资产的需求到达峰值，同时基本面投资者对风险资产的需求为零；$t=46$ 时外推型投资者对风险资产的需求开始下降，而基本面投资者对风险资产的需求从零开始增加，并在 $t=47$ 时回到稳定状态。

对比金融资产泡沫Ⅰ与金融资产泡沫Ⅱ可发现：金融资产泡沫均是在受到持续正的现金流股息冲击后产生，风险资产价格开始偏离其基本价值，初始时刻偏离程度较小，继而风险资产价格快速上涨，到达峰值后又迅速下跌，直至跌回基本价值，金融资产泡沫结束。与之对应，在受到正的现金流股息冲击后，两类投资者对风险资产的需求也发生明显变化，外推型投资者一直活跃在金融市场上，对风险资产的需求经历快速上升后又回到稳定状态，而基本面投资者对风险资产需求则是快速下降直至离开金融市场，持续一段时间后才重返金融市场恢复其资产需求稳定状态。

对比金融资产泡沫Ⅰ与金融资产泡沫Ⅱ可发现：两个泡沫过程均经历了 12 个时期，其中，风险资产价格上涨阶段分别经历 7 个时期和 8 个时期，而下降阶段只经历 5 个时期和 4 个时期，这说明在金融资产泡沫形成过程中风险资产价格下降速度明显快于其上升速度，意味着金融资产泡沫破裂时对金融市场的影响更大。同时，金融资产泡沫Ⅰ中的风险资产价格偏离其基本价值的峰度明显强于金融资产泡沫Ⅱ中的偏离峰度，这主要源于现金流股息冲击的差异，形成金融资产泡沫Ⅰ的持续现金流股息冲击强于金融资产泡沫Ⅱ，这说明现金流股息冲击越强金融资产泡沫越明显。

综上所述，尽管金融资产泡沫Ⅰ和金融资产泡沫Ⅱ存在强弱之差，但其形成过程及与之对应的投资者风险资产需求却具有相同特征。此处结合图 4-1 和图 4-2，以金融资产泡沫Ⅰ的形成过程为例，基于两类投资者的金融市场活动将金融资产泡沫形成过程划分为产生、生存和破灭三个阶段，并分析其特征。

第一阶段：金融资产泡沫产生阶段，两类投资者共存于金融市场，资产价格开始偏离其基本价值，资产交易量急剧上升。在未受到正的现金流股息冲击时，经济处于稳定状态，而在 $t=11$ 时，受正的现金流股息冲击，风险资产价格开始偏离其基本价值，源于增长信号的影响，外推型投资者对风险资产未来价格预期进一步上升，不断增加风险资产需求，导致风险资产价格进一步上升。在此期间，尽管风险资产价格高于其基本价值，但基本面投资者认为风险资产价格的上升源于外推型投资者对正的现金流股息冲击的反应，其未来收益不一定降低，因而只是逐步降低风险资产需求，不断向外推型投资者出售风险资产，这虽然缓解了风险资产价格急剧上升的压力，但风险资产价格仍处于快速上升状态，且伴随着较为频繁的交易行为，出现量价齐升现象。

第二阶段：金融资产泡沫生存阶段，基本面投资者离开金融市场，相比第一阶段，资产价格持续偏离其基本价值，资产交易量下降。持续正的现金流股息冲击导致资产价格不断上升，在 $t=13$ 时，风险资产价格的上升触及了基本面投资者的卖空约束，基本面投资者不再持有风险资产、离开金融市场。此时，虽然增长信号使外推型投资者依然表现出强的贪婪心理，推动资产价格上涨，因基本面投资者已退出金融市场，资产交易只发生在外推型投资者之间，导致资产交易量下降、资产价格缓慢地达到峰值。随着正的现金流股息冲击消失，增长信号使外推型投资者表现出恐惧心理，不断降低风险资产需求，导致资产价格快速下降。

由式（4-18）可知，增长信号 XB_t 决定了金融资产泡沫的强弱，也衡量了外推型投资者的投资热情。因 $\theta \in (0,1)$，由式（4-15）知，尽管 θXB_{t-1} 有自然缩小的趋势，即金融资产泡沫具有自然缩小的趋势，但在持续正的现金流股息冲击下，$(P_{t-1}-P_{t-2})$ 的增长态势可以抵消泡沫自然缩小的态势，外推型投资者的投资热情依然高涨，金融资产泡沫逐渐变强。在 $t=14$ 之后，正的现金流股息冲击消失，$(P_{t-1}-P_{t-2})$ 的增长态势虽然逐渐减弱但还能抵消金融资产泡沫自然缩小的态势，金融资产泡沫仍然逐渐变强，但增强的趋势变缓，资产价格逐渐达到峰值。正的现金流股息冲击消失之后，外推型投资者的投资热情随之消退，资产价格开始下跌。金融资产泡沫生存阶段不但描述了金融资产泡沫由强变弱的过程，而且也说明了正的现金流股息冲击对金融资产泡沫的影响具有滞后性，这主要源于金融市场记忆性特征，与秦学志等（2019）相关研究结果相似。

第三阶段：金融资产泡沫破灭阶段，基本面投资者重返金融市场，相比第二阶段，资产价格逐步回归其基本价值，交易量虽上升，但总体呈下降趋势。在 $t=21$ 时，风险资产价格快速下跌并接近其基本价值，此时，基本面投资者重返市场，参与资产交易，向外推型投资者购买风险资产，增加风险资产持有，导致资产交易量上升，缓解风险资产价格快速下跌的压力。源于基本面投资者参与资产交易，风险资产价格下降速度变缓，又源于价值信号，外推型投资者认为风险资产基本价值是其价格底线，故而外推型投资者只是缓慢降低风险资产持有，导致两类投资者之间的交易频率不断下降，资产交易量总体呈下降趋势。

行为金融学认为，资产交易的本质是投资者之间存在意见分歧，交易量反映了意见分歧的程度，分歧程度越大，交易量越大。Miller假说认为，投资者之间意见分歧大的时候，资产价格一定被高估。在金融资产泡沫产生阶段，由于外推型投资者和基本面投资者的资产价格信念不同，在正的现金流股息冲击下，他们对未来资产价格的预期存在很大分歧，外推型投资者认为资产价格会进一步持续上涨，而基本面投资者则认为资产价格已被高估，基本面投资者不断向外推型投资者出售资产，资产交易频率高、交易量大，推动资产价格进一步上涨。在金融资产泡沫生存阶段，基本面投资者已退出金融市场，资产交易仅发生在外推型投资者之间，而他们之间只是在信念上存在差异（见本章第五节），故分歧程度相对较小，因此，资产交易量也随之大幅减少。在金融资产泡沫破灭阶段，基本面投资者重返金融市场，与外推型投资者之间产生资产交易，导致资产交易量出现回暖现象。

第四节　金融市场证据

此处以上证综指、深证成指和创业板综指为研究对象，以 2005—2008 年和 2014—2016 年出现的典型金融市场泡沫为例进一步论证金融资产泡沫三阶段特征。图 4-3、图 4-4 和图 4-5 分别展示了 2005 年 1 月 4 日至 2008 年 12 月 31 日上证综指和深证成指以及 2014 年 8 月 1 日至 2016 年 3 月 1 日创业板综指的价格（以日收盘价代表）及日交易量的变化，其中，实线表示日收盘价，虚线表示日交易量。上证综指从 2005 年 1 月 4 日的 1 242.77 点（成交额为 8 713 301.20 万元）暴涨到 2007 年 10 月 16 日的 6 124.04 点（成交额为 88 152 159.00 万元），两年多时间涨幅近 5 倍，达到历史最高点，之后在短短一年多时间暴跌至 1 664.93 点（成交额为 59 847 440.00 万元）。深证成指从 2005 年 1 月 4 日的 3 025.42 点（成交额为 4 350 509.70 万元）暴涨到 2007 年 10 月 10 日达到历史最高 19 600.03 点（成交额 42 254 068.00 万元），涨幅超过 6 倍，之后一路下跌至 5 720.55 点（成交额为 20 222 668.00 万元）。创业板综指从 2014 年 8 月 1 日的 1 389.49 点（成交额为 25 580.28 万元）暴涨到 2015 年 6 月 10 日的 4 387.63 点（成交额 182 173.46 万元），两年多时间涨幅超 7 倍，之后又暴跌至 2 336.75 点（成交额为 89 644.50 万元）。以上数据来源于东方财富网。

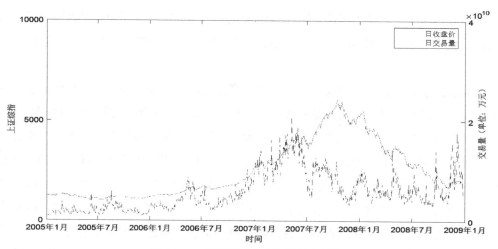

图 4-3　上证综指日收盘价及其交易量

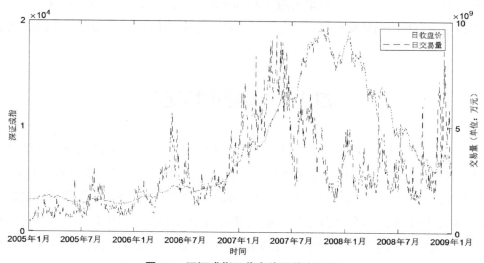

图 4-4　深证成指日收盘价及其交易量

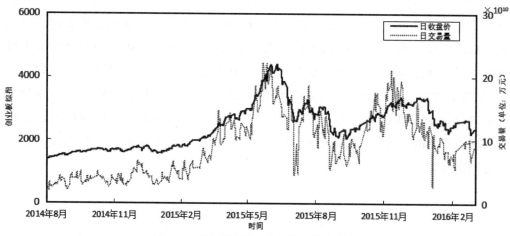

图 4-5　创业板综指日收盘价及其交易量

图 4-3、图 4-4 和图 4-5 表明，上述典型金融市场泡沫也具有三阶段特征。泡沫产生阶段（2006.05.18—2007.05.30，2014.08.01—2015.05.19）：受利好消息影响，各指数日收盘价走势均呈上升态势，但较为温和，并非猛烈急速攀升；同时，日交易量也随之开始迅速大幅上涨，表现出高交易量特征。泡沫生存阶段（2007.05.31—2008.02.25，2015.05.20—2015.06.16）：各指数日收盘价走势先是快速上涨至最高点而后开始迅速下跌；同时，交易量也较泡沫产生阶段呈下降趋势。泡沫破灭阶段（2008.02.26—2008.11.06，2015.06.17—2016.03.01）：各指数日收盘价下跌趋势均开始放缓，交易量出现回暖现象。进一步，运用 Pearson 相关系数检验各指数在其泡沫三个阶段的量价关系。基于图 4-3、图 4-4 和图 4-5 的日收盘价和日交易量数据，借助 SPSS 获得各指数三阶段量价关系统计结果，结果如表 4-1、表 4-2 和表 4-3 所示。

表 4-1　上证综指量价关系统计结果

	Pearson 相关系数（r）	显著性（sig）	样本容量（N）
泡沫产生阶段	0.939***	0	252
泡沫生存阶段	−0.241***	0.001	181
泡沫破灭阶段	0.324***	0	173

注：*** 表示在 1% 水平（双侧）下显著，下同。

表 4-2　深证成指量价关系统计结果

	Pearson 相关系数（r）	显著性（sig）	样本容量（N）
泡沫产生阶段	0.923***	0	252
泡沫生存阶段	−0.271***	0	181
泡沫破灭阶段	0.328***	0	173

表 4-3　创业板综指量价关系统计结果

	Pearson 相关系数（r）	显著性（sig）	样本容量（N）
泡沫产生阶段	0.869***	0	240
泡沫生存阶段	−0.391***	0	20
泡沫破灭阶段	0.346***	0	160

表 4-1、表 4-2 和表 4-3 表明，在泡沫产生阶段，三指数具有显著的正相关关系，分别为 0.939、0.923 和 0.869，这表明资产价格与其交易量具有高度的正相关关系，说明资产价格及其交易量均处于上升态势，具有明显的量价齐升态势。在泡沫生存阶段，三指数具有显著的负相关关系，分别为 −0.241、−0.271 和 −0.391，这表明资产价格与其交易量具有较弱的负相关关系，说明资产价格总体呈上升趋势但交易量总体呈下降趋势。在泡沫破灭阶段，三指数具有显著的正相关关系，分别 0.324、0.328 和 0.346，这表明资产价格与

其交易量具有低度的正相关关系，说明资产价格及其交易量均处于下降态势。

理论分析和金融市场证据均表明，在金融资产泡沫产生阶段，资产价格与其交易量之间存在显著的高度正相关关系，也就是说，在正的现金流股息（利好消息）冲击下，资产价格开始上升，伴随着频繁交易，资产交易量很大。因此，量价齐升（特别是资产价格上涨时伴随着频繁交易）是金融资产泡沫产生的显著标志。为防止金融资产泡沫影响金融市场稳定健康发展、降低金融市场服务实体经济的效果，在资产价格出现量价齐升时，投资者应回归理性，金融市场监管者应采取积极的应对措施。

第五节　基于参数设定值对比的启示

由资产价格泡沫模型可知，金融资产泡沫强弱既与模型内生变量有关，也与模型外生变量有关。此处基于式（4-18）选择代表性内生和外生变量，讨论投资者异质价格信念与金融资产泡沫强弱的关系。式（4-18）中的 ω 表示金融市场上外推型投资者所占比例，故选取 $\omega=0.5,0.6,0.7,0.8,0.9$ 代表不同的投资者结构，在其他参数不变的情况下获得相应金融资产泡沫走势，结果见图4-6。式（4-18）中参数 θ 和 w 表示外推型投资者之间的信念差异，其中，平滑系数 θ 表示外推型投资者预期下一期资产价格变化时对最近时期资产价格变化的赋权，由式（4-15）知， θ 越小，对最近时期资产价格变化赋权越大，故选取 $\theta=0.86,0.88,0.90,0.92,0.94$ ，在其他参数不变的情况下获得相应金融资产泡沫走势，结果

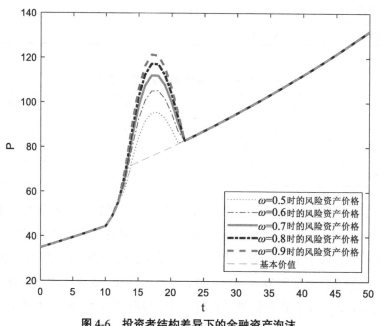

图4-6　投资者结构差异下的金融资产泡沫

如图 4-7 所示；参数 w 表示外推型投资者对风险资产基本价值的关注程度，由式（4-16）知，w 越大，对基本价值关注程度越低，故选取 $w=0.88,0.89,0.90,0.91,0.92$，在其他参数不变的情况下获得相应金融资产泡沫走势，结果如图 4-8 所示。式（4-18）中的 r 表示金融市场上的无风险资产收益率，不同的 r 代表不同的无风险资产供给，若 $r=0$ 则金融市场不提供无风险资产投资，故选取 $r=0.7\%,0.8\%,0.9\%,1.0\%,1.1\%$，在其他参数不变的情况下获得相应金融资产泡沫走势，结果如图 4-9 所示；为便于观察，令 $B,B=P_t-P_t^f$，表示风险资产价格与其基本价值的偏离，获得不同无风险资产收益率下的风险资产价格与其基本价值偏离（金融资产泡沫）的走势，结果如图 4-10 所示。

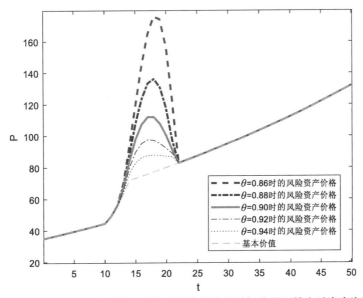

图 4-7 外推型投资者对最近时期资产价格变化赋权差异下的金融资产泡沫

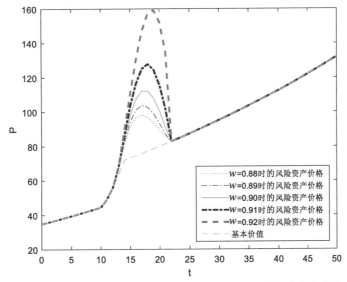

图 4-8 外推型投资者对资产基本价值关注差异下的金融资产泡沫

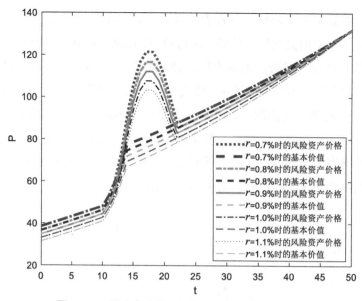

图 4-9　无风险资产收益率差异下的金融资产泡沫

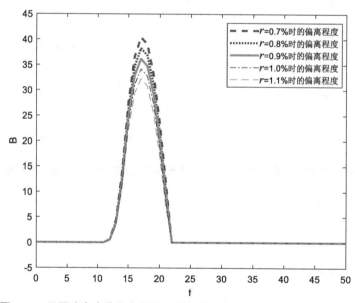

图 4-10　无风险资产收益率差异下的风险资产价格与其基本价值的偏离

　　图 4-6 表明，随着 ω 变大，风险资产价格偏离其基本价值越大，金融资产泡沫越明显；也就是说，在正的现金流股息冲击下，金融市场上外推型投资者越多，金融资产泡沫越强。图 4-7 表明，随着 θ 变小，外推型投资者对最近时期资产价格变化赋权越大，风险资产价格偏离其基本价值越大，金融资产泡沫越明显；也就是说，在正的现金流股息冲击下，外推型投资者预期资产未来价格时赋予其最近时期资产价格变化的权重越大，金融资产泡沫越强。图 4-8 表明，随着 w 变大，风险资产价格偏离其基本价值越大，金融资产泡

沫越明显；也就是说，在正的现金流股息冲击下，外推型投资者越是较低程度地关注资产的基本价值，金融资产泡沫越强。图 4-9 和图 4-10 表明随着 r 变小，金融资产泡沫逐渐增强；也就是说，金融市场上无风险资产收益率越小，金融资产泡沫越明显；进一步，若金融市场不提供无风险资产，则不仅会增加金融资产泡沫出现的频率，金融资产泡沫强度也会更明显。

对比图 4-6 至图 4-10，可获得启示：在利好消息（如正的现金流股息等）下，异质价格信念虽然导致金融资产泡沫，但泡沫强弱存在显著差异；同时，无风险资产供给可以作为金融资产泡沫的抑制器，增加无风险资产供给或提高无风险资产收益率，均可缓解金融资产泡沫。因此，为保护投资者权益，并预防严重错定价影响金融市场服务实体经济的功能，在面对利好消息时，投资者层面更应回归理性，避免出现"越牛市越乐观，越熊市越悲观"的投资情绪，金融市场监管者应密切关注金融市场走势，并适时采取相应措施（如增加类似于无风险资产的金融产品的供给）。

本章小结

本章假设风险资产未来价格变化由其过去价格变化外推形成，基于现金流股息冲击提出一个新的资产价格泡沫模型，研究金融资产泡沫的形成机制，提炼其内在特征，获得金融市场稳定发展的相关启示。假设异质价格信念投资者具有常绝对风险规避效用偏好，基于期望效用模型获得基本面投资者和外推型投资者的最优风险资产需求函数；进一步，假设外推型投资者在资产交易过程中部分关注风险资产基本价值，修正其最优风险资产需求函数，在市场出清状态下获得资产价格泡沫模型；基于模型参数设定模拟金融资产泡沫形成机制，并结合金融市场证据分析其内在特征；最后，从投资者异质性和无风险资产收益率层面设定参数值对比讨论影响金融资产泡沫强弱程度的因素。研究表明，在正的现金流股息或利好消息冲击下，投资者异质价格信念是导致金融资产泡沫的主要因素，而且资产价格的表现具有滞后性，投资者表现出"越牛市越乐观，越熊市越悲观"的投资情绪。金融资产泡沫过程具有典型的三阶段特征，在其产生、生存和破灭阶段，资产价格与交易量分别表现出显著的高度正相关、弱的负相关和低度正相关关系，量价齐升是金融资产泡沫产生的显著标志。异质价格信念差异程度与金融资产泡沫强弱程度密切相关，外推型投资者越多，金融资产泡沫越强，外推型投资者对风险资产基本价值关注程度越低或对风险资产最近时期价格变化赋权越大，金融资产泡沫越强；反之，金融资产泡沫越弱。无风险资产供给是金融资产泡沫的抑制器，增加无风险资产供给或提高无风险资产收益率，可以有效缓解金融资产泡沫。

第五章

收益外推行为与股票市场波动

研究和经验证据表明，外推信念交易者是非理性投资者，他们不考虑资产的基本价值，只是基于资产历史价格变化外推其未来价格而做出交易决策（当前越近时期的价格变化影响越大），当前观察到某种资产过去价格上涨时，则认为该资产未来价格还会继续上涨，反之，则认为该资产未来价格还会继续下跌，而且在散户投资者中表现更为明显（Barberis et al.，2015；Kuchler and Zafar，2019；Bordalo et al.，2019；Da et al.，2021）。Barberis et al.（2018）和 Jin and Sui（2022）指出，收益外推行为有助于解释股票市场的超额波动率及其收益的预测能力。2013 年诺贝尔经济学奖得主 Shiller 认为，泡沫是存在的，是人们对未来的奢望，是一种社会和心理现象，当前观察到过去价格上涨时，认为今后价格可能会继续上涨。那么，在散户投资者占比较高的国内股票市场中，收益外推行为是否会助推股票价格持续上涨或持续下跌，导致股市出现暴涨暴跌甚至股市泡沫等异常现象？长期而言，收益外推行为是否推高或拉低资产价格，导致股票市场出现过度繁荣或过度萧条等异常现象？

本章基于标准 Fama-French 三因子模型探讨收益外推行为的定价能力，阐释其与股票市场波动，特别是异常波动的关系，从投资者层面指出收益外推行为是引致股票价格泡沫的因素之一。本章运用指数平滑法表征投资者收益外推行为，采用组合法构建收益外推因子，并将其引入三因子模型构建含收益外推行为的资本资产定价模型，以沪深 A 股2000—2022 年月度收益数据为样本进行实证检验。本章创新点主要体现在以下两个方面。一是弥补了经典和行为资本资产定价模型的不足。经典金融理论指出，股票收益率的波动难以被基本面信息完全解释；行为金融理论也证明，非理性投资者行为影响资产价格。目前，作为资本资产定价主流模型的多因子模型体系中还没有出现纯粹的非理性因子。本章将投资者收益外推行为以收益外推因子的形式引入三因子模型，研究收益外推行为的定价能力、与股票市场波动的关系。二是发现了一个影响资本资产定价的新因素。收益外推因子总体上影响资本资产定价，其定价能力在股票市场处于波动状态时更明显，适度外推行为有助于资产价格发现；同时，收益外推行为是一把双刃剑，股票市场波动较强时具有推波助澜功能，反之则具有抑制功能。

第一节　收益外推因子构造

基于外推信念交易者特征，并较多地反映最新观测值信息，下面运用指数平滑法描述投资者收益外推行为。将经济状态划分为若干时期，$t(t \geqslant 1)$ 表示任一时期，实证研究中以月表示一个时期；R_t 表示当期收益率，R_{t-k} 表示滞后 k 期的收益率，$\mathrm{E}_t(\tilde{R}_{t+1} - R_t)$ 表示在 t 期外推未来一期的期望收益变化，故投资者收益外推行为可描述为：

$$E_t(\tilde{R}_{t+1} - R_t) = (1-\theta)\sum_{k=1}^{\infty} \theta^{k-1}(R_{t-k} - R_{t-k-1}) \tag{5-1}$$

其中，$\theta,\theta \in (0,1)$，为平滑系数，其指数形式表示投资者赋予当前越近时期收益变化的权重越大，时期越远权重越小，历史各期权重之和为 1，即 $(1-\theta)\sum_{k=1}^{\infty}\theta^{k-1}=1$。同时，平滑系数 θ 也测度了投资者认知偏差，θ 赋权越大表明投资者对历史收益变化的依赖程度越大；反之，依赖程度越小。本章在实证部分对 θ 的赋权为 0.8，即 $\theta=0.8$，在模型敏感性分析部分采取不同赋权进行对比性研究。

本章实证研究基于滚动窗口数据获得外推收益率，即：以样本的第 1 月到第 120 个月的收益率变化外推第 121 个月的收益率，以第 2 月到 121 个月的收益率变化外推第 122 个月收益率，以此类推，直至以第 120 月到 239 个月的收益率变化外推第 240 个月的收益率，共获得 120 个月的外推收益率；同时，t 期及其以前各期收益率均为已知收益率。因此，由式（5-1）知未来一期的外推收益率 $E_t(\tilde{R}_{t+1})$ 可表示为：

$$E_t(\tilde{R}_{t+1}) = R_t + (1-\theta)\sum_{k=1}^{118}\theta^{k-1}(R_{t-k}-R_{t-k-1}) \quad (5\text{-}2)$$

基于式（5-2）获得的外推收益率，运用 Fama and French（2012）提出的组合法构造收益外推因子。首先，将样本股票按流通市值从小到大排序，在 50% 分位点处将其分成大（B）、小（S）两组；其次，按照样本股票的外推收益率值从小到大排序，按照下 30% 分位点、30%~70% 分位点、上 30% 分位点将其分成三组，分别以 L、M、W 表示；最后，采用 2×3 组合法将两个维度的分组交叉形成 6 个股票组合，即 BL、BM、BW、SL、SM、SW，并将各股票组合按照流通市值加权，则外推收益率最高的股票组合与外推收益率最低的股票组合的收益率之差为收益外推因子，表示为 $EXT=(SW+BW-SL-BL)/2$。收益外推因子构造方法与三因子模型中的其他因子构造方法一致，虽然代表了投资者对股票收益的预期，但实际上是股票组合收益率之差。

第二节　模型构建与实证研究

一、模型构建

将收益外推因子引入三因子模型，与市场因子、市值因子、账面市值比因子一起作为资产定价的影响因素，构建含收益外推行为的资本资产定价模型：

$$R_{it}-R_{ft}=\alpha_i+\beta_{im}(R_{mt}-R_{ft})+\beta_{is}SMB_t+\beta_{ih}HML_t+\beta_{ie}EXT_t+\varepsilon_{it} \quad (5\text{-}3)$$

其中，R_{it} 表示组合 i 在 t 期的组合收益率，R_{ft} 表示 t 期的无风险资产收益率，R_{mt} 表示 t 期的市场组合收益率，SMB_t 表示 t 期的市值规模因子，HML_t 表示 t 期的账面市值比因子，EXT_t 为 t 期的收益外推因子，ε_{it} 为随机误差项。

各变量取值与计算如下（以一月表示一期）。R_{it}：将样本股票的市值规模和外推收益率分别按从小到大排序，并按五分位点法分别分成 5 组，由两维度交叉获得 5×5 共 25 个股票组合，并按流通市值加权获得每期的组合收益率。其中，外推收益率分组代表了股票市场波动特征，历史收益变化较小的组合代表股票市场波动较弱；反之，股票市场波动较强。R_{jt}：无风险资产的月收益率，来自数据库。R_{mt}：市场组合收益率采用市场的月收益率，由沪深 A 股市场月度收益通过流通市值加权获得。SMB_t：采用 2×3 组合法构建，由各期流通市值低的小盘股股票组合与流通市值高的大盘股股票组合按流通市值加权后的收益率之差获得。HML_t：采用 2×3 组合法构建，由各期账面市值比高的股票组合与账面市值比低的股票组合按流通市值加权后的收益率之差获得。EXT_t：按上述收益外推因子构造过程，采用 2×3 组合法构建，由外推收益率最高的股票组合与外推收益率最低的股票组合的收益率之差获得，即 $EXT_t = (SW_t + BW_t - SL_t - BL_t)/2$。

二、实证研究

1. 研究样本选择及统计分析

此处运用研究样本中沪深 A 股 2000 年 1 月—2019 年 12 月的月度收益数据（共 240 个月）实证研究模型式（5-3）。研究样本中沪深 A 股的筛选遵循以下原则：（1）2000 年之前上市的股票；（2）为构建平衡面板数据，剔除 ST 类和样本期内月度收益数据缺失较多的股票；（3）金融行业的财报结构和数值都具有特殊性，剔除金融类股票。无风险资产收益率采用一年期定期存款利率，按复利计算方法将年度无风险利率转化为月度无风险利率。因 2010 年 1 月—2019 年 12 月共 120 个月度外推收益率是以 2000 年 1 月—2009 年 12 月的月度收益数据为基础窗口滚动外推获得（见本章第一节），故市场因子、市值因子和账面市值比因子的数据也取 2010 年 1 月—2019 年 12 月间的时间序列月度数据，即样本观察值为 120 个。样本月度收益数据、股票市值规模及无风险资产月收益率等数据均来源于国泰安（CSMAR）数据库和锐思（RESSET）数据库。

基于样本数据及各变量的取值与计算，对各变量进行描述性统计以及对 25 个股票组合进行时间序列相关性分析。变量描述性统计包含变量观察值数、均值、标准差、最大值和最小值。25 个股票组合的时间序列相关性分析采用 Ljung-Box 检验法，即通过统计量 Q 检验最多滞后 k 阶的时间序列是否存在自相关性，推断时间序列是否为白噪声序列。Ljung-Box 检验的自相关阶数 k 为 Stata 软件默认值，即 $k = \min\left[floor(n/2) - 2, 40\right]$。其中，$floor(n/2)$ 为不超过 $n/2$ 的最大整数。k 在 $\left[floor(n/2)-2\right]$ 和 40 之间取较小者。当某时间序列统计量 Q 值对应的 P 值大于 0.1、0.05 或者 0.01 时，则该序列为白噪声序列。表 5-1 是各变量描述性统计和 25 个股票组合时间序列相关性分析结果。

表 5-1　描述性统计及时间序列相关性分析结果

描述性统计						序列相关性分析（Q 值）				
Variable	Obs	Mean	Std. Dev.	Min	Max	组合	1	2	3	4	5
$R_{it} - R_{ft}$	120	0.44%	0.096 1	−0.313 9	0.265 9	1	2.04	3.42	5.26	2.66	1.52
$R_{mt} - R_{ft}$	120	0.25%	0.064 2	−0.237 9	0.188	2	1.83	1.34	6.05	0.63	1.09
SMB_t	120	0.69%	0.051 6	−0.225	0.213 8	3	0.66	1.06	0.84	2.3	2.54
HML_t	120	−0.07%	0.037 5	−0.155 1	0.163 8	4	7.45	1.05	0.56	1.2	1.39
EXT_t	120	−0.99%	0.034 1	−0.141 7	0.063 3	5	0.89	2.59	0.92	3.47	1.92

注：Q 值为 Q 统计量的计算值，该计算值对应的 P 值均大于 0.1，显然也大于 0.05 和 0.01。

表 5-1 表明，收益外推因子 EXT_t 的均值为 −0.99%，说明外推收益率高的股票组合的收益率比外推收益率低的股票组合的收益率低约 1%，在一定程度上说明股票市场存在反转效应。同时，25 个股票组合的时间序列数据 Q 统计量值对应的概率均大于 0.1，说明时间序列均不存在序列相关性，可以判定为白噪声序列。

2. 结果与分析

基于模型式（5-3），平滑系数 θ 赋权 0.8，即 $\theta = 0.8$，结合样本数据及统计分析结果，通过 Stata 15.0 获得 25 个股票组合对应的模型参数估计值，结果如表 5-2 所示。

表 5-2　含收益外推行为的资本资产定价模型的回归结果

$R_m - R_f$	β_{im}					$t(\beta_{im})$				
	low	2	3	4	high	low	2	3	4	high
small	1.00***	1.01***	0.96***	0.97***	1.03***	17.03	18.77	21.90	17.81	14.62
2	1.01***	1.01***	0.94***	0.97***	1.04***	18.16	17.11	13.41	17.80	18.57
3	0.97***	1.04***	1.05***	1.05***	1.17***	17.80	18.57	18.24	19.39	20.63
4	0.92***	1.01***	1.09***	1.01***	1.10***	17.05	17.61	19.36	17.49	15.10
big	1.05***	1.04***	1.00***	0.98***	1.13***	16.87	15.53	14.65	17.67	17.50

SMB	β_{is}					$t(\beta_{is})$				
	low	2	3	4	high	low	2	3	4	high
small	0.94***	0.83***	0.86***	0.79***	0.76***	7.59	7.34	9.25	6.89	5.12
2	0.57***	0.70***	0.73***	0.95***	0.61***	4.88	6.49	5.88	7.64	4.10
3	0.38***	0.47***	0.29**	0.36***	0.59***	3.33	3.99	2.42	3.14	4.94
4	0.24**	0.25**	0.40***	0.17	0.40**	2.10	2.09	3.38	1.38	2.60
big	−0.14	−0.40***	−0.08	−0.19*	−0.23*	−1.10	−2.84	−0.55	−1.67	−1.67

HML	β_{ih}					$t(\beta_{ih})$				
	low	2	3	4	high	low	2	3	4	high
small	0.01	−0.13	−0.01	0.12	−0.29	0.03	−0.82	−0.04	0.75	−1.45
2	−0.22	−0.17	−0.10	0.17	−0.66***	−1.37	−1.13	−0.61	1.03	−3.27
3	−0.49***	0.03	−0.55***	−0.13	0.10	−3.10	0.18	−3.35	−0.81	0.63
4	−0.33**	−0.28*	0.01	−0.30*	0.07	−2.10	−1.68	0.05	−1.81	0.32
big	−0.49***	−0.51***	−0.49**	−0.55***	−0.55***	−2.73	−2.64	−2.48	−3.47	−2.98

EXT	β_{ie}					$t(\beta_{ie})$				
	low	2	3	4	high	low	2	3	4	high
small	−0.18*	−0.17*	−0.22***	0.12	0.48***	−1.66	−1.68	−2.75	1.18	3.72
2	−0.49***	−0.39***	−0.16	−0.01	0.24*	−4.74	−4.06	−1.42	−0.07	1.85
3	−0.70***	−0.40***	0.01	0.02	0.47***	−6.88	−3.82	0.13	0.17	4.46
4	−0.70***	−0.31***	−0.08	0.36***	0.28**	−7.03	−2.94	−0.81	3.34	2.08
big	−0.65***	−0.73***	−0.12	0.01	0.73***	−5.62	−5.95	−0.97	0.08	6.13

注：*、**、***分别表示在10%、5%、1%水平下显著，下同。

表 5-2 左边是模型中四个因子基于 25 个股票组合时间序列数据回归获得的参数估计值，右边为参数估计值对应的 t 值。表 5-2 左边 25 个股票组合分别按两个维度顺序排列：横向按外推收益率从小到大分成 5 组，由式（5-2）可知，从小到大依次表示股票历史价格变化较小、适中和较大，分别代表历史股票市场处于波动较弱状态、稳定状态和波动较强状态；纵向按流通市值从小到大分成 5 组，依次代表股票组合的市场规模越来越大。

表 5-2 中参数估计值及其显著性水平表明，25 个股票组合的市场因子参数估计值均为正数且显著性水平最高，这说明高风险意味着高回报，与经典资本资产定价模型一致。市值因子参数估计值大小及其显著性水平仅次于市场因子，而且在同一外推收益率维度下，市值越小，参数估计值越大；同时，对比 25 个股票组合不同规模下的超额收益率（限于篇幅未给出）发现，小盘股股票组合明显高于大盘股股票组合，说明股票市场存在规模异象，这与赵胜民等（2016）的研究结论一致。账面市值比因子参数估计值大小及其显著性水平皆低于市场因子和市值因子，说明账面市值比因子的解释能力相对较弱，这也与 Fama and French（1993）的研究结论一致。上述三个因子的回归结果表明模型式（5-3）的构建具有科学性。

收益外推因子参数估计值及其显著性水平说明投资者收益外推行为总体上影响资产价格形成，具有较强的资产定价能力；进一步发现，收益外推行为的定价能力以及对股票未来价格走势的影响与股票市场波动状态有关。

（1）股票市场处于波动状态时，收益外推行为显著影响资产价格形成，定价能力强。

表 5-2 中收益外推因子参数估计值显著性水平在外推收益率较小（股票市场波动较弱）的
10 个股票组合和外推收益率较大（股票市场波动较强）的 5 个股票组合中基本表现为高
度显著，而且参数估计值的绝对值相对较大，超过账面市值比因子、接近市值因子，收益
外推行为表现出很强的定价能力；同时，外推收益率适中（股票市场相对稳定）的 10 个
股票组合的参数估计值的绝对值及显著性水平明显下降，收益外推行为定价能力降低。因
此，收益外推行为总体上影响资产定价，具有较强的定价能力；当股票市场处于波动状态
时，定价能力明显增强。

（2）股票市场波动较强时，收益外推行为助推股票价格持续上涨或持续下跌，导致股
票市场暴涨暴跌，甚至出现股市泡沫。表 5-2 中外推收益率较大的 5 个股票组合中的收益
外推因子参数估计值为正，而且在 1%（3 个组合）、5%（1 个组合）和 10%（1 个组合）
水平下显著，这说明当股票历史价格处于连续性快速上涨状态时，收益外推行为告诉投资
者股票未来一期价格还会继续上涨，投资者继续购买股票、增加头寸，导致股票价格进一
步持续上涨，连续不断的购买行为导致股票市场暴涨，表现为过度繁荣；同理，当股票历
史价格处于连续性快速下跌状态时，收益外推行为告诉投资者股票未来一期价格还会继续
下跌，投资者继续出售股票、降低头寸，导致股票价格进一步持续下跌，连续不断的出售
行为导致股票市场暴跌，表现为过度萧条。进一步，若一段时间内股票价格暴涨后随之暴
跌且跌幅涵盖了大部分涨幅，则可能出现股市泡沫现象。

（3）股票市场波动较弱时，收益外推行为抑制股票价格上涨或下跌，助力股票市场回
复稳定状态。表 5-2 中外推收益率较小的 10 个股票组合中的收益外推因子参数估计值为
负，而且在 1%（8 个组合）和 10%（2 个组合）水平下显著，这说明当股票历史价格处于
非连续性一定程度上涨时，收益外推行为告诉投资者股票未来一期价格将会下跌，投资者
出售股票、降低头寸，导致股票价格下跌，不断向先前价格回复，保持股票价格稳定、维
持股票市场稳定；同理，当股票历史价格处于非连续性一定程度下跌时，收益外推行为告
诉投资者股票未来一期价格将会上涨，投资者购买股票、增加头寸，导致股票价格上涨，
也不断向先前价格回复，保持股票价格稳定、维持股票市场稳定。

3. 模型敏感性分析

平滑系数 θ 测度了投资者的认知偏差，θ 越大，投资者越依赖于历史价格变化，外推
行为越明显。Greenwood R and Shleifer（2014）等基于六组投资者预期调查数据获得 θ
取值范围：$\theta \in [0.34, 0.92]$，且 θ 平均值大于 0.5。因此，在 $\theta = 0.8$ 外继续赋权 0.6、0.7、
0.9，采用与上述相同的分组法和样本通过 Stata 15.0 获得不同赋权下的模型式（5-3）的参
数估计值。限于篇幅，这里仅给出收益外推因子的参数回归结果，结果如表 5-3 所示。

表 5–3 模型敏感性分析中收益外推因子参数的回归结果

EXT	$\beta_{ie}(\theta=0.6)$					$t(\beta_{ie})$				
	low	2	3	4	high	low	2	3	4	high
small	−0.22**	−0.12	−0.14*	0.10	0.52***	−2.20	−1.27	−1.66	1.16	4.29
2	−0.64***	−0.29***	−0.14	0.01	0.21	−6.35	−3.03	−1.4	0.12	1.54
3	−0.66***	−0.30**	−0.03	0.08	0.56***	−7.03	−2.55	−0.24	0.8	5.42
4	−0.72***	−0.39***	−0.11	0.37***	0.42***	−7.25	−3.69	−1.14	3.75	3.14
big	−0.74***	−0.58***	−0.20*	0.00	0.75***	−5.61	−3.9	−1.73	0.03	6.79

EXT	$\beta_{ie}(\theta=0.7)$					$t(\beta_{ie})$				
	low	2	3	4	high	low	2	3	4	high
small	−0.21**	−0.19**	−0.23***	0.09	0.50***	−2.06	−2.16	−2.75	1.01	4.09
2	−0.60***	−0.31***	−0.18*	0.02	0.21	−6.23	−3.31	−1.75	0.19	1.64
3	−0.67***	−0.30***	0.00	−0.01	0.56***	−6.98	−2.62	0.04	−0.09	5.5
4	−0.75***	−0.39***	−0.10	0.36***	0.39***	−7.5	−3.6	−1.03	3.82	2.94
big	−0.68***	−0.69***	−0.22*	0.05	0.73***	−6.15	−5.51	−1.91	0.48	6.65

EXT	$\beta_{ie}(\theta=0.8)$					$t(\beta_{ie})$				
	low	2	3	4	high	low	2	3	4	high
small	−0.18*	−0.17*	−0.22***	0.12	0.48***	−1.66	−1.68	−2.75	1.18	3.72
2	−0.49***	−0.39***	−0.16	−0.01	0.24*	−4.74	−4.06	−1.42	−0.07	1.85
3	−0.70***	−0.40***	0.01	0.02	0.47***	−6.88	−3.82	0.13	0.17	4.46
4	−0.70***	−0.31***	−0.08	0.36***	0.28**	−7.03	−2.94	−0.81	3.34	2.08
big	−0.65***	−0.73***	−0.12	0.01	0.73***	−5.62	−5.95	−0.97	0.08	6.13

EXT	$\beta_{ie}(\theta=0.9)$					$t(\beta_{ie})$				
	low	2	3	4	high	low	2	3	4	high
small	−0.15	−0.17**	−0.17**	0.05	0.33***	−1.55	−2.03	−2.19	0.58	2.93
2	−0.45***	−0.36***	−0.12	−0.01	0.20	−4.87	−4.25	−1.23	−0.06	1.59
3	−0.59***	−0.25**	0.00	0.01	0.36***	−6.33	−2.49	0.01	0.08	3.66
4	−0.55***	−0.33***	−0.07	0.24***	0.32**	−5.2	−3.48	−0.76	2.63	2.53
big	−0.54***	−0.65***	−0.26**	−0.02	0.58***	−5.07	−5.35	−2.51	−0.21	5.56

表 5-3 表明，尽管不同投资者存在认知偏差，对资产历史价格变化的依赖程度不同，但模型回归结果基本不变：收益外推行为具有较强的定价能力且与股票市场波动状态有关。

表 5-3 进一步表明，不同赋权下收益外推因子参数估计值的显著性水平存在差异，$\theta=0.7$ 时的显著性水平最高，随之是 $\theta=0.8$、$\theta=0.6$ 和 $\theta=0.9$。接下来，运用 Gibbons et al.（1989）提出的 GRS 统计量、Lewellen et al.（2010）提出的 $SR(a)$ 统计量、Fama and French（1993）提出的 $A|a_i|$ 统计量、$A|a_i| / A|\overline{r_i}|$ 统计量分析不同赋权下模型式（5-3）的解释能力：

$$GRS = \left(\frac{T}{N}\right)\left(\frac{T-N-K}{T-K-1}\right)\left(\frac{\hat{a}'\hat{\Sigma}^{-1}\hat{a}}{1+\overline{\mu}'\hat{\Omega}^{-1}\overline{\mu}}\right) \sim F\left(N, T-N-K\right) \qquad (5\text{-}4)$$

其中，$T = 120$ 是样本观测期数，$K = 4$ 是模型中的因子个数，$N = 25$ 是股票组合数，$\hat{a}$ 是模型截距项组成的 25×1 列向量，$\hat{\Sigma}$ 是回归残差组成的 25×25 协方差矩阵，$\overline{\mu}$ 是模型因子样本均值组成的 4×1 列向量，$\hat{\Omega}$ 是模型因子 4×4 协方差矩阵。GRS 统计量的值越小，模型解释能力越强。

$SR(a) = \sqrt{\hat{a}'\hat{\Sigma}^{-1}\hat{a}}$，参数含义同上。$SR(a)$ 统计量为 GRS 统计量中的关键解释部分，表示模型中未被解释的夏普比率，因此 $SR(a)$ 统计量的值越小，模型解释能力越强。

$A|a_i|$ 表示 25 个股票组合回归截距项的平均值，$A|a_i|$ 值越小，模型解释能力越强。

$A|a_i| / A|\overline{r_i}|$ 表示 25 个股票组合的实际收益率在一阶上不能被模型解释的部分所占比例，因此 $A|a_i| / A|\overline{r_i}|$ 的值越小，模型解释能力越强。其中，$A|\overline{r_i}|$ 表示 25 个股票组合的超额收益率与其平均超额收益率之差的均值。

最后，通过 Stata 15.0 获得不同赋权下模型上述四个统计量的值，结果如表 5-4 所示。

表 5-4　不同赋权下模型四个统计量的值

平滑系数	GRS	$SR(a)$	$A|a_i|$	$A|a_i| / A|\overline{r_i}|$
$\theta = 0.6$	4.838	1.153	0.007 8	0.254
$\theta = 0.7$	4.369	1.161	0.007 7	0.253
$\theta = 0.8$	5.777	1.334	0.008 1	0.259
$\theta = 0.9$	7.629	1.448	0.007 9	0.255

表 5-4 表明，当 $\theta = 0.7$ 时，除 $SR(a)$ 统计量的值略高于 $\theta = 0.6$，其余三个统计量的值均为最小，可以判断 $\theta = 0.7$ 时模型解释能力最强，随之是 $\theta = 0.6$、$\theta = 0.8$ 和 $\theta = 0.9$。结合不同赋权下收益外推因子参数估计值的显著性水平，说明适度收益外推行为有助于资产价格发现，提升了资产价格的解释能力，降低了投资者认知偏差造成的资产定价偏误。

第三节　模型稳健性检验

采用 Fama and French（2012）提出的其他分组法构建收益外推因子，基于相同的样本数据以对比的形式检验模型式（5-3）的稳健性。

Fama and French（2012）提出 2×3、2×2、$2\times2\times2\times2$ 的三种分组方法，前两种分组法包含两个维度，第三种分组法包含四个维度。$2\times2\times2\times2$ 分组法主要适用于五因子模型，本书不采用；结合本书因子数量，增加 3×3 分组法。因此，本部分采用 2×2 和 3×3 分组法，与第三部分 2×3 分组法的实证结果对比，检验模型的稳定性。2×2 分组法：市值和外推收益率均按照 50% 分位点分成两组，分别以 S、B 和 L、W 表示，两个维度交叉形成 4 个组合：SL、SW、BL、BW，根据第 1 节收益外推因子构造法获得收益外推因子：$EXT=(SW+BW-SL-BL)/2$。3×3 分组法：市值和外推收益率均按照下 30% 分位点、30%~70% 分位点、上 30% 分位点分成三组，分别以 S、M、B 和 L、M、W 表示，两个维度交叉形成 9 个组合：SL、SM、SW、ML、MM、MW、BL、BM、BW，根据第 1 节收益外推因子构造法获得收益外推因子：$EXT=(SW+BW-SL-BL)/2$。基于模型式（5-3）运用相同样本数据形成三种分组法下的 25 个股票组合，在 Stata15.0 平台下获得不同分组下的模型参数回归结果。限于篇幅，这里仅给出收益外推因子参数的回归结果。结果如表 5-5 所示。

表 5-5　不同分组下模型中收益外推因子参数的回归结果

EXT	$\beta_{ie}(2\times3)$					$t(\beta_{ie})$				
	low	2	3	4	high	low	2	3	4	high
small	−0.18*	−0.17*	−0.22***	0.12	0.48***	−1.66	−1.68	−2.75	1.18	3.72
2	−0.49***	−0.39***	−0.16	−0.01	0.24*	−4.74	−4.06	−1.42	−0.07	1.85
3	−0.70***	−0.40***	0.01	0.02	0.47***	−6.88	−3.82	0.13	0.17	4.46
4	−0.70***	−0.31***	−0.08	0.36***	0.28**	−7.03	−2.94	−0.81	3.34	2.08
big	−0.65***	−0.73***	−0.12	0.01	0.73***	−5.62	−5.95	−0.97	0.08	6.13
EXT	$\beta_{ie}(2\times2)$					$t(\beta_{ie})$				
	low	2	3	4	high	low	2	3	4	high
small	−0.27*	−0.34***	−0.30***	0.07	0.51***	−1.87	−2.62	−2.78	0.52	2.92
2	−0.64***	−0.70***	−0.37**	−0.14	0.18	−4.74	−5.99	−2.59	−0.96	1.03
3	−0.95***	−0.45***	0.01	−0.04	0.60***	−7.17	−3.26	0.04	−0.32	4.29
4	−0.97***	−0.55***	−0.11	0.33**	0.34*	−7.56	−4.05	−0.77	2.26	1.91
big	−0.79***	−1.07***	−0.19	0.19	0.88***	−5.11	−6.79	−1.12	1.4	5.45
EXT	$\beta_{ie}(3\times3)$					$t(\beta_{ie})$				
	low	2	3	4	high	low	2	3	4	high
small	−0.18*	−0.19*	−0.25***	0.13	0.49***	−1.66	−1.96	−3.06	1.3	3.74
2	−0.46***	−0.41***	−0.18*	0.02	0.22*	−4.4	−4.42	−1.66	0.23	1.67
3	−0.52***	−0.24**	0.01	−0.05	0.37*	−4.73	−2.24	0.11	−0.52	3.42
4	−0.75***	−0.26**	−0.08	0.26**	0.23*	−7.74	−2.38	−0.77	2.42	1.66
big	−0.65***	−0.77***	−0.11	0.06	0.78***	−5.67	−6.31	−0.89	0.63	6.69

表 5-5 表明，尽管采用不同分组方法构造收益外推因子，但模型回归结果基本不变：投资者收益外推行为具有较强的定价能力，而且与股票市场波动状态相关。因此，模型式（5-3）的稳健性较强。

第四节 模型有效性检验

此处基于研究样本中沪深 A 股 2020 年 1 月—2022 年 12 月的月度收益率，运用最小显著性差异法检验模型式（5-3）的有效性。首先，获得实际超额收益率，按照模型式（5-3）中股票组合超额收益率计算方法，将样本股票的市值和外推收益率从小到大排序、按五分位点法分成 5 组，获得两维度交叉的 5×5 共 25 个股票组合，按流通市值加权获得各组合每月的实际收益率，再分别减去无风险资产月收益率，获得 25 个股票组合 2020 年 1 月—2022 年 12 月共 36 个实际超额收益率，结果见图 5-1 中实线；其次，获得预测超额收益率，结合表 5-2 中的参数估计值 $\hat{\alpha}_i$、$\hat{\beta}_{im}$、$\hat{\beta}_{is}$、$\hat{\beta}_{ih}$、$\hat{\beta}_{ie}$，基于样本数据按第三部分计算方法获得四个因子数值，基于模型式（5-3）获得 25 个股票组合 2020 年 1 月—2022 年 12 月共 36 个预测超额收益率，结果见图 5-1 中虚线；最后，运用最小显著性差异法检验实际超额收益率与预测超额收益率的差异。

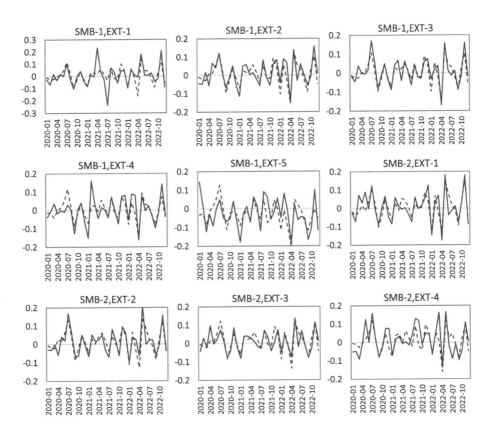

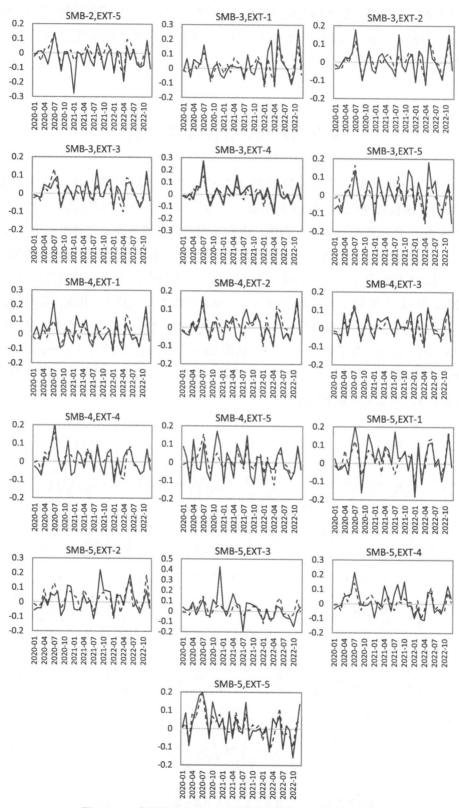

图 5-1　25 个股票组合的实际超额收益率与预测超额收益率

图 5-1 展示了 25 个股票组合的实际超额收益率（实线）和预测超额收益率（虚线），横坐标轴表示 2020 年 1 月—2022 年 12 月的 36 个月，纵坐标轴表示各月超额收益率值；各图标题分别表示股票组合分组情况，$SMB-1, EXT-1$ 表示市值规模和外推收益率均属于分组中的第一组，$SMB-1, EXT-2$ 表示市值规模属于分组中的第一组、外推收益率属于第二组，以此类推。

图 5-1 表明，25 个股票组合超额收益率的实际值和预测值之间的差距较小，而且它们随月度变动的变化基本趋于一致。在部分时段，尽管实际值与预测值之间上升和下降的趋势一致，它们在上升和下降阶段的峰值差距较大，形成"驼峰"，这一方面归因于模型的精确度，有待进一步完善，另一方面源于实际金融市场受众多不确定和（或）无法感知因素的影响，导致实际超额收益率与预测超额收益率之间存在偏差。

接下来，运用 Fisher 提出的最小显著性差异法检验实际超额收益率和预测超额收益率之间的差异。最小显著性差异法依据式（5-5）判断两个变量均值是否存在显著性差异：

$$\left| \overline{y}_1 - \overline{y}_2 \right| > t_{\alpha/2} \sqrt{MSE\left(\frac{1}{m_1}+\frac{1}{m_2}\right)}, \quad MSE = \frac{1}{T}\sum_{t=1}^{T}\left(y_1-\hat{y}_2\right)^2 \tag{5-5}$$

其中，$\overline{y}_1$ 为实际超额收益率的平均值，$\overline{y}_2$ 为预测超额收益率的平均值，$t_{\alpha/2}$ 是自由度为 70（$m-l=70$）在显著性水平 α 下的 t 分布临界值，m（$m=m_1+m_2=72$）是实际和预测超额收益率数量之和，l（$l=2$）是变量个数，MSE 是平均预测误差平方。若式（5-5）成立，则两个变量均值存在显著性差异；反之，则两个变量均值不存在显著性差异。

基于 25 个股票组合的实际超额收益率和预测超额收益率，在显著性水平 $\alpha=0.01$ 下获得 $\left|\overline{y}_1-\overline{y}_2\right|$ 值和 $t_{\alpha/2}\sqrt{MSE\left(\frac{1}{m_1}+\frac{1}{m_2}\right)}$ 值。两个变量统计量的值如表 5-6 所示。

表 5-6　两个变量统计量的值

	$\left\|\overline{y}_1-\overline{y}_2\right\|$					$t_{\alpha/2}\sqrt{MSE\left(\frac{1}{m_1}+\frac{1}{m_2}\right)}$				
	low	2	3	4	high	low	2	3	4	high
small	0.001	0.004	0.005	0.001	0.003	0.158	0.097	0.082	0.110	0.156
2	0.001	0.001	0.003	0.005	0.028	0.112	0.092	0.088	0.141	0.164
3	0.009	0.001	0.004	0.001	0.004	0.154	0.091	0.079	0.121	0.137
4	0.003	0.006	0.005	0.003	0.003	0.124	0.101	0.084	0.102	0.137
big	0.010	0.008	0.008	0.006	0.006	0.140	0.136	0.207	0.131	0.122

表 5-6 表明，25 个股票组合中的每个股票组合时间序列上的两个变量值均满足 $\left|\overline{y}_1-\overline{y}_2\right| < t_{\alpha/2}\sqrt{MSE\left(\frac{1}{m_1}+\frac{1}{m_2}\right)}$（事实上，$\alpha=0.05$ 和 $\alpha=0.10$ 时也不改变其大小关系）。这说明

25 个股票组合的实际超额收益率和预测超额收益率的均值之间不存在显著性差异。因此，模型式（5-3）有效性显著。

本章小结

　　众多研究和经验证据表明，投资者在资产交易过程中普遍存在收益外推行为，认为资产价格在连续上涨后还会持续上涨，连续下跌后还会持续下跌。本章运用指数平滑法描述投资者收益外推行为，基于外推收益率采用组合法构造收益外推因子；将外推因子引入三因子模型构建了一个新的含收益外推行为的资本资产定价模型，并以沪深 A 股 2000 年 1 月—2022 年 12 月的月度收益数据为样本进行实证检验。

　　研究发现，投资者收益外推行为总体上影响资产定价，具有较强的定价能力，股票市场处于波动状态时定价能力更为明显；适度收益外推行为更有助于资产价格发现，能有效降低资产定价偏差。股票市场波动较强时，收益外推行为具有助推功能，推动股票价格进一步持续上涨和持续下跌，导致股票市场暴涨暴跌出现过度繁荣和过度萧条现象，甚至出现股市泡沫；股票市场波动较弱时，收益外推行为具有抑制功能，推动股票价格向先前价格回复，助力股票市场回复稳定状态。

　　研究指出，投资者收益外推行为是造成股票价格泡沫的因素之一，当股票价格出现连续性上涨时，收益外推行为将推动股票价格持续上涨，此时若受某一重大政策和（或）事件影响，股票价格由上涨转至下跌，并出现持续性下跌，收益外推行为将推动股票价格持续性下跌，若跌幅抵消了大部分涨幅，则可能出现股票价格泡沫现象。

　　研究认为，投资者收益外推行为是一把双刃剑，应该成为股票市场监管的重点，特别是在股票市场出现异常波动时。金融市场监管者应密切关注股票市场运行，防范股票市场出现较大或剧烈波动；面对异常波动的股票市场，投资者更应回归理性，关注资产基本价值或其盈利能力。

第六章

信贷资源错配与股票错误定价

本章主要从现金流冲击角度，以信贷资源错配为代表，研究股票错误定价问题。股票价格泡沫是股票错误定价的一种表现形式，在其形成、发展过程中，信贷资源往往是主要幕后推手。股票错误定价是一种资产价格异象，影响金融市场价格机制，特别在股票价格泡沫期间，股票价格严重偏离其基本价值。我国股票市场在2006—2008年和2014—2016年出现了两次典型的股票价格泡沫。在此期间，信贷资源过度的企业，其股票价格急剧上涨，如东风电子科技股份有限公司（股票代码600081）在2006—2008年股票价格急剧上涨231%，相应滞后一期的信贷资源过度程度增加约65%；信贷资源不足的企业，其股票价格急剧下降，如金陵药业股份有限公司（股票代码000919）在2006—2007年股票价格急剧下跌35%，相应滞后一期的信贷资源不足程度增加约59%；信贷资源急剧变化的企业，其股票价格也发生急剧变化，如华邦生命健康股份有限公司（股票代码002004），在2014—2016年股票价格在急剧上升后又急剧下跌48%，相应滞后一期的信贷资源由信贷过度变为信贷不足，而且信贷不足程度比原来的信贷过度程度增加了近5倍。上述事实说明，一旦企业信贷资源出现过度或不足，其股票价格就会急剧上升或下降，严重偏离其基本价值，出现错误定价现象。

已有研究表明，股票错误定价主要源于由信贷过度等因素导致的现金流冲击和投资者的投机行为。事实上，信贷不足会导致现金流缺乏，与信贷过度一样会导致股票错误定价；同时，信贷过度和信贷不足还能通过影响投资者信心，引发投资者投机行为，导致股票错误定价。无论是信贷过度还是信贷不足，都表现为信贷资源错配，都会对股票错误定价产生不同程度的影响，而且在经济政策不确定时，该影响存在明显差异。因此，本章从现金流冲击角度研究企业信贷资源错配对其股票错误定价的影响，讨论信贷资源不足和信贷资源过度时影响的差异性，并从投资者信心的中介效应和经济政策不确定性的调节效应展开影响机制分析，期望丰富股票价格泡沫形成机理，为金融市场稳定提供经验证据。

信贷供给是经济发展的重要决定性因素。有效市场理论认为，理想状态下企业信贷资源应该与产出效率成正比，当有限信贷资源从较低生产率企业转移到较高生产率企业时，即为信贷配置不断优化过程。然而，在银行主导的金融体系中，金融资源配置一直以银行信贷为主，银行信贷供给成为企业外部融资的首要渠道。

已有关于信贷资源错配的研究主要分为两类，一是深入分析信贷资源错配的影响因素。李广子等（2020）认为银行制定贷款合约时不仅会依赖企业经营效率因素，也会受部分非经营效率因素的影响，如政企关系等非经营效率因素会导致信贷资源配置效率低下。马永强等（2014）研究发现，部分企业通过盈余管理获取更多信贷资源，也会造成信贷资源错配，导致银行产生不良贷款。此外，企业破产需要承担的社会成本、政府隐性担保、地方财政压力等因素均对信贷资源配置效率产生影响。

二是分析信贷资源错配问题引发的经济后果。一些研究指出，信贷资源配置失调会引发严重的产能过剩问题，产能过剩企业挤占了大量信贷资源导致非产能过剩企业经营绩效低迷，给地区经济增长造成负面影响。刘海明等（2017）指出，信贷扩张会降低企业投资敏感度，从而降低企业投资效率。还有部分研究认为，信贷资源过度会加剧企业"过度负债"，从而抑制企业在研发领域的投入，不利于企业创新发展。然而，无论是探讨信贷资源配置的影响因素还是分析信贷资源错配的不良经济后果，均未研究信贷供给引发股票价格扭曲的作用机制。

经典资本资产定价理论指出，股票价格是其基本价值的体现，通常围绕基本价值上下浮动；然而，在现实金融市场中，股票价格严重偏离其基本价值、引发价格扭曲的现象屡见不鲜，严重影响金融市场健康稳定发展。股票价格扭曲不仅是价格泡沫产生的重要标志之一，更是股市崩盘乃至金融危机等股灾发生的重要诱因。因此，应当分析股价泡沫及股市崩盘等现象的最核心问题之一：股票价格为何会偏离其基本价值，出现错误定价现象。关于股票错误定价的讨论从未停止，但并未形成共识。经典金融理论假设投资者是理性的，投资者情绪并不影响股票价格，股票价格反映资产系统风险，不存在错误定价。显然，现实中投资者具有非理性倾向，投资者过于积极或过于消极都会导致股票价格偏离，因此股票错误定价是常态。陆静等（2015）的研究也表明，在控制基本面因素和宏观经济因素的情况下，投资者情绪对股票价格有显著影响，投资者情绪高涨时，股票价格随之上涨，反之亦然。尹玉刚等认为，金融市场存在诸多经典资本资产定价理论无法解释的价格异象，可能源于投资者了解信息不充分以及投资者心理和情绪引起的非理性行为等。行为金融理论认为，投资者非理性行为与决策是股票错误定价产生的主要原因之一。此外，市场政策和交易机制不够完善也会加剧投资者非理性行为与决策，导致股票错误定价，例如，信贷政策、信息披露机制等均会直接或间接导致股票错误定价。尽管诸多研究讨论了股票错误定价的影响因素，但鲜有从信贷资源错配角度阐释其对股票错误定价的影响。

本章从现金流冲击角度研究信贷资源错配对股票错误定价的影响，剖析投资者信心和经济政策不确定性在企业信贷资源错配影响股票错误定价过程中的中介效应和调节效应，丰富股票价格泡沫形成机理。本章以沪深 A 股 2005—2021 年上市公司数据为样本，构建股票错误定价与信贷资源错配等变量，研究信贷资源错配与股票错误定价的关系。首先，考察信贷资源错配对股票错误定价的影响；其次，检验投资者信心在信贷资源错配影响股票错误定价过程中的中介作用，以及经济政策不确定性对信贷资源错配与股票错误定价关系的影响，阐释信贷资源错配影响股票错误定价的内在机制；最后，改变部分变量衡量方法，证明研究结果的稳健性。

本章的创新点体现在以下几个方面。一是丰富了企业信贷资源错配和股票错误定价研究的文献。当前研究集中于企业信贷资源错配变量的测算，鲜有涉及企业信贷资源错配与其股票错误定价的关系，常常忽略了企业信贷资源错配中的信贷不足问题。二是发现一条导致股票错误定价的传导路径，丰富股票价格泡沫形成机理。当前研究主要集中于投资者情绪与股票错误定价的关系，较少涉及投资者信心。研究发现企业信贷资源错配通过影响投资者信心引发投机行为，导致企业股票错误定价。三是指出当经济政策不确定性较强时，优化中小、民营企业信贷资源配置有助于缓冲企业股票错误定价程度，有助于减缓经济转型时期股票价格泡沫现象。研究发现经济政策不确定性加剧了企业信贷资源错配程度，此时中小、民营企业获得信贷支持的可能性明显下降，表现出严重的信贷不足，进一步加剧了其股票错误定价程度。

第一节　理论分析与研究假设

一、信贷资源错配与股票错误定价

　　股票定价的有效性依赖于完整、高效的金融市场体系，而信贷资源配置是金融市场体系建设的核心问题之一。信贷资金是促进经济增长、企业可持续发展的重要资源，只有金融资源配置与企业发展相匹配，才能推动企业创新发展、促进产业结构不断优化。然而，信贷资源具有稀缺性，企业层面的信贷资源存在严重不均衡现象，这意味着整体上稀少的信贷资源，在微观个体上可能存在信贷资源过度与信贷资源不足。信贷资源配置效率不仅影响经济增长速度、经济可持续性发展等方面，而且影响企业本身的健康发展，信贷资源错配易造成企业自身发展失衡，企业内部运作紊乱等问题。当企业信贷资源不足时，部分企业因资金短缺面临着产出率减少、业绩下滑严重、创新投入不足等现象，进一步导致发展动能不足、缺乏转型升级条件等一系列问题；信贷资金严重缺乏时，企业甚至面临生存危机。信贷资源配置不足会引发企业盈利能力持续下滑，发展潜力被严重低估，最终导致股票价格偏离其真实价值，出现严重的错误定价。当企业信贷资源过度时，企业自身因过度融资而盲目扩张生产，短期内能够极大地提高企业生产率与经营绩效；同时企业将过剩的资金用于投资，金融化步伐加快，短期内能获得巨额投资收益。信贷资源配置过度会引发企业盈利能力显著提高，企业发展速度迅猛等现象，最终导致股票价格偏离其真实价值，出现严重的错误定价。综上，企业信贷资源过度和不足均会导致股票错误定价，因此提出假设 H1。

　　H1：企业信贷资源错配程度越高，其股票错误定价程度越大。

二、投资者信心的中介效应

　　投资者对企业价值的判断往往受企业财务信息影响，除常见的基本面指标外，企业信贷资源是不可忽视的部分。当前，金融市场信贷资源配置存在普遍的信贷歧视问题，涵盖了产权、规模、行业等多方面，企业信贷资源可得性侧面反映了企业真实发展状况，因此，企业信贷资源获取直接影响投资者对企业未来发展前景的判断，而投资者心理和行为密切影响股票价格。现阶段，投资者在交易决策过程中越来越倾向于全面考察企业，当企业表现出良好的经营能力和融资能力时，投资者认可企业价值，对企业发展前景产生信心[25]。投资者信心是反映投资者乐观程度一种情绪，是投资者有限理性的表现形式之一，形成于投资者对企业状况的判断和预测。企业信贷资源配置对投资者信心的影响主要体现为信贷资源配置状况向投资者传递的信号，不仅意味着企业拥有了多少融资，而且向投资者传递了企业基本信息，如企业经营状况、预期收益、未来发展潜力等。若信贷资源错配，则会向投资者传递误导性信息：当信贷资源配置过度时，投资者接收到有利信号，对企业发展盲目乐观，做出投机性决策，导致股票错误定价；反之，投资者接收到不利信号，对企业发展盲目悲观，同样做出投机性决策，也导致股票错误定价。综上，提出假设H2。

H2: 投资者信心在信贷资源错配影响股票错误定价过程中具有中介效应。

三、经济政策不确定性的调节效应

市场配置信贷资源时，不仅要综合考虑企业内部财务状况，还要考虑外部宏观经济政策因素。宏观经济政策变动直接关系着企业的生存与发展，微观经济个体无法预知政府何时会调整现行经济政策或出台新的经济政策，由此产生了经济政策不确定性。经济政策不确定性对经济金融活动的影响一直是热点问题，企业和机构对经济政策不确定性的担忧日益加剧，经济政策不确定性在股市、汇率等核心领域存在明显的宏观金融效应，这种金融效应表现为经济政策不确定性引起相应的股票价格波动。在企业管理层面，经济政策不确定性变大将增加管理层对未来经济政策形势的把控难度，影响管理层对宏观经济政策的预期。Talavera 等（2012）的研究表明，在宏观经济大幅波动时，银行经理因风险厌恶情绪会降低其贷款比率，因此，宏观经济波动增加，银行会减少贷款供给；反之，银行会扩大信贷供给。当宏观经济政策不确定性较高时，金融市场面临较大风险，意味着商业银行的信贷回收风险增加，相应激发了银行的自我保护机制，银行等金融中介主导的信贷资源体系基于风险规避特征倾向于选择信贷收缩政策，导致企业融资渠道受阻，经济政策不确定性间接加剧了上市企业及企业大股东所面临的融资约束，信贷获取难度加大导致企业信贷资源配置效率下降。综上，经济政策不确定性加剧了企业信贷资源错配，结合假设 H1 的分析，提出假设 H3。

H3: 经济政策不确定性加剧了企业信贷资源错配对股票错误定价的影响。

第二节　变量定义与研究设计

一、研究样本选择

此处以沪深 A 股上市公司为研究对象，基于面板数据的完整性和可得性，选取 2010 年之前上市的股票，剔除 ST、*ST、金融行业股票以及相关变量缺失的数据，考虑到 2006—2008 年发生的金融危机，为保证研究结果的稳健性，样本期从 2005 年开始，最终获得 2005—2021 年的 17 583 条公司年度观测值的研究样本。研究样本的上市公司股票数据、财务数据均来源于 CSMAR 数据库和 RESSET 数据库，为避免极端数据对实证结果的影响，对文中各模型的主要变量均进行缩尾处理。

二、主要变量定义

1. 错误定价程度（*Mispricing*）

以可操控性应计利润（*DACCR*）的绝对值为错误定价程度代理指标，参照李君平等（2015）采用修正的 Jones（1991）模型估算可操控性应计利润，具体如下。

（1）应计利润（*ACCR*）：

$$ACCR = NP - ONCF \tag{6-1}$$

其中，NP 表示净利润，$ONCF$ 表示企业经营活动产生的净现金流；

（2）基于 Jones 模型，运用同年度同行业的上市公司数据，对 t 年度公司 j 的应计利润进行下式回归，获得回归系数 β_0、β_1、β_2 的估计值：

$$\frac{ACCR_{j,t}}{A_{j,t-1}} = \beta_0 \frac{1}{A_{j,t-1}} + \beta_1 \frac{\Delta SALES_{j,t}}{A_{j,t-1}} + \beta_2 \frac{PPE_{j,t}}{A_{j,t-1}} + \varepsilon_{j,t} \tag{6-2}$$

其中，$A_{j,t-1}$ 表示第 t 年年初企业 j 的总资产，$\Delta SALES_{j,t}$ 表示企业 j 在第 t 年的年度销售收入增加额，$PPE_{j,t}$ 表示第 t 年年末企业 j 的固定资产净值；

（3）非可操纵应计利润（*NDACCR*），基于式（6-2）回归系数的估计值，计算第 t 年各企业非可操控应计利润 $NDACC_{i,t}$：

$$NDACC_{i,t} = \hat{\beta}_0 \frac{1}{A_{i,t-1}} + \hat{\beta}_1 \frac{\Delta SALES_{i,t} - \Delta AR_{i,t}}{A_{i,t-1}} + \hat{\beta}_2 \frac{PPE_{i,t}}{A_{i,t-1}} \tag{6-3}$$

其中，$\Delta AR_{i,t}$ 表示企业应收账款净增加值；

（4）可操控应计利润（*DACCR*）：

$$DACCR_{i,t} = \frac{ACCR_{i,t}}{A_{i,t-1}} - NDACC_{i,t} \tag{6-4}$$

可操控性应计利润（$DACCR$）有正有负，当 $DACCR_{i,t}$ 值较高时，说明公司处于高估状态，此时错误定价变量为正值；当 $DACCR_{i,t}$ 值较低时，说明公司处于低估状态，此时错误定价变量为负值。这里，取可操纵应计利润绝对值作为错误定价程度代理变量，即 $Mispricing_{i,t} = \left| DACCR_{i,t} \right|$，$Mispricing_{i,t}$ 值越大，错误定价程度越大。

2. 信贷资源错配程度（$Miscredit$）

借鉴白俊等（2012）的研究，将企业所获得信贷资源分为两部分，一是合理信贷，这部分与企业自身基本面指标相关，是企业禀赋可解释的信贷配置；二是信贷资源错配，这部分与企业外部其他因素相关，是企业不可解释部分。参照王竹泉等，基于资产传统指标创新性地提出资本修正指标对企业部分财务指标进行矫正。最后，综合考虑企业各项财务指标、规模、成长性、股权再融资状况、固定资产占比、企业税率等因素，构建信贷资源错配预估模型：

$$\begin{aligned}
Credit_{i,t} = {} & a_0 + a_1 RL_{i,t-1} + a_2 RR_{i,t-1} + a_3 RSS_{i,t-1} + a_4 Size_{i,t-1} + a_5 Growth_{i,t-1} + a_6 Age_{i,t-1} \\
& + a_7 Seo_{i,t-1} + a_8 Tang_{i,t-1} + a_9 Cash_{i,t-1} + a_{10} FCF_{i,t-1} + a_{11} Turnover_{i,t-1} + a_{12} Taxt_{i,t-1} \\
& + a_{12+i} \sum_{i=1}^{17} Year_i + a_{29+j} \sum_{j=1}^{18} Industry_j + \varepsilon_{i,t}
\end{aligned} \tag{6-5}$$

其中，信贷规模变量 $Credit_{i,t}$ 为模型（6-5）的被解释变量，表示 i 公司在 t 年度的信贷规模，信贷规模 = 公司借款所收到的现金 / （总资产 – 营业性负债），总资本 = 总资产 – 营业性负债，下同；$RL_{i,t-1}$ 表示公司滞后一期的修正杠杆率，修正杠杆率 = 总资本 / 所有者权益；$RR_{i,t-1}$ 表示公司滞后一期的修正收益率，修正收益率 = 调整后的息税前利润 / 总资本，调整后的息税前利润 = 财务费用 + 利润总额 + 对联营企业和合营企业的投资收益 × ［所得税率 / （1– 所得税率）］；$RSS_{i,t-1}$ 表示公司滞后一期的修正短期偿债能力，修正短期偿债能力 = （流动资产 – 营业性流动负债）/ 短期金融性负债；$Size$ 表示公司规模，用总资产取对数表示；$Growth$ 表示公司成长性，用当期的营业收入增长率衡量；Age 表示公司年龄，以公司成立年限表示；Seo 表示公司是否进行股权再融资，用虚拟变量表示当年是否进行股权再融资（以当年是否配股、增发和发行可转换债券计），若当年公司存在股权再融资，Seo 取 1，否则 Seo 取 0；$Tang$ 表示公司债务担保能力变量，债务担保能力 = 固定资产 / 总资产；$Cash$ 表示货币资金持有量占比，货币资金持有量占比 = 货币资金 / 总资产；FCF 表示自由现金流占比，自由现金流占比 = 自由现金流 / 总资产；$Turnover$ 表示资产周转率，资产周转率 = 营业收入 / 总资产；$Taxt$ 表示企业税率；最后分别设置 17 个年度虚拟变量和 18 个行业虚拟变量，行业分类标准按证监会行业分类 2012 年版一级分类标准，分年度（$Year$）、分行业（$Industry$）进行 OLS 回归，回归得到残差项 $\varepsilon_{i,t}$，残差项 $\varepsilon_{i,t}$ 表示公司实际信贷规模与合理信贷规模的差值，$\varepsilon_{i,t}$ 越大，表明不合理信贷资源配置越

多，因此，取其绝对值代表各公司各年度的信贷资源错配程度变量，$Miscredit_{i,t} = |\varepsilon_{i,t}|$。此外，$\varepsilon_{i,t}$ 小于零表示实际信贷资源配置小于合理信贷资源配置，即存在信贷资源配置不足（$Under\_credit$）；$\varepsilon_{i,t}$ 大于零表示实际信贷资源配置大于合理信贷资源配置，即存在信贷资源配置过度（$Over\_credit$）。其表达式为：

$$\varepsilon_{i,t} < 0, Under\_credit = |\varepsilon_{i,t}|; \quad \varepsilon_{i,t} > 0, Over\_credit = |\varepsilon_{i,t}| \tag{6-6}$$

3. 中介变量

本书中介变量为投资者信心指数，参考 Zhang 等（2022）和 Odean 等（1998），以股票换手率衡量投资信心。股票换手率反映了投资者对股票的关注度和乐观程度，Barber 等（2001）和 Grinblatt 等（2009）的研究发现投资者信心影响股票换手率，投资者越自信，换手率越高。换手率越高，表明股票流动性越好、交易市场越活跃，意味着投资者持有意愿更强烈，对股票信心也越高；反之，换手率越低，股票关注度越小，流动性越低，投资者对股票信心也越低。因此，本书以股票流通股数的年度平均日换手率（$Aver\ Turnover$）作为个股层面的投资者信心指数（$Confidence$）：

$$Confidence_{i,t} = Aver\ turnover_{i,t} = \frac{Year\ turnover_{i,t}}{n_{i,t}} \tag{6-7}$$

其中，$Confidence_{i,t}$ 表示投资者在年度 t 对企业 i 的信心，$Aver\ Turnover_{i,t}$ 表示企业 i 在年度 t 流通股数的平均日换手率，$Year\ turnover_{i,t}$ 表示企业 i 在年度 t 流通股数的总换手率，$n_{i,t}$ 表示企业 i 在年度 t 的交易日数。

4. 调节变量

以经济政策不确定性（EPU）为调节变量，经济政策不确定性的衡量方法主要有三种：（1）采用地方政府官员变动等事件进行度量，分析政府换届、官员更替对经济金融层面的影响；（2）采用 Huang 等（2020）根据《北京青年报》等十份有较强代表性的报纸的文本编制的经济政策不确定指数；（3）使用美国西北大学学者 Baker 等（2016）基于中国香港《南华早报》的文本分析识别出有关中国经济政策不确定性的文章，编制月度经济政策不确定指数。其中，第三种方法测算出的经济政策不确定指数使用最为广泛，考虑到数据全面性、权威性及可得性，运用基于第三种方法编制的月度经济政策不确定指数衡量我国经济政策不确定性，参考李增福等（2022），由每年各月月度经济政策不确定指数的算数平均数除以 100，获得该年度经济政策不确定性指数。

5. 控制变量

参照徐寿福等（2015）和 Stambaugh 等（2017），综合考虑数据完整性与可得性，从三个层面选取控制变量（$Controls$）。第一组是上市公司自身禀赋与特征变量，包括：公司规模（$size$），以公司总资产的自然对数表示；产权性质（$state$），若上市公司为国有企业，则变量值为1，否则为0；公司年龄（*Age*），以公司成立年限取自然对数表示。第二组是上市公司绩效变量，主要是资产回报率（*ROA*），以公司净利润除以总资产表示。第三组上市公司管理层面变量，包括：股权制衡度（*Balance*），以公司第2～5大股东的持股比例除以第一大股东持股比例表示；董事会规模（*Bsize*），以公司董事会人数的自然对数表示；管理层平均年龄（*Aver_age*），以管理人员的平均年龄取对数表示；两职合一（*Dual*），董事长和总经理职务为同一人时，$Dual=1$；否则$Dual=0$。最后，分年度、分行业进行控制。

二、研究设计

（1）为验证假设H1，构建模型（6-8）检验上市公司信贷资源错配对错误定价的影响：

$$Mispricing_{i,t} = \beta_0 + \beta_1 Miscredit_{i,t-1} + \sum_{j=1}^{n} \rho_j Control_{j,i,t-1}$$
$$+ a_i \sum_{i=1}^{17} Year_i + a_{18+j} \sum_{j=1}^{18} Industry_j + \varepsilon_{i,t} \tag{6-8}$$

其中，$Mispricing_{i,t}$表示公司i在t年度的错误定价程度，$Miscredit_{i,t-1}$表示滞后一期的信贷资源错配变量，$Miscredit_{i,t-1}$可以分为信贷资源配置过度与信贷资源配置不足，$Control_{j,i,t-1}$表示控制变量，此外，为消除经济波动及行业的差异性，加入行业固定效应、年份固定效应，下同。若模型（6-8）的系数β_1显著，则假设H1成立。

（2）为验证假设H2，参照温忠麟等（2004）[49]，构建模型（6-9）检验在信贷资源错配影响股票错误定价的过程中是否存在投资者信心的中介效应。其中，模型（6-8）系数β_1显著是中介效应成立的前提，$Confidence_{i,t}$表示第t期投资者对上市公司i的信心指数，若β_1'显著，则中介路径第一步成立。

$$Confidence_{i,t} = \beta_0' + \beta_1' Miscredit_{i,t-1} + \sum_{j=1}^{n} \rho_j' Control_{j,i,t-1}$$
$$+ a_i \sum_{i=1}^{17} Year_i + a_{18+j} \sum_{j=1}^{18} Industry_j + \varepsilon_{i,t} \tag{6-9}$$

模型（6-10）检验投资者信心是否进一步影响股票错误定价，若β_2''显著，则中介路径第二步成立，即假设H2成立。

$$Mispricing_{i,t} = \beta_0'' + \beta_1'' Miscredit_{i,t-1} + \beta_2'' Confidence_{i,t-1}$$
$$+ \sum_{j=1}^{n} \rho_j'' Control_{j,i,t-1} + a_i \sum_{i=1}^{17} Year_i + a_{18+j} \sum_{j=1}^{18} Industry_j + \varepsilon_{i,t} \tag{6-10}$$

（3）为验证假设H3，构建模型（6-11）检验经济政策不确定性对信贷资源错配与错误定价关系的影响：

$$Mispricing_{i,t} = \beta_0''' + \beta_1''' Miscredit_{i,t-1} + \beta_2''' EPU \times Miscredit_{i,t-1}$$
$$+ \sum_{j=1}^{n} \rho_j''' Control_{j,i,t-1} + a_i \sum_{i=1}^{17} Year_i + a_{18+j} \sum_{j=1}^{18} Industry_j + \varepsilon_{i,t} \quad (6\text{-}11)$$

其中，EPU 表示滞后一期经济政策不确定指数，若模型（6-11）中交叉项 $EPU \times Miscredit_{i,t-1}$ 的系数 β_2''' 显著且 $\beta_2''' > 0$，则假设 H3 成立。

第三节　统计结果与分析

一、描述性统计

表 6-1 为主要变量描述性统计结果，结果表明，信贷资源错配程度变量均值为 0.153，最小值为 0，最大值为 0.693 9；错误定价程度变量均值为 0.076，最小值为 0.000 9，最大值为 0.431 1。这表明上市公司存在普遍的信贷资源错配与错误定价问题，而且不同公司信贷资源错配与错误定价程度问题差异明显。其中，产权性质均值达到 0.623，表明国有企业占比为 62.3%。投资者信心指数最小值 0.009 0，最大值 18.223 2，表明投资者对不同时期、不同上市公司的投资信心差异明显。其余控制变量描述性统计结果如表 6-1 所示，不再赘述。

表 6-1　主要变量描述性统计

变量	样本观测数	均值	标准差	最小值	最大值
股票错误定价程度	17 583	0.076	0.081 0	0.000 9	0.431 1
信贷资源错配程度	17 583	0.153	0.133 0	0.000 0	0.693 9
信贷资源配置过度	7 966	0.171	0.167 1	0.000 0	1.183 5
信贷资源配置不足	9 617	0.140	0.108 8	0.000 1	0.917 1
投资者信心指数	17 583	2.333	1.722 9	0.009 0	18.223 2
经济政策不确定性	17 583	2.333	2.002 3	0.650 0	7.920 0
公司规模	17 583	9.639	0.590 1	8.546 6	11.392 1
产权性质	17 583	0.623	0.484 6	0.000 0	1.000 0
管理层平均年龄	17 583	1.162	0.184 8	0.602 1	1.477 1
资产回报率	17 583	0.027	0.056 3	-0.247 3	0.164 0
公司年龄	17 583	1.688	0.029 2	1.610 9	1.750 4
董事会规模	17 583	0.952	0.089 2	0.699 0	1.176 1
股权制衡度	17 583	0.583	0.548 9	0.013 5	2.436 5
两职合一	17 583	0.149	0.356 1	0.000 0	1.000 0

二、信贷资源错配对股票错误定价的影响

表 6-2 对应模型（6-8）的回归结果，同时列出信贷资源配置过度和信贷资源配置不足对股票错误定价影响的回归结果。

表 6-2　信贷资源错配与股票错误定价的回归结果

变量	（1）	（2）	（3）	（4）
信贷资源错配程度	0.030 1*** （6.62）	0.031 6*** （7.19）		
信贷资源配置过度			0.025 0*** （4.49）	
信贷资源配置不足				0.033 1*** （4.30）
公司规模	−0.013 8*** （−11.70）	−0.012 8*** （−10.35）	−0.013 1*** （−6.60）	−0.012 6*** （−7.89）
产权性质	−0.004 7*** （−3.39）	−0.004 1*** （−3.03）	−0.004 7** （−2.28）	−0.004 3** （−2.37）
公司年龄	−0.005 9* （−1.66）	0.009 7** （2.24）	0.016 6** （2.52）	0.004 4 （0.74）
资产回报率	−0.039 7*** （−7.73）	−0.045 2*** （−9.20）	−0.098 6*** （−8.81）	−0.031 1*** （−5.70）
管理层平均年龄	−0.182 8*** （−7.67）	−0.089 3*** （−3.72）	−0.116 4*** （−3.16）	−0.059 8* （−1.85）
董事会规模	0.001 4 （−0.20）	−0.003 0 （−0.45）	−0.003 0 （−0.29）	−0.005 9 （−0.68）
股权制衡度	−0.003 1*** （−2.82）	−0.001 0 （−0.96）	−0.004 1** （−2.38）	0.001 1 （0.82）
两职合一	−0.001 3 （−0.75）	−0.000 3 （−0.19）	−0.000 5 （−0.19）	−0.000 7 （−0.29）
年度	No	Yes	Yes	Yes
行业	No	Yes	Yes	Yes

注：*、**、*** 分别表示在 10%、5%、1% 水平下显著，下同。

表 6-2 中，第（1）列为模型不考虑年度固定效应、行业固定效应时主要变量的回归结果，第（2）列在第（1）列的基础上加入年度固定效应、行业固定效应，第（3）、第（4）列在第（2）列的基础上将解释变量信贷资源配置分为信贷资源配置过度与信贷资源配置不足两类，分别检验不同性质的信贷资源错配对股票错误定价的影响。对比第（1）、第（2）列各变量系数，可以看到，不论模型中是否加入年度固定效应、行业固定效应，

信贷资源错配始终对股票错误定价具有正向影响，而且显著性水平均为 1%；在控制所在年度及行业的影响后，信贷资源错配系数从 0.025 7 变为 0.028 8，这意味着不同年份、不同行业的企业信贷资源错配对其股票错误定价的影响存在差异性。第（3）、第（4）列中信贷资源配置过度与信贷资源配置不足变量的系数分别为 0.019 8 和 0.032 0，显著性水平均为 1%。可以看到，信贷资源不足的系数明显高于信贷资源过度的系数，即信贷资源错配性质不同，对股票错误定价的影响程度也不同，信贷资源配置过度和信贷资源配置不足对股票错误定价的影响存在不对称性，信贷资源配置不足时，对股票错误定价的影响更大。

结果表明，企业信贷资源错配导致其股票错误定价，而且信贷资源不足时的影响强于信贷资源过度。信贷资源关系到企业的生存发展，信贷过度和信贷不足都会影响企业运作，尤其是信贷不足时，企业资金短缺导致发展动能不足、转型升级受阻，严重影响企业经营，其股票价格难以体现其基本价值，导致股票错误定价，企业融资受阻。

控制变量方面，总体上与已有股票错误定价文献结论一致，具体结论包括：（1）企业规模越大，股票错误定价程度越低；（2）产权性质系数为负，表明非国有企业比国有企业错误定价程度更高；（3）企业成立年限越长，股票错误定价程度越低；（4）资产回报率越高，股票错误定价程度越低；此外，股权制衡度、管理层平均年龄、董事会规模、两职合一等管理层面变量均对股票错误定价有不同程度影响，此处不再赘述。

综上，企业信贷资源错配程度越高，其股票错误定价程度越大。假设 H1 成立。

三、投资者信心的中介效应

下面通过模型（6-9）和模型（6-10）检验信贷资源错配是否会通过影响投资者信心指数对股票错误定价程度产生影响，其中，模型（6-8）是检验中介效应成立的前提，考虑到不同年度和行业可能对检验结果产生影响，因此我们在中介效应检验中加入年度固定效应和行业固定效应。表 6-3 为投资者信心中介效应的回归结果。

表 6-3 投资者信心中介效应的回归结果

变量	（1）	（2）	（3）	（4）	（5）	（6）	（7）
信贷资源错配程度	0.031 6*** （7.19）	0.169 2** （2.46）			0.031 6*** （7.17）		
信贷资源配置过度			0.288 6*** （3.21）			0.027 6*** （4.85）	
信贷资源配置不足				−0.222 3* （−1.86）			0.033 3*** （4.32）
投资者信心指数					0.001 3*** （2.76）	0.001 8*** （3.24）	0.001 9*** （2.87）

（续表）

变量	（1）	（2）	（3）	（4）	（5）	（6）	（7）
公司规模	−0.012 8*** (−10.35)	−0.806 2*** (−41.9)	−0.882 5*** (−27.59)	−0.806 8*** (−31.88)	−0.012 8*** (−10.13)	−0.018 6*** (−9.97)	−0.011 8*** (−7.17)
产权性质	−0.004 1*** (−3.03)	−0.034 9* (−1.64)	−0.009 5 (−0.28)	−0.079 4*** (−2.78)	−0.005 1*** (−3.86)	−0.005 9*** (−2.85)	−0.004 9*** (−2.74)
公司年龄	0.009 7 ** (2.24)	−0.397 5*** (−5.88)	0.521 5*** (−4.96)	−0.390 8*** (−4.05)	−0.010 5** (−2.42)	−0.000 9 (−0.18)	0.005 7 (0.96)
资产回报率	−0.045 2*** (−9.20)	−0.725 0*** (−9.45)	−1.615 3*** (−8.96)	−3.044 4*** (−14.15)	−0.044 5*** (−9.04)	−0.095 4*** (−8.65)	−0.030 3*** (−5.54)
管理层 平均年龄	−0.089 3*** (−3.72)	−2.040 8*** (−5.43)	−1.337 1** (−2.26)	−2.237 8*** (−4.39)	−0.008 2 (−0.42)	0.011 3 (0.39)	−0.021 1 (−0.82)
董事会规模	−0.003 0 (−0.45)	−0.274 6*** (−2.63)	−0.375 9** (−2.22)	−0.113 3 (−0.79)	−0.004 3 (−0.65)	−0.003 7 (−0.36)	−0.006 3 (−0.72)
股权制衡度	−0.001 0 (−0.96)	−0.011 5 (−0.68)	−0.002 3 (−0.09)	−0.020 0 (−0.90)	−0.000 8 (−0.73)	−0.003 5** (−2.12)	0.001 3 (0.94)
两职合一	−0.000 3 (−0.19)	0.078 8*** (3.03)	0.088 1** (2.19)	0.066 0* (1.87)	−0.000 3 (−0.19)	−0.000 3 (−0.14)	−0.000 6 (−0.25)
年度	Yes	Yes	Yes	Yes	Yes	Yes	Yes
行业	Yes	Yes	Yes	Yes	Yes	Yes	Yes

表 6-3 中第（1）列为模型（8）的回归结果；第（2）~（4）列为模型（6-9）的回归结果；第（5）~（7）列为模型式（6-10）的回归结果。第（1）列为信贷资源错配程度对股票错误定价程度的回归结果。显然，信贷资源错配变量系数在 1% 水平上显著，满足中介效应成立的前提。

第（2）列以信贷资源错配程度为解释变量，投资者信心指数为被解释变量的回归结果，信贷资源错配变量系数在 1% 水平上显著为正，表明信贷资源错配与投资者信心显著正相关，验证了信贷资源错配总体上对投资者信心有显著影响。第（3）、（4）列在第（2）列的基础上将解释变量信贷资源错配程度分为信贷资源配置过度与信贷资源配置不足两种，分别检验不同性质的信贷资源错配对投资者信心的影响。第（3）列信贷资源配置过度变量系数为 0.288 6，在 1% 水平上显著，表明企业信贷资源过度对投资者信心具有正向显著影响；第（4）列信贷资源配置不足变量系数为 −0.222 3，在 1% 水平上显著，表明企业信贷资源不足对投资者信心具有负向显著影响。由此说明，信贷资源错配越严重，投资者越无法保持理性，投资者信心及其引发的交易行为更容易受企业信贷资源错配影响，进而导致股票错误定价；进一步，回归系数大小也说明信贷资源过度对投资者信心的影响程度更大。综上所述，中介效应第一步成立。

第（5）列以股票错误定价程度为被解释变量，以信贷资源错配程度和投资者信心指数为解释变量的回归结果。投资者信心变量系数为0.001 3，在1%水平上显著，表明投资者信心在企业信贷资源错配导致股票错误定价的过程中具有中介效应。第（6）、（7）列同样将信贷资源错配程度分为信贷资源配置过度与信贷资源配置不足两种，分别检验投资者信心对股票错误定价的影响。第（6）、（7）列投资者信心变量系数为0.001 8、0.001 9，均在1%水平上显著，中介效应第二步成立。至此，假设H2成立，即投资者信心具有中介效应，受信贷资源错配影响，表现出非理性特征，引发投机行为，导致股票价格出现错误定价。

结果表明，不同性质的信贷资源错配，对投资者信心有相反的影响，但不管是增加还是降低投资者信心，都会引发投资者的投机行为，都会导致股票错误定价。当企业信贷资源过度时，投资者对企业盈利状况、发展前景盲目乐观自信，引发投资者大量买入企业股票、增加头寸等，导致股票价格急剧上涨，出现错误定价；反之，当企业信贷资源不足时，投资者对企业经营状况、发展潜力盲目悲观，引发投资者大量卖出股票、降低头寸，导致股票价格急剧下降，同样也会出现错误定价。

四、经济政策不确定性的调节效应

通过模型（6-11）检验经济政策不确定性对信贷资源错配与股票错误定价关系的调节作用，验证假设H3。表6-4为模型回归结果。

表6-4 经济政策不确定性调节效应的回归结果

变量	（1）	（2）	（3）	（4）
信贷资源错配程度	0.042 1*** （7.19）	0.016 7** （2.52）		
信贷资源配置过度			0.009 8 （1.10）	
信贷资源配置不足				0.006 2 （0.55）
信贷资源错配程度 × 投资者信心指数	−0.005 6*** （−3.24）	0.006 7*** （3.05）	0.006 8** （1.96）	0.012 1*** （3.25）
公司规模	−0.013 2*** （−11.06）	−0.012 8*** （−10.40）	−0.013 1*** （−6.74）	−0.012 7*** （−7.96）
产权性质	−0.004 9*** （−3.57）	−0.004 2*** （−3.10）	−0.004 5** （−2.19）	−0.004 3** （−2.35）
公司年龄	−0.002 6 （−0.70）	0.009 8** （2.27）	0.014 3** （2.24）	0.004 6 （0.78）

变量	（1）	（2）	（3）	（4）
资产回报率	−0.039 5*** （−7.69）	−0.045 5*** （−9.27）	−0.095 3*** （−8.67）	−0.031 9*** （−5.85）
管理层平均年龄	−0.175 5*** （−7.33）	−0.088 8*** （−3.70）	−0.120 3*** （−3.33）	−0.057 5* （−1.78）
董事会规模	−0.000 1 （−0.02）	−0.003 0 （−0.45）	−0.001 0 （−0.09）	−0.006 2 （−0.71）
股权制衡度	−0.002 9*** （−2.65）	−0.001 0 （−0.95）	−0.003 8** （−2.25）	0.001 2 （0.88）
两职合一	−0.001 2 −0.69	−0.000 3 （−0.20）	−0.000 3 （−0.11）	−0.000 7 （−0.31）
年度	No	Yes	Yes	Yes
行业	No	Yes	Yes	Yes

表 6-4 中第（1）列为不考虑年度和行业固定效应的回归结果，第（2）列为控制了年份和行业固定效应的回归结果，第（1）、（2）列的主要解释变量均为信贷资源错配程度与经济政策不确定性的交叉项，第（3）、（4）列将信贷资源错配分为信贷资源过度与信贷资源配置不足两种，并分别与经济政策不确定性交乘。

第（1）列结果显示，经济政策不确定性与信贷资源错配程度交叉项系数在 1% 水平上显著为负，表明当存在年度、行业因素干扰时，经济政策不确定性削弱了信贷资源错配对股票错误定价的影响；第（2）列结果显示，在控制了年份和行业影响因素后，经济政策不确定性与信贷资源错配程度交叉项系数在 1% 水平上显著为正，表明经济政策不确定性加剧了信贷资源错配对股票错误定价的影响。这说明经济政策不确定性对企业信贷资源错配与其股票错误定价关系的影响与企业所在行业的性质及其所处年度的财务状况有关。一般来说，经济政策不确定性加剧了企业信贷资源错配对股票错误定价的影响，若某企业在某个年度财务状况较好，而且临时经济政策也有助于该企业所在行业的发展，则经济政策不确定性能在一定程度上缓解企业信贷资源错配对股票错误定价的加剧性影响。

第（3）、（4）列结果显示，信贷资源配置过度和不足与经济政策不确定性的交叉项系数分别在 5%、1% 水平上显著为正，而且信贷资源过度的交叉项系数（0.006 8）明显小于信贷资源配置不足的交叉项系数（0.012 1），这表明不论是信贷资源过度还是信贷资源不足，经济政策不确定性都会加剧信贷资源错配对股票错误定价的影响，而且在企业信贷资源配置不足时，该加剧性影响更加明显。

综上，假设 H3 成立，经济政策不确定性具有明显的调节效应，加剧了企业信贷资源错配对股票错误定价的影响。经济政策不确定性增加时，银行等金融中介主导的信贷资源供给机构为规避风险会采取信贷收缩或制定更严格的贷款合约等策略，导致企业融资更加困难。因此，经济政策不确定性加剧了信贷资源错配，也进一步加剧了股票错误定价程度，其中，信贷资源不足的中小和民营企业表现出的加剧程度更明显。

第四节　稳健性检验

为确保研究结果的可靠性，我们从两个方面对模型核心结果的稳健性进行检验：（1）改变信贷资源错配变量的衡量方法。将模型的被解释变量信贷规模 $Credit_{i,t}$ 换成王红建等（2020）使用的信贷规模变量，模型（6-5）中的信贷规模 = 公司借款所收到的现金 /（总资产 – 营业性负债），这里将信贷规模变量换成信贷规模 =（长期借款 + 短期借款公司）/ 总资产，同时将模型（6-5）中部分主要信贷指标体系换成经典指标，包括修正杠杆率（ $RL_{i,t-1}$ ）用经典杠杆率（ $NL_{i,t-1}$ ）替代，修正收益率（ $RR_{i,t-1}$ ）用经典收益率（ $NR_{i,t-1}$ ）替代，修正短期偿债能力（ $RSS_{i,t-1}$ ）用经典短期偿债能力（ $NSS_{i,t-1}$ ）替代，NL = 总资产 / 所有者权益，NR = 息税前利润 / 总资产，NSS = 流动资产 / 总资产。重新获得信贷资源错配变量，包括信贷资源配置过度和信贷资源配置不足，将新的信贷资源错配变量替换到各模型中，考查研究结果的稳健性。（2）改变股票错误定价变量的衡量方法。参考 Berger 等（1995）、Doukas 等（2010）和游家兴等（2012），根据企业所属行业推算企业基本价值，运用基本价值与实际价值比衡量企业在行业内的错误定价水平：

$$Mispricing_{i,t} = Ln\left[Capital_{i,t} / (Asset_i \times Ratio_i)\right] \tag{6-12}$$

其中，$Capital$ 表示普通股的市场价值加上负债账面价值，$Asset$ 表示企业的资产总额，$Ratio$ 表示企业所属行业中各企业 $Capital$ 除以 $Asset$ 数值的中位数，将各变量的值代入式（6-12）获得企业在行业内的错误定价水平。将新的股票错误定价变量替换到各模型中，考察研究结果的稳健性。

结果表明，在稳健性检验中，假设 H1、假设 H2 和假设 H3 对应的模型实证结果并未发生实质性变化，这说明模型的稳健性良好。

本章小结

本章基于2005—2021年沪深A股上市公司数据，以企业可操作性应计利润（$DACCR$）的绝对值作为股票错误定价程度代理变量，通过构建预测模型对信贷资源进行 OLS 回归分解，获取信贷资源错配程度代理变量，研究企业信贷资源错配对股票错误定价的影响；在此基础上，以股票年平均换手率测度投资者信心，探讨投资者信心在企业信贷资源错配影响股票错误定价过程中的中介效应；此外，通过构建经济政策不确定性指数，探讨经济政策不确定性对企业信贷资源错配影响股票错误定价程度的调节效应；最后，改变信贷资源错配和股票错误定价两个核心变量的测度方法，检验模型的稳健性。

研究表明，企业信贷资源错配导致其股票错误定价，信贷资源错配程度越高，股票错误定价程度也越高，信贷资源不足对股票错误定价程度的影响强于信贷资源过度的影响；中介效应检验表明，企业信贷资源错配通过误导投资者信心，改变投资者对企业的认知、做出投机性的交易决策，导致股票错误定价；经济政策不确定性加剧了信贷资源错配对股票错误定价的影响，对信贷资源不足的中小、民营企业，这种加剧性影响更加明显。

研究认为，企业信贷资源配置效率问题应该引起足够重视，信贷资源配置不仅关系到企业本身的经营运作，更关系到股票价格的有效性，信贷资源合理配置有助于维持股票价格稳定，因此，企业应该主动披露更多有效信息，引导投资者充分关注企业基本价值，避免投资者因过度关注企业信贷规模引发的过度乐观与悲观情绪；面对企业可能存在的信贷资源错配问题，不论企业获得的信贷资源过度还是不足，投资者均应该保持理性，防止因企业信贷资源与企业产出率不符误导投资者信心，导致股票错误定价，扰乱金融市场价格机制；经济政策关乎市场发展方向以及企业未来发展潜力，在经济政策高度不稳定时期，政府更要密切关注市场信贷资源配置结构，防范金融市场系统性风险，加强国企、大型企业、龙头企业的信贷约束，放宽中小企业信贷约束，给予适当的信贷扶持政策，防范经济政策不确定性加剧信贷资源错配对股票错误定价的影响。此外，政府在通过经济政策实现经济目标的同时应尽量保持经济政策的连续性、平稳性，提高经济政策的透明度，降低经济政策不确定性对市场及企业带来的负面影响。

第七章

企业数字化发展与股价崩盘风险

金融安全是国家安全的重要组成部分。股价崩盘是金融风险的一种表现形式，是股票价格非预期突然大幅下跌的金融异象，不仅会给投资者带来巨大损失，而且严重危害资本市场健康发展，甚至引发金融系统性风险。当前，我国已进入全面建设社会主义现代化国家的新发展阶段，以新一轮科技革命和产业变革实现经济结构转型升级，以推动产业链供应链优化升级、积极培育新兴产业和未来产业、深入推进数字经济创新发展等加快培育和发展新质生产力，实现经济发展的新旧动能接续转换。企业发展数字经济、提升数字化发展水平是落实新发展阶段的企业主体责任，不仅能实现企业内外资源的快速优化配置与再生循环、重构企业在产业链供应链的环节与效能、提升企业经济效益，而且能有效纾解、防范新旧动能接续转换过程中企业面临的困境和风险。因此，有必要研究企业数字化发展与其股价崩盘风险的关系及其内在机理，为资本市场监管、企业数字化转型与发展提供经验证据，提升企业在新一轮产业变革中的竞争力。

有关股价崩盘风险的研究主要基于 Jin 等（2006）的信息隐藏假说，鲜有涉及数字经济。然而，数字经济在推动国民经济稳定增长方面表现出显著优势，《中国数字经济发展报告（2022）》显示，2021 年中国数字经济规模达到 45.5 万亿元，同比名义增长达16.2%，高于同期 GDP 名义增速 3.4 个百分点，占 GDP 比重达 39.8%。由此可见，数字经济对国民经济的贡献度日渐明显，已经成为我国国民经济的重要支柱。在资本市场上，数字经济抑制股价异常波动、提升股票流动性（吴非等，2021）的正面效果也逐渐显现出来。企业数字化发展是数字经济的微观表现，应该能有效治理企业股价崩盘风险。

本章以 2012—2021 年沪深 A 股实施数字化转型的上市公司为研究样本，考察企业数字化发展程度与股价崩盘风险的关系及内在影响机制。首先，运用文本分析法构建企业数字化发展程度指标，检验数字化发展与股价崩盘风险的关系，发现企业实施数字化转型后，其数字化发展程度越高，股价崩盘风险越低，经工具变量、替换数字化发展指标、延长预测窗口等系列稳健性检验后，该结论依然成立；其次，微观层面运用中介效应模型检验数字化发展降低股价崩盘风险的传导路径，发现数字化发展通过提升企业价值、抑制企业过度投资、增加特质信息释放等路径可降低股价崩盘风险，验证了数字化发展在优化资源配置、提升企业投资效率、降低企业与市场间信息不对称方面的优势；再次，中观层面按企业在其所属行业的地位分组进行异质效应分析，发现企业在行业中地位越高，数字化发展降低股价崩盘风险的效果越明显；最后，宏观层面运用企业数字化发展和经济政策不确定性的交互项进行异质效应分析，发现企业发展数字化和（或）企业数字化发展水平越高，不仅可以降低其股价崩盘风险，而且能显著降低经济政策不确定性带来的股价崩盘风险。

本章的创新点主要体现在以下几个方面。一是研究方法。不同于已有文献主要运用总词频对数直接测度企业数字化转型程度，本章以企业年报中的目标关键词总数占同年度该企业所在行业的目标关键词总数的比例测度企业数字化发展程度，该相对性指标消除了数字化发展程度在不同行业间的差异。二是作用机制。本章从微观层面揭示企业数字化发展影响股价崩盘风险的传导机制。已有文献对企业数字化发展影响股价崩盘风险的机制分析尚不全面，本章运用中介效应模型从企业价值、信息不对称和投资效率等三个渠道探究了企业数字化发展降低股价崩盘风险的内在传导路径，对引导资本市场健康发展具有参考价值。三是研究视角。本章从中观行业层面考察了企业数字化发展降低股价崩盘风险的异质效应，对企业数字化转型发展具有一定的参考价值；从宏观层面以经济政策不确定性为代表，考察了企业数字化发展对经济政策不确定性和股价崩盘风险关系的调节效应。研究发现，企业数字化发展有效治理了经济政策不确定性引发的股价崩盘风险，丰富了数字化发展和经济政策环境的研究范畴。

第一节　理论分析与研究假设

资产价格泡沫是资产价格（严重）偏离其基本面价值的现象，是一种资产定价扭曲（Demarzo 等，2008；Xiong 等，2011）。泡沫和股价崩盘往往形影不离，股价发生崩盘前往往已经出现不同程度泡沫。负面消息积累使股票价格被高估，随之产生泡沫，泡沫破裂造成股价暴跌（江轩宇和许年行，2015）。泡沫是发生股价崩盘的前提条件，事后的股价崩盘是判断泡沫的必要条件（Bhattacharya 等，2008；杨威等，2018），褚剑和方军雄（2016）也指出泡沫是加剧股价崩盘的机制。资产价格等于其基本面价值与泡沫的总和（陈浪南和王升泉，2019；何朝林等，2022），企业基本面价值提升或股价吸收"坏消息"能导致股价回调，压缩泡沫空间。因此，促进负面信息融入股价和提升企业基本面价值是吸收泡沫、缓解股价崩盘风险的两条重要途径。那么，数字化发展能否通过改善企业基本面或促进负面信息融入股价，以缓解和降低股价崩盘风险？

先看改善企业基本面。吴非等（2021）指出，数字化转型赋予了企业新发展动能，数字化发展促进了研发投入和创新产出，提升了财务稳定性。黄大禹等（2021）发现，企业数字化转型显著提升了企业创新能力、要素配置效率，并改善企业风险行为。赵宸宇（2021）发现，企业数字化发展通过服务化转型提高企业销售净利率、人均产出和每股收益，实现绩效改善和企业价值增值。何帆和刘红霞（2019）指出，数字化变革显著降低成本费用、提高资产使用效率、增强创新能力，进而提升企业经济效益。此外，数字化发展还能降低企业债务违约风险（王守海等，2022）、促进企业出口（易靖韬和王悦昊，2021）、提高新产品开发绩效（池毛毛等，2020）、降低企业外部交易成本（袁淳等，2021）。由此可见，企业数字化发展改善了企业内部环境、提升了企业价值，给企业发展带来积极正向影响，企业价值提升又能促进股价对泡沫的吸收，使泡沫缩小，有效治理了股价崩盘风险。

再看促进负面信息融入股价。"管理层捂盘"行为和企业与投资者之间信息不对称是负面信息难以融入股价的重要原因（孟庆斌等，2018；杨威等，2018）。企业数字化发展能提高其信息透明度，降低企业和投资者之间的信息不对称程度（吴非等，2 021；黄大禹等，2021）。企业借助数字技术，极大提升其数据挖掘和处理能力，不但提升了信息处理速度和处理效率，而且还能将企业内部非标准化、非结构化的数据处理为标准化、结构化的信息（吴非等，2021），极大提升了信息可利用程度。可利用信息的增加促使公司向市场释放出更多特质信息，投资者更容易获得传统信息渠道难以表达的信息、辨别正面和负面信息，并将其融入股价，提升股票定价效率，释放股价高估部分，促进股价对泡沫的吸收，从而降低股价崩盘风险。同时，企业数字化发展提升了企业会计信息质量，降低了所有者和经营者之间的代理成本（胡秀群等，2021）。会计信息质量的提升使投资者对公司经营状况的评估更加准确，从而降低了双方之间的信息不对称程度，在一定程度上也缓解了股价崩盘风险；代理成本降低削弱了管理层压制坏消息的动机，使部分坏消息得到及时释放，这也进一步缓解了股价崩盘风险。

综上所述，企业数字化发展优化了企业资源配置、增强了企业数据挖掘和处理能力，赋予企业新发展动能，极大地改善了企业基本面，降低了企业与市场之间的信息不对称程度，有效治理了股价崩盘风险。据此，本书提出研究假设：上市公司企业的数字化发展程度越高，其股价崩盘风险越低。

第二节　研究设计

一、样本选择与数据来源

2012年左右，大数据、云计算等数字化技术在我国快速普及，之后数字经济规模呈迅速扩张之势，此处选取2012—2021年沪深A股上市公司为研究对象，经数据筛选和处理获得2 945家上市公司作为研究样本，共12 563个公司一年度观测值。数据筛选和处理原则如下：（1）剔除金融类上市公司，ST和*ST类上市公司，以及上市不足一年的上市公司；（2）为有效计算股价崩盘风险，剔除当年交易周数小于30周的样本；（3）为消除未实施数字化发展企业的影响，剔除数字化发展程度为0的样本；（4）剔除数据缺失样本；（5）为避免极端值影响，对公司层面所有连续变量进行上下1%缩尾（Winsorize）处理。此外，为控制潜在截面相关问题（Petersen，2009），提升回归结果可靠性，对所有回归模型的标准误差按公司维度予以聚类处理（Cluster）。研究样本的公司财务数据、股票交易数据均来自国CSMAR和RESSET。

二、变量定义

1. 被解释变量：股价崩盘风险

借鉴已有研究（Hutton 等，2009；Kim 等，2011），基于周持有收益率采用两种方法测度上市公司股价崩盘风险。首先，获得研究样本中股票 i 的残差 $\varepsilon_{i,t}$：

$$r_{i,t} = \alpha_i + \beta_1 r_{m,t-2} + \beta_2 r_{m,t-1} + \beta_3 r_{m,t} + \beta_4 r_{m,t+1} + \beta_5 r_{m,t+2} + \varepsilon_{i,t} \tag{7-1}$$

其中，$r_{i,t}$ 表示股票 i 在第 t 周考虑现金红利再投资的收益率；$r_{m,t}$ 表示沪深 A 股在第 t 周经流通市值加权的平均收益率；考虑非同步性交易影响，在模型（7-1）中还控制了 $r_{m,t}$ 的两期滞后项和两期超前项（Xu 等，2013）。基于样本数据和沪深 A 股数据，由模型（7-1）获得股票 i 的残差 $\varepsilon_{i,t}$。其次，获得股票 i 在第 t 周经市场调节的周持有收益为 $\omega_{i,t}$：$\omega_{i,t} = \ln(1+\varepsilon_{i,t})$。最后，基于周特有收益率 $\omega_{i,t}$，运用两种方法测度股票 i 的股价崩盘风险。

方法 1：运用负收益偏态系数（$NCSKEW_{i,t}$）测度股票 i 的股价崩盘风险：

$$NCSKEW_{i,t} = -[n(n-1)^{3/2}\sum \omega_{i,t}^3]/[(n-1)(n-2)(\sum \omega_{i,t}^2)^{3/2}] \tag{7-2}$$

其中，n 表示股票 i 每年的交易周数。$NCSKEW$ 越大，负收益偏态系数越大，股价崩盘风险越高。

方法 2：运用上下波动比率（$DUVOL_{i,t}$）测度股票 i 的股价崩盘风险：

$$DUVOL_{i,t} = \log\{[(n_u-1)\sum_{Down} \omega_{i,t}^2]/[(n_d-1)\sum_{Up} \omega_{i,t}^2]\} \tag{7-3}$$

其中，$n_u(n_d)$ 表示股票 i 的周特有收益 $\omega_{i,t}$ 大于（小于）年平均收益 ω_i 的周数。$DUVOL$ 越大，收益率越左偏，股价崩盘风险越高。

2. 解释变量：企业数字化发展程度

目前有关企业数字化发展程度（Dd）的测度方式主要有以下三种。一是采用企业当年是否进行数字化转型的"0-1"虚拟变量测度企业数字化发展程度（何帆和刘红霞，2019）。该测度方法估计较为模糊，难以准确反映企业数字化发展水平，容易导致企业数字化发展程度错估。二是采用定量描述方法测度企业数字化程度，使用与数字经济有关的无形资产占比测度企业数字化发展程度（祁怀锦等，2020；张永珅等，2021），也有人使用企业数字化项目资金投入量测度企业数字化发展程度（刘淑春等，2021）。该测度方法虽然较为直观，但难以反映企业数字化技术的实际应用水平。三是采用文本分析法，通过挖掘企业年报中的目标关键词出现的频率直接测度企业数字化发展程度（吴非等，2021；黄大禹等，2021）。企业年报中披露的文本信息能够为投资者提供增量信息，在一定程度上体现了企业经营发展战略（钟凯等，2021）。吴非等（2021）认为年报中的词汇用法能够折射出企业战略特征和未来展望，在很大程度上体现了企业经营理念及其发展路径，并论证该测度方法的科学性和可行性。但该直接测度法难以体现不同行业间企业数字化发展程度的差异性，故而此处采用相对测度法，以企业年报中的目标关键词总数占同年度该企业所在行业的目标关键词总数的比例测度企业数字化发展程度，以消除数字化发展在行业间的差异。下面参照吴非等（2021）和胡秀群等（2021）的研究成果，采用相对测度法构建企业数字化发展程度指标。

第一步，确定目标关键词库。先确定底层技术运用层面上有关大数据、云计算、人工智能、区块链等数字化技术的目标关键词，然后确定"技术实践应用层面"上有关数字技术运用的目标关键词，形成特征词图谱，结果见图7-1。

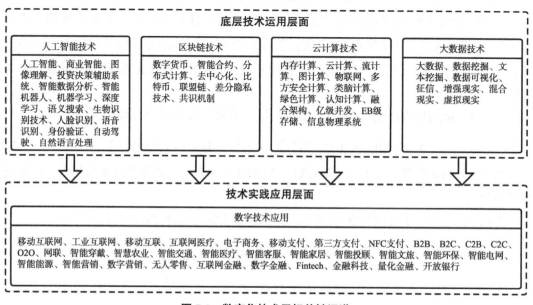

图7-1　数字化技术目标关键词谱

第二步，对公司年报中的文本表述进行筛选。剔除目标关键词前存在"没""无""不"等否定词语的表述；剔除包含目标关键词但与本企业无关的表述（包括公司股东、客户、供应商、公司高管简介在内的无效文本内容）。

第三步，提取关键词，构建数字化发展程度指标。提取企业年报中的目标关键词，分类归集相关关键词的词频并形成各企业的加总词频和各行业的加总词频，然后以样本中各企业年报中的目标关键词总数占同年该企业所在行业的目标关键词总数的比例度量企业的数字化发展程度（Dd）：

$$Dd = \frac{企业某年年报中的目标关键词总数}{同年该企业所在行业的目标关键词总数}$$

3. 控制变量

参考已有研究（曹丰等，2015；王化成等，2015；Kim 和 Zhang，2016；孟庆斌等，

2 018；吴晓晖等，2019），本节选取如下控制变量：$NCSKEW_{i,t}$ 和 $DUVOL_{i,t}$ 表示滞后一期的股价崩盘风险；$Sigma_{i,t}$ 表示股票周收益率的年度标准差；$InsHold_{i,t}$ 表示机构投资者持股比例；$Lev_{i,t}$ 表示企业的资产负债率；$ROA_{i,t}$ 表示企业的总资产收益率；$BM_{i,t}$ 表示账面市值比；$FCF_{i,t}$ 表示经营性现金流，等于企业经营活动产生的现金流量净额与期末总资产之比；$Top1_{i,t}$ 表示该企业第一大股东持股比例；$Dturn_{i,t}$ 表示月平均超额换手率，等于第 t 年股票 i 的月平均换手率与第 $t-1$ 年股票 i 的月平均换手率的差；$Size_{i,t}$ 表示企业规模，等于企业期末总资产的自然对数。此外，还控制了年度和行业效应。所有变量定义如表 7-1 所示。

表 7-1　变量定义

变量名称	变量符号	变量定义
股价崩盘风险	$NCSKEW_{i,t+1}$	负收益偏态系数，具体计算参见模型（7-2）
	$DUVOL_{i,t+1}$	收益上下波动比率，具体计算参见模型（7-3）
数字化发展程度	$Dd_{i,t}$	企业年报中目标关键词总数与当年该企业所在行业的目标关键词总数之比
市场波动	$Sigma_{i,t}$	股票 i 第 t 年的周收益率标准差
机构持股	$InsHold_{i,t}$	机构投资者持有的企业 i 的股份比例
资产负债率	$Lev_{i,t}$	企业总负债与总资产之比
总资产收益率	$ROA_{i,t}$	企业年净利润与总资产之比
账面市值比	$BM_{i,t}$	股东权益与企业市值之比
经营性现金流	$CFO_{i,t}$	企业经营活动产生的现金流量净额与期初总资产之比
第一大股东持股	$Top1_{i,t}$	企业第一大股东的持股比例
超额换手率	$Dturn_{i,t}$	股票 i 第 t 年的月平均换手率与第 $t-1$ 年的月平均换手率之差
企业规模	$Size_{i,t}$	企业年末总资产的自然对数

三、模型设计

设定模型（7-4）检验企业数字化发展与股价崩盘风险的关系：

$$CrashRisk_{i,t+1} = \beta_0 + \beta_1 Dd_{i,t} + \sum \beta_j Controls_{i,t} + \sum Year + \sum Ind + \varepsilon_{i,t} \qquad （7-4）$$

其中，被解释变量（$CrashRisk_{i,t+1}$）为股票 i 第 $t+1$ 年的股价崩盘风险，分别由 $NCSKEW_{i,t+1}$ 和 $DUVOL_{i,t+1}$ 度量，核心解释变量为企业数字化发展程度 $Dd_{i,t}$，$Controls_{i,t}$ 为系列控制变量，Ind 和 $Year$ 分别为行业固定效应和年度固定效应，$\varepsilon_{i,t}$ 为随机干扰项。鉴于企业数字化发展对股价崩盘风险的影响具有时滞性，并在一定程度上缓解反向因果的内生性问题，此处对解释变量进行滞后一期处理。

第三节 实证结果与分析

一、描述性统计分析

表 7-2 报告了各变量的描述性统计结果。从表 7-2 前两行可以看出，负收益偏态系数和收益率上下波动比率的均值分别为 −0.320 7 和 −0.207 4，标准差分别为 0.726 5 和 0.476 4。从标准差可以看出，测度股价崩盘风险的两个指标在样本企业间存在较大差异。从第三行可以看出，企业数字化发展程度的均值为 0.008 2，标准差为 0.022 4，下四分位数、中位数和上四分位数分别为 0.000 2，0.001 0，0.005 3，这表明企业间数字化发展程度存在明显差异，75% 以上企业的数字化发展程度低于平均值。企业数字化发展程度差距较大，企业间数字化发展水平不平衡，部分企业严重忽视了数字化发展。

表 7-2　描述性统计结果

变量	样本量	均值	标准差	下四分位数	中位数	上四分位数	最小值	最大值
$NCSKEW_{t+1}$	12 563	−0.320 7	0.726 5	−0.713 4	−0.271 6	0.112 5	−2.467 5	1.712 6
$DUVOL_{t+1}$	12 563	−0.207 4	0.476 4	−0.523 5	−0.206 4	0.111 9	−1.359 5	1.052 9
Dd_t	12 563	0.008 2	0.022 4	0.000 2	0.001 0	0.005 3	0.000 1	0.166 7
$NCSKEW_t$	12 563	−0.320 2	0.723 1	−0.713 4	−0.276 8	0.105 7	−2.467 5	1.712 6
$DUVOL_t$	12 563	−0.213 6	0.475 7	−0.528 5	−0.213 3	0.099 0	−1.359 5	1.052 9
$Sigma_t$	12 563	0.062 6	0.024 5	0.045 6	0.057 7	0.072 9	0.025 7	0.173 8
$Size_t$	12 563	22.411 0	1.288 0	21.490 0	22.240 0	23.140 0	19.900 0	26.360 0
$InsHold_t$	12 563	43.409 7	24.708 7	24.626 6	45.200 1	63.476 9	0.300 8	91.716 0
lev_t	12 563	0.429 1	0.197 4	0.273 1	0.422 3	0.575 6	0.058 2	0.899 8
ROA_t	12 563	0.036 2	0.065 3	0.014 8	0.036 8	0.065 7	−0.337 3	0.202 7
BM_t	12 563	0.564 3	0.260 8	0.352 4	0.546 6	0.762 8	0.016 6	1.160 8
CFO_t	12 563	0.056 0	0.076 0	0.012 7	0.053 1	0.097 1	−0.183 3	0.290 0
$Top1_t$	12 563	33.739 8	14.882 2	21.950 0	31.320 0	43.500 0	8.500 0	74.980 0
$Dturn_t$	12 563	−2.265 5	35.731 6	−16.073 4	−0.151 8	14.244 1	−142.047 8	131.111 3

二、相关性分析

表 7-3 报告了主要变量的 Pearson 相关系数。从表 7-3 可以看出，两个股价崩盘风

表 7-3　Pearson 相关系数

	NCSKEW	DUVOL	Dd	SIGMA	Size	Institute	Lev	ROA	BM	FCF	Top1	Dturn
NCSKEW	1											
DUVOL	0.874 6***	1										
Dd	−0.020 2*	−0.031 7***	1									
Sigma	−0.108 9***	−0.107 2***	0.000 2	1								
Size	−0.044 7***	−0.077 1***	0.091 0***	−0.260 3***	1							
InsHold	−0.014 8	−0.031 1***	0.094 3***	−0.183 5***	0.453 4***	1						
Lev	−0.067 5***	−0.082 6***	0.089 2***	−0.084 4***	0.562 0***	0.238 8***	1					
ROA	0.020 1*	0.019 4	−0.009 0	−0.104 8***	0.062 1***	0.148 1***	−0.206 6***	1				
BM	−0.040 6***	−0.034 9***	0.044 6***	−0.393 1***	0.597 5***	0.158 2***	0.460 4***	−0.195 0***	1			
CFO	0.013 0	−0.002 8	−0.013 4	−0.035 6***	0.051 3***	0.121 8***	−0.146 2***	0.394 7***	−0.138 0***	1		
Top1	−0.029 8*	−0.029 7***	0.028 8**	−0.052 1***	0.180 4***	0.532 6***	0.058 5***	0.149 0***	0.039 5***	0.102 7***	1	
Dturn	−0.085 4***	−0.088 1***	0.008 5	0.421 6***	−0.028 2**	−0.036 9***	0.009 5	−0.043 3***	−0.066 1***	0.033 3***	−0.046 2***	1

注：***、**、*分别表示在 1%、5%、10% 水平下显著。

险指标 *NCSKEW* 和 *DUVOL* 的 Pearson 系数为 0.874 6 且在 1% 水平上显著，这说明这两个指标对股价崩盘风险的预测具有较好的一致性。*Dd* 与 *NCSKEW* 的 Pearson 相关系数为 –0.020 2，与 *DUVOL* 的 Pearson 相关系数为 –0.031 7 且至少在 10% 水平上显著，这说明在不考虑其他因素影响时，企业数字化发展程度越高，其股价崩盘风险越低，初步验证了本章的研究假设。由于相关性分析没有控制其他因素的影响，但已有研究指出，企业负债水平、经营业绩、机构持股比例及大股东持股比例等因素对股价崩盘风险均有显著影响，故通过多元回归分析，控制其他相关因素对股价崩盘风险的影响，提升研究结论的可靠性。同时，为避免多重共线性对回归结果的影响，本节也计算了各变量的膨胀因子（VIF），VIF 值均小于 5，最大值为 2.89，远小于 10，这说明模型不存在严重的多重共线性问题。

三、基准回归分析

表 7-4 报告了模型（7-4）的回归结果。第（1）列和第（2）列为单变量回归结果，仅控制了年度和行业固定效应，第（3）列和第（4）列为加入控制变量后的回归结果。在仅控制年度和行业固定效应的情况下，*Dd* 的回归系数分别为 –1.010 8 和 –0.829 6 且都在 1% 水平上显著；加入控制变量后，*Dd* 与 *NCSKEW* 的回归系数为 –1.211 3，与 *DUVOL* 的回归系数为 -0.883 8，均在 1% 水平上显著。本章假设得证，企业数字化发展程度越高，其股价崩盘风险越低，企业数字化发展对股价崩盘风险具有抑制作用。

在控制变量方面，公司本期负收益偏态系数、收益上下波动比率、股票周回报率标准差、公司规模与未来股价崩盘风险显著正相关，账面市值比、资产负债率、第一大股东持股与股价崩盘风险显著负相关，这与已有研究结果基本一致（孟庆斌等，2 018；吴晓晖等，2019）。

表 7–4　企业数字化发展与股价崩盘风险

变量	（1）	（2）	（3）	（4）
	$NCSKEW_{i,t+1}$	$DUVOL_{i,t+1}$	$NCSKEW_{i,t+1}$	$DUVOL_{i,t+1}$
$Dd_{i,t}$	–1.010 8***	–0.829 6***	–1.211 3***	–0.883 8***
	（0.361 8）	（0.258 6）	（0.349 2）	（0.247 7）
$NCSKEW_{i,t}$			0.064 5***	
			（0.009 5）	
$DUVOL_{i,t}$				0.059 8***
				（0.009 5）
$Sigma_{i,t}$			0.968 1**	0.267 0
			（0.422 5）	（0.279 4）

（续表）

变量	（1） $NCSKEW_{i,t+1}$	（2） $DUVOL_{i,t+1}$	（3） $NCSKEW_{i,t+1}$	（4） $DUVOL_{i,t+1}$
$Size_{i,t}$			0.035 4*** （0.008 5）	0.005 0 （0.005 7）
$InsHold_{i,t}$			−0.000 1 （0.000 4）	−0.000 1 （0.000 2）
$Lev_{i,t}$			−0.099 6** （0.044 6）	−0.049 5* （0.029 7）
$ROA_{i,t}$			−0.000 7 （0.122 7）	−0.006 7 （0.079 7）
$BM_{i,t}$			−0.384 0*** （0.041 6）	−0.220 5*** （0.027 0）
$CFO_{i,t}$			0.129 6 （0.095 2）	0.010 8 （0.062 2）
$Top1_{i,t}$			−0.001 1** （0.000 5）	−0.000 5 （0.000 3）
$Dturn_{i,t}$			−0.000 0 （0.000 2）	−0.000 0 （0.000 1）
常数项	−0.133 0* （0.078 9）	−0.049 4 （0.052 0）	−0.652 3*** （0.191 1）	−0.011 7*** （0.127 1）
$Year$	Yes	Yes	Yes	Yes
Ind	Yes	Yes	Yes	Yes
观测值	12 563	12 563	12 563	12 563
R^2	0.041	0.049	0.055	0.061

注：***、**、*分别表示在1%、5%、10%水平下显著，括号内为按照公司聚类调整后的标准差。下同。

第四节　影响机制

前文研究指出，企业数字化发展程度越高，企业股价崩盘风险越低。那么，企业数字化发展如何降低企业股价崩盘风险？即企业数字化发展与股价崩盘风险间的内在影响机制是什么。本节从微观层面探讨企业数字化发展降低股价崩盘风险的传导路径。

此处从企业价值、投资效率和特质信息释放三个方面阐释企业数字化发展降低股价崩盘风险的传导路径（如图7-2所示）：（1）企业数字化发展提升了企业价值，降低了其股价崩盘风险；（2）企业数字化发展增强了企业信息能力，管理层隐藏坏消息的成本提升，抑制了管理层出于自利动机的投资行为，提升了企业投资效率，降低了股价崩盘风险；（3）企业数字化发展提升了企业数据挖掘、处理能力，促进企业向市场释放更多公司特质信息，降低了企业与投资者之间的信息不对称，同时，企业相关信息更能快速反映于其股票价格，这有助于降低股价崩盘风险。

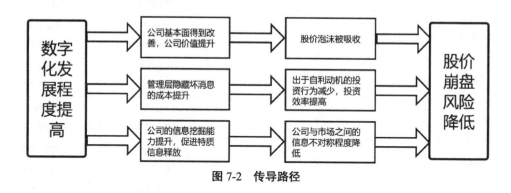

图 7-2　传导路径

参照温忠麟和叶宝娟（2014），运用中介效应模型通过递归方程（7-5）、递归方程（7-6）和递归方程（7-7）检验企业数字化发展降低股价崩盘风险的传导路径。

$$CrashRisk_{i,t+1} = \beta_0 + \beta_1 Dd_{i,t} + \sum \beta_j Controls_{i,t} + \sum Year + \sum Ind + \varepsilon_{i,t} \qquad （7\text{-}5）$$

$$Mediator_{i,t+1} = \alpha_0 + \alpha_1 Dd_{i,t} + \sum \alpha_j Controls_{i,t} + \sum Year + \sum Ind + \varepsilon_{i,t} \qquad （7\text{-}6）$$

$$CrashRisk_{i,t+1} = \gamma_0 + \gamma_1 Dd_{i,t} + \gamma_2 Mediator_{i,t+1} + \sum \gamma_j Controls_{i,t} + \sum Year \\ + \sum Ind + \varepsilon_{i,t} \qquad （7\text{-}7）$$

其中，$Mediator$ 为中介变量；模型（7-5）检验了企业数字化发展降低股价崩盘风险；基于模型（7-5）通过模型（7-6）、模型（7-7）检验内在传导路径。在模型（7-6）、模型（7-7）中，若系数 α_1 和 γ_2 均显著，γ_1 也显著，且 $\alpha_1\gamma_2$ 与 γ_1 同号，则属于部分中介效应；若系数 α_1 和 γ_2 均显著，γ_1 不显著，则属于完全中介效应。为保证结果的稳健性，本节还同时进行了 Bootstrap 检验（抽取自助样本 1 000 次）。

一、企业价值

数字经济具有优化资源配置、推动经济高质量发展的优势。在微观层面上，企业数字化发展提升了企业价值，企业价值的提升压缩了股票价格泡沫，促进价格回归价值。企业数字化发展提升了财务稳定性、创新能力、要素配置效率，改善了企业风险行为，降低了债务违约风险、外部交易成本（吴非等，2021；黄大禹等，2021；袁淳等，2021；王守海等，2022）。企业价值的提升通过企业绩效体现，企业绩效是投资者判断企业基本面的最直观指标；企业绩效改善提高了投资者信心，降低了发生股价崩盘的可能性。投资者根据公司基本面价值变化判断股价是否被高估,当投资者认为股价被高估时且缺乏信心时会选择卖出股票,易引发股价崩盘(杨威等,2018)。因此,企业数字化发展改善了企业经营环境、提升了企业价值,不但促进了股价吸收泡沫,而且提振了投资者信心,避免在股价下跌时发生集体"踩踏"行为导致股价崩盘。这里,选取托宾 Q 值(TobinQ)衡量企业价值(黄大禹等,2021),以模型(7-5)~模型(7-7)检验企业价值在数字化发展降低股价崩盘风险过程中的中介效应。

TobinQ=(年末股票价格 × 流通股本数量 + 每股净资产 × 非流通股本数量 + 负债合计本期期末值)/ 当年资产总额。

表 7-5 报告了企业价值的中介效应检验结果。第(1)、(2)列是模型(7-5)的检验结果,企业数字化发展程度与 NCSKEW 的回归系数为 –1.005,与 DUVOL 的回归系数为 –0.833 2 且都在 1% 水平下显著。第(2)列为模型(7-6)以 TobinQ 为中介变量的检验结果,企业数字化发展程度与企业价值在 5% 水平下显著正相关,这说明企业实施了数字化发展后,企业价值提升了,这与黄大禹等(2021)研究结果一致;第(4)、(5)列为模型(7-7)的检验结果,企业数字化发展程度和企业价值同时作为解释变量,企业数字化发展程度与两个股价崩盘风险指标均在 1% 水平下显著负相关,企业价值与两个股价崩盘风险指标分别在 10% 和 1% 水平下显著负相关。Bootstrap 检验(抽取自助样本 1 000 次)结果显示,95% 置信区间不包含 0,再次证明企业价值的中介效应成立。企业数字化发展影响股价崩盘风险的直接效应大小为 –0.812,而企业价值作为中介变量所起的中介效应大小为 –0.021,检验结果表明企业价值在数字化发展降低股价崩盘风险的过程中发挥了部分中介效应。企业数字化发展使企业价值得到提升,提升了投资者持有该公司股票的信心,稳定了公司股价,降低了股价崩盘风险。

表 7–5　中介效应检验:企业价值

变量	(1)	(2)	(3)	(4)	(5)
	$NCSKEW_{i,t+1}$	$DUVOL_{i,t+1}$	$TobinQ_{i,t+1}$	$NCSKEW_{i,t+1}$	$DUVOL_{i,t+1}$
$Dd_{i,t}$	−1.005 0***	−0.833 2***	1.265 8**	−0.992 3***	−0.812 1***
	(0.364 5)	(0.258 4)	(0.603 9)	(0.364 6)	(0.257 9)
$TobinQ_{i,t+1}$				−0.010 0*	−0.016 8***
				(0.005 9)	(0.004 0)
$NCSKEW_{i,t}$	0.055 0***		0.055 5***	0.055 5***	
	(0.009 5)		(0.013 8)	(0.009 5)	
$DUVOL_{i,t}$		0.052 3***			0.053 1***
		(0.009 5)			(0.009 5)
$Size_{i,t}$	−0.004 6	−0.016 3***	−0.457 0***	−0.009 1	−0.023 9***
	(0.007 8)	(0.005 2)	(0.021 8)	(0.008 2)	(0.005 5)

（续表）

变量	（1）$NCSKEW_{i,t+1}$	（2）$DUVOL_{i,t+1}$	（3）$TobinQ_{i,t+1}$	（4）$NCSKEW_{i,t+1}$	（5）$DUVOL_{i,t+1}$
$InsHold_{i,t}$	0.000 5 （0.000 4）	0.000 4 （0.000 2）	0.011 4*** （0.001 0）	0.000 6* （0.000 4）	0.000 6** （0.000 2）
$Lev_{i,t}$	−0.067 0 （0.044 9）	−0.036 6 （0.029 9）	−0.265 1** （0.116 7）	−0.069 6 （0.045 0）	−0.041 1 （0.030 0）
$ROA_{i,t}$	0.469 0*** （0.124 2）	0.319 4*** （0.079 8）	2.573 7*** （0.305 5）	0.494 6*** （0.126 1）	0.362 5*** （0.080 8）
$FCF_{i,t}$	0.191 8** （0.096 2）	0.028 9 （0.063 2）	1.916 2*** （0.222 9）	0.210 9** （0.097 1）	0.061 2 （0.063 7）
$Top1_{i,t}$	−0.001 4*** （0.000 5）	−0.000 7** （0.000 3）	−0.004 4*** （0.001 4）	−0.001 5*** （0.000 5）	−0.000 8** （0.000 4）
$Dturn_{i,t}$	0.000 3 （0.000 2）	−0.000 1 （0.000 1）	0.000 7** （0.000 3）	0.000 3 （0.000 2）	0.000 1 （0.000 1）
常数项	−0.002 5 （0.191 3）	0.299 6*** （0.113 8）	11.600 1*** （0.489 7）	0.113 0 （0.182 6）	0.493 9*** （0.122 4）
Year	Yes	Yes	Yes	Yes	Yes
Ind	Yes	Yes	Yes	Yes	Yes
观测值	12 058	12 058	12 058	12 058	12 058
R^2	0.048	0.057	0.379	0.048	0.058
Bootstrap 检验	Observed	Bias	Sted.Err	95% 置信区间	
中介效应组	−0.021 17	0.000 39	0.008 85	（−0.039 69, −0.005 57）（P） （−0.040 56, −0.006 38）（BC）	
直接效应组	−0.812 06	0.004 46	0.261 66	（−1.315 03, −0.286 71）（P） （−1.330 54, −0.295 96）（BC）	

注：***、**、* 分别表示在 1%、5%、10% 水平下显著。

二、企业投资效率

管理层出于自利和（或）其他动机对公司负面消息隐藏甚至虚假披露是股价崩盘风险的主要来源之一，当隐藏和虚假发布信息的成本超过其所带来的收益时，管理层就会放弃，此时负面信息集中释放到市场中，造成股价崩盘（Jin 等，2006；梁上坤等，2020）。"非效率投资"行为是管理层谋取个人私利的一种手段，"代理冲突"是导致非效率投资的重要原因（刘星等，2014）。管理层将企业资金投资于自利性项目，导致企业过度投资（Jensen，1986）。同时，管理层为保证自利目的会刻意隐瞒有关投资项目的负面信息，导致负面信息积累，最终引致股价崩盘（江轩宇和许年行，2015）。管理者出于职业声誉考虑，为避免承担投资失败风险，会放弃净现值为正的投资项目，导致企业投资不足（辛清泉等，2007）。但随着数字化技术发展，企业内部信息变得更加透明，外部市场投资者与企业之间的信息不对称程度也大大降低（吴非等，2021）。管理层隐藏坏消息的成本大大提升，削弱了管理层自利动机，减少了管理层出于自利目的的过度投资行为。同时，企业数字化发展有效缓解了企业融资约束，通过缓解银行信贷中普遍存在的逆向选择和道德风险问题，使银行更愿意贷款给企业，缓解了企业投资不足（黄大禹等，2021；解维敏等，2021）。

企业数字化发展增强了企业数据挖掘和数据处理能力，管理层能够更加快速、有效地获得前沿信息，做出更优决策，提升企业内部资源配置效率；信息能力的提高有助于企业更加准确地分辨净现值为负的项目和潜力大的项目，提高企业投资效率。同时，企业数字化发展增强了企业内外部的监督能力，压缩了管理层牟取私利的空间，股东和董事更容易识别出管理层投资的自利性项目，从而及时予以纠正或叫停，避免过度投资；企业信息能力提高了帮助害怕承担风险的"保守派"管理者识别出好的投资项目，鼓励管理层做出投资决策，从而缓解了投资不足。因此，企业数字化发展通过提高企业投资效率（抑制过度投资、缓解投资不足）降低了股价崩盘风险。此处选取企业非效率投资程度（*IneI*）衡量企业投资效率，非效率投资程度越高，企业投资效率越低；进一步将非效率投资细分为过度投资（*OverI*）和投资不足（*UnderI*），并分别作为中介变量予以检验。参照 Richardson（2006），运用模型（7-8）测度企业非效率投资程度。

$$Inv_{i,t+1} = \alpha_0 + \alpha_1 TobinQ_{i,t} + \alpha_2 Lev_{i,t} + \alpha_3 Cash_{i,t} + \alpha_4 Age_{i,t} + \alpha_5 Size_{i,t} + \alpha_6 Re\,t_{i,t}$$
$$+ \alpha_7 Inv_{i,t} + \sum Year + \sum Ind + \varepsilon_{i,t+1} \tag{7-8}$$

其中，*Inv* 为企业新增投资支出；*TobinQ* 为企业价值；*Lev* 为年末资产负债率；*Cash* 为年末现金资产与总资产比值；*Age* 为年末企业上市年数；*Size* 为企业规模；*Ret* 为考虑现金红利再投资的年个股回报率；*Year* 和 *Ind* 分别为年度和行业虚拟变量。参照郭晓冬等（2020），运用模型（7-8）的回归残差的绝对值衡量企业非效率投资程度，其值越大，企业非效率投资现象越严重。残差表示过度投资或投资不足，当残差大于零时，表示企业存在过度投资，残差越大，企业过度投资越严重；当残差小于零时，取其绝对值表示企业投资不足，残差越大，企业投资不足越严重。

基于模型（7-5）~模型（7-7），表 7-6 报告了非效率投资程度的中介效应检验结果。从表 7-6 第（1）列和第（2）列可以看出，*Dd* 与 *NCSKEW* 和 *DUVOL* 的回归系数均在 1% 水平上显著；从第（3）列可以看出，*Dd* 与 *IneI* 的回归系数在 5% 水平下显著为负；在第（4）列和第（5）列中，企业数字化发展程度和非效率投资程度同时作为解释变量，*Dd* 与股价崩盘风险两个指标的回归系数均在 1% 水平下显著负相关，*IneI* 与股价崩盘风险的回归系数均在 5% 水平上显著正相关。Bootstrap 检验结果显示，95% 置信区间不包含 0，再次证明非效率投资通过了中介效应检验。企业数字化发展影响股价崩盘风险的直接效应大小为 −1.293，而非效率投资所起的中介效应大小为 −0.018。结果表明，非效率投资产生部分中介效应，企业数字化发展通过降低企业非效率投资程度的路径降低了股价崩盘风险。企业数字化发展从整体上增强了企业对投资项目的辨别能力，降低了发生非效率投资行为的可能性，避免了企业资源浪费；同时，管理层出于自利动机的非效率投资行为更容易识别，这在一定程度上加强了"内部人"监督，降低了企业代理成本。

表 7-6 中介效应检验：非效率投资

变量	（1）	（2）	（3）	（4）	（5）
	$NCSKEW_{i,t+1}$	$DUVOL_{i,t+1}$	$IneI_{i,t+1}$	$NCSKEW_{i,t+1}$	$DUVOL_{i,t+1}$
$Dd_{i,t}$	−1.311 7***	−0.945 9***	−0.048 5**	−1.293 4***	−0.935 4***
	（0.397 9）	（0.277 6）	（0.021 7）	（0.399 5）	（0.278 5）
$IneI_{i,t+1}$				0.377 8**	0.221 5**
				（0.155 5）	（0.099 1）
$NCSKEW_{i,t}$	0.067 1***		0.001 9***	0.066 4***	
	（0.010 3）		（0.000 6）	（0.010 3）	
$DUVOL_{i,t}$		0.059 3***			0.058 8***
		（0.010 2）			（0.010 2）
$Sigma_{i,t}$	0.513 1	−0.066 6	0.325 3***	0.390 2	−0.137 2
	（0.471 2）	（0.315 2）	（0.035 2）	（0.475 9）	（0.318 3）
$Size_{i,t}$	0.034 8***	0.004 8	−0.002 9***	0.035 9***	0.005 5
	（0.008 9）	（0.006 0）	（0.000 6）	（0.008 9）	（0.006 0）
$InsHold_{i,t}$	−0.000 2	−0.000 1	0.000 1*	−0.000 2	−0.000 1
	（0.000 4）	（0.000 3）	（0.000 1）	（0.000 4）	（0.000 3）
$Lev_{i,t}$	−0.103 4**	−0.048 8	−0.000 3	−0.103 3**	−0.048 7
	（0.047 5）	（0.031 5）	（0.003 5）	（0.047 5）	（0.031 5）
$ROA_{i,t}$	0.227 7*	0.181 0**	−0.018 7**	0.234 8*	0.185 2**
	（0.130 8）	（0.084 0）	（0.009 0）	（0.130 7）	（0.084 0）
$BM_{i,t}$	−0.361 9***	−0.207 4***	−0.014 3***	−0.356 5***	−0.204 1***
	（0.043 4）	（0.028 1）	（0.002 6）	（0.043 3）	（0.028 0）
$FCF_{i,t}$	0.139 4	0.002 2	0.052 7***	0.119 5	−0.009 5
	（0.101 9）	（0.066 7）	（0.007 1）	（0.102 4）	（0.067 1）
$Top1_{i,t}$	−0.001 0*	−0.000 4	−0.000 0	−0.000 9*	−0.000 4
	（0.000 5）	（0.000 4）	（0.000 0）	（0.000 5）	（0.000 4）
$Dturn_{i,t}$	0.000 1	0.000 1	0.000 1***	0.000 1	0.000 1
	（0.000 2）	（0.000 2）	（0.000 0）	（0.000 2）	（0.000 2）
常数项	−0.591 8***	−0.033 0	0.082 1***	−0.622 8***	−0.014 7
	（0.193 5）	（0.128 7）	（0.014 0）	（0.194 0）	（0.128 9）

（续表）

变量	（1）	（2）	（3）	（4）	（5）
	$NCSKEW_{i,t+1}$	$DUVOL_{i,t+1}$	$IneI_{i,t+1}$	$NCSKEW_{i,t+1}$	$DUVOL_{i,t+1}$
$Year$	Yes	Yes	Yes	Yes	Yes
Ind	Yes	Yes	Yes	Yes	Yes
观测值	11 255	11 255	11 255	11 255	11 255
R^2	0.056	0.063	0.111	0.057	0.063
Bootstrap 检验	Observed	Bias	Sted.Err	95% 置信区间	
中介效应组	−0.018 34	−0.000 14	0.011 43	（−0.046 21，−0.001 10）　　　　（P） （−0.050 27，−0.002 71）　　　　（BC）	
直接效应组	−1.293 39	−0.004 20	0.425 01	（−2.150 44，−0.455 42）　　　　（P） （−2.105 01，−0.433 27）　　　　（BC）	

注：***、**、* 分别表示在 1%、5%、10% 水平下显著。

　　进一步，将非效率投资分为投资过度和投资不足分别予以检验。表 7-7 第（1）、（3）、（4）列报告了过度投资的中介效应检验结果。第（1）列显示，Dd 与 $OverI$ 的回归系数在 1% 水平下显著负相关；第（3）列和第（4）列显示 Dd 与两个股价崩盘风险指标的回归系数均在 1% 水平下显著负相关，$OverI$ 与股价崩盘风险的回归系数均在 5% 水平下显著正相关。在 Bootstrap 检验中，95% 置信区间不包含 0，这证明过度投资通过了中介效应检验。企业数字化发展影响股价崩盘风险的直接效应大小为 −2.225，而过度投资所起的中介效应大小为 −0.048。这表明过度投资产生了部分中介效应，企业数字化发展通过抑制过度投资行为降低了股价崩盘风险。企业数字化发展程度越高，企业管理层滥用企业资源、刻意隐藏坏消息的可能性越低，这能有效抑制管理层出于谋求个人利益、构建商业帝国等自利动机的投资行为，极大地降低了企业代理成本，从而降低了股价崩盘风险。

　　表 7-7 的第（2）、（5）、（6）列报告了投资不足的中介效应检验结果。第（2）列显示，Dd 与 $UnderI$ 的回归系数虽然为负但并不显著；第（5）、（6）列为企业数字化发展程度和投资不足同时作为解释变量的回归结果，Dd 与 $NCSKEW$、$DUVOL$ 的回归系数为负且均不显著，$UnderI$ 与股价崩盘风险的回归系数为正且均不显著。继续对投资不足路径予以 Bootstrap 检验。结果显示，r（ind_eff）的 95% 置信区间为（−0.045 5，0.005 8），该区间包含 0，即投资不足的中介效应未通过检验。这可能源于企业数字化发展虽然在一定程度上能帮助"保守派"管理者识别出好的投资项目，但受制于企业资金短缺或面临融资约束，该投资项目未实施。这说明虽然信息能力提高使管理层对投资项目的判断更加准确，缓解了管理层在投资时"束手束脚"的现象，鼓励了管理层通过扩大投资为公司增加收益的主观意愿，但客观条件约束了管理层意愿的实现。因此，企业数字化发展通过提升企业投资效率降低了股价崩盘风险，但主要是通过抑制企业过度投资实现的。

表 7-7　中介效应检验：过度投资与投资不足

变量	（1）$OverI_{i,t+1}$	（2）$UnderI_{i,t+1}$	（3）$NCSKEW_{i,t+1}$	（4）$DUVOL_{i,t+1}$	（5）$NCSKEW_{i,t+1}$	（6）$DUVOL_{i,t+1}$
$Dd_{i,t}$	−0.096 7*** (0.035 6)	−0.020 1 (0.024 8)	−2.224 8*** (0.668 3)	−1.587 2*** (0.425 7)	−0.752 8 (0.488 8)	−0.551 9 (0.339 5)
$IneI_{i,t+1}$						
$OverI_{i,t+1}$			0.494 2** (0.209 1)	0.266 4** (0.133 0)		
$UnderI_{i,t+1}$					0.294 1 (0.246 2)	0.235 5 (0.153 9)
$NCSKEW_{i,t}$	0.001 1 (0.001 2)	0.002 0*** (0.000 6)	0.045 7*** (0.016 2)		0.082 4*** (0.013 3)	
$DUVOL_{i,t}$				0.032 8** (0.015 9)		0.078 2*** (0.013 1)
$Sigma_{i,t}$	0.366 9*** (0.067 2)	0.279 8*** (0.035 0)	0.612 5 (0.772 0)	−0.190 3 (0.512 1)	0.332 6 (0.612 4)	−0.097 6 (0.403 2)
$Size_{i,t}$	−0.003 1*** (0.001 1)	−0.003 1*** (0.000 6)	0.037 3*** (0.013 5)	0.004 4 (0.009 1)	0.036 6*** (0.011 7)	0.008 8 (0.007 7)
$InsHold_{i,t}$	0.000 1 (0.000 1)	0.000 0 (0.000 0)	0.000 9 (0.000 6)	0.000 6 (0.000 4)	−0.001 0* (0.000 5)	−0.000 6* (0.000 3)
$Lev_{i,t}$	−0.009 4 (0.006 6)	0.001 9 (0.003 9)	−0.152 0** (0.077 3)	−0.079 8 (0.051 0)	−0.069 2 (0.060 5)	−0.031 6 (0.039 9)
$ROA_{i,t}$	−0.011 4 (0.018 3)	−0.030 1*** (0.009 8)	0.457 2** (0.220 3)	0.266 3** (0.147 6)	0.157 6 (0.165 3)	0.162 3 (0.104 6)
$BM_{i,t}$	−0.012 0** (0.004 9)	−0.015 6*** (0.002 8)	−0.461 0*** (0.068 9)	−0.280 5*** (0.045 5)	−0.301 4*** (0.056 4)	−0.162 3*** (0.035 9)
$FCF_{i,t}$	0.079 6*** (0.012 7)	0.037 4*** (0.008 2)	0.028 9 (0.154 8)	−0.113 0 (0.102 4)	0.175 0 (0.134 3)	0.062 7 (0.087 0)
$Top1_{i,t}$	0.000 0 (0.000 1)	−0.000 0 (0.000 0)	−0.002 3*** (0.000 9)	−0.000 9 (0.000 6)	0.000 0 (0.000 7)	0.000 0 (0.000 5)
$Dturn_{i,t}$	−0.000 1*** (0.000 0)	−0.000 0** (0.000 0)	−0.000 3 (0.000 4)	−0.000 2 (0.000 2)	0.000 4 (0.000 3)	0.000 3 (0.000 2)
常数项	0.072 7** (0.023 3)	0.096 1*** (0.014 3)	−0.413 5 (0.322 6)	0.133 2 (0.204 8)	−0.744 8*** (0.248 5)	−0.102 8 (0.166 4)
$Year$	Yes	Yes	Yes	Yes	Yes	Yes
Ind	Yes	Yes	Yes	Yes	Yes	Yes
观测值	4 461	6 794	4 461	4 461	6 794	6 794
R^2	0.115	0.154	0.088	0.088	0.052	0.064

（续表）

变量	（1）	（2）	（3）	（4）	（5）	（6）
	$OverI_{i,t+1}$	$UnderI_{i,t+1}$	$NCSKEW_{i,t+1}$	$DUVOL_{i,t+1}$	$NCSKEW_{i,t+1}$	$DUVOL_{i,t+1}$
Bootstrap 检验	中介变量	Observed	Bias	Sted.Err	95% 置信区间	
中介效应组	过度投资	−0.047 80	−0.002 34	0.030 02	（−11 326，−0.003 10）　　（P） （−0.131 53，−0.006 33）（BC）	
	投资不足	−0.006 01	0.000 16	0.010 87	（−0.033 19，0.010 83）　　（P） （-0.045 51，0.005 80）　（BC）	
直接效应组	过度投资	−2.224 77	−0.006 22	0.731 94	（−3.664 18，−0.801 04）　（P） （−3.679 16，−0.881 86）（BC）	
	投资不足	−0.752 84	−0.063 43	0.523 40	（−1.839 16，0.273 33）　（P） （-1.686 16，0.434 07）（BC）	

注：***、**、* 分别表示在 1%、5%、10% 水平下显著。

三、企业特质信息释放

企业数字化发展显著提升了企业的数据挖掘能力和处理能力，企业更容易释放出标准化、结构化的信息，也更容易被外界识别（吴非等，2021）。非标准化、非结构化信息中包含了企业的大量特质信息，而数据挖掘、处理能力的提高使这些特质信息更容易被表达，降低了企业和市场投资者间的信息不对称程度，有效缓解了股市中的"羊群行为"，防止在股票下跌过程中发生集体"踩踏"造成股价崩盘。同时，企业向市场传递更多特质信息，能够降低投资者间的意见分歧，降低股价崩盘风险（丁慧等，2018）。因此，企业数字化发展会促进其向市场释放更多特质信息，降低双方间的信息不对称程度，进而降低其股价崩盘风险。

借鉴孟庆斌等（2018），此处选取股价同步性（SYN）测度企业与市场间信息不对称程度。当有关企业的特质信息有效被投资者接收时，投资者会坚定对该企业股票的判断，减少由于信息不对称造成的"羊群行为"。因此，股价同步性这一指标能很好地反映双方之间的信息不对称程度。表 7-8 报告了股价同步性的中介效应检验结果。第（1）列和第（2）列显示，Dd 与股价崩盘风险的回归系数均在 1% 水平下显著为负；第（3）列显示，Dd 与 SYN 的回归系数在 1% 水平下显著为负；第（4）列和第（5）列显示，当企业数字化发展程度和股价同步性同时作为解释变量时，Dd 与股价崩盘风险的回归系数均在 1% 水平下显著为负，SYN 与股价崩盘风险的回归系数均在 1% 水平下显著为正。Bootstrap 检验结果显示，95% 置信区间不包含 0，企业数字化发展影响股价崩盘风险的直接效应大小为 −0.691，股价同步性所起的中介效应大小为 −0.075。检验结果表明股价同步性的中介效应成立。这主要源于企业数字化发展增加了企业特质信息释放，降低了企业与市场之间的信息不对称程度，当股票价格被高估时，投资者及时卖出股票的交易行为能有效阻止泡沫膨胀，促进价格向基本价值回归，降低其股价崩盘风险。

表7-8 中介效应检验：信息不对称

变量	（1）$NCSKEW_{i,t+1}$	（2）$DUVOL_{i,t+1}$	（3）$SYN_{i,t+1}$	（4）$NCSKEW_{i,t+1}$	（5）$DUVOL_{i,t+1}$
$Dd_{i,t}$	−1.211 3*** （0.349 2）	−0.883 8*** （0.247 7）	−0.371 0*** （0.098 3）	−1.069 0*** （0.357 0）	−0.806 6*** （0.251 6）
$SYN_{i,t+1}$				0.383 5*** （0.045 3）	0.208 6*** （0.028 8）
$NCSKEW_{i,t}$	0.064 5*** （0.009 5）		0.000 5 （0.002 0）	0.064 3*** （0.009 4）	
$DUVOL_{i,t}$		0.059 8*** （0.009 5）			0.059 2*** （0.009 5）
$Sigma_{i,t}$	0.968 1** （0.422 5）	0.267 0 （0.279 4）	0.245 4** （0.099 8）	0.874 0** （0.422 3）	0.213 4 （0.279 0）
$Size_{i,t}$	0.035 4*** （0.008 5）	0.005 0 （0.005 7）	0.056 8*** （0.002 4）	0.013 7 （0.009 0）	0.006 9 （0.006 0）
$InsHold_{i,t}$	−0.000 1 （0.000 4）	−0.000 1 （0.000 2）	−0.000 3*** （0.000 1）	0.000 2 （0.000 4）	0.000 2 （0.000 2）
$Lev_{i,t}$	−0.099 6** （0.044 6）	−0.049 5* （0.029 7）	−0.107 5*** （0.011 2）	−0.058 3 （0.044 9）	−0.027 0 （0.029 8）
$ROA_{i,t}$	−0.000 7 （0.122 7）	−0.006 7 （0.079 7）	0.133 2*** （0.026 4）	−0.051 8 （0.123 4）	−0.034 6 （0.079 9）
$BM_{i,t}$	−0.384 0*** （0.041 6）	−0.220 5*** （0.027 0）	−0.043 8*** （0.011 0）	−0.367 2*** （0.041 6）	−0.211 4*** （0.027 0）
$FCF_{i,t}$	0.129 6 （0.095 2）	0.010 8 （0.062 2）	0.051 5** （0.023 3）	0.109 9 （0.095 4）	0.000 1 （0.062 4）
$Top1_{i,t}$	−0.001 1** （0.000 5）	−0.000 5 （0.000 3）	−0.000 0 （0.000 1）	−0.001 1** （0.000 5）	−0.000 5 （0.000 3）
$Dturn_{i,t}$	−0.000 0 （0.000 2）	−0.000 0 （0.000 1）	0.000 1* （0.000 0）	−0.000 0 （0.000 2）	−0.000 0 （0.000 1）
常数项	−0.652 3*** （0.191 1）	−0.011 7*** （0.127 1）	−0.500 1*** （0.054 4）	−0.460 5** （0.193 6）	−0.093 1 （0.128 9）
$Year$	Yes	Yes	Yes	Yes	Yes
Ind	Yes	Yes	Yes	Yes	Yes
观测值	12 563	12 563	12 563	12 563	12 563
R^2	0.055	0.061	0.456	0.062	0.066

（续表）

变量	（1）	（2）	（3）	（4）	（5）
	$NCSKEW_{i,t+1}$	$DUVOL_{i,t+1}$	$SYN_{i,t+1}$	$NCSKEW_{i,t+1}$	$DUVOL_{i,t+1}$
Bootstrap 检验	Observed	Bias	Sted.Err	95% 置信区间	
中介效应组	−0.074 53	−0.000 09	0.022 544	（−0.121 48，−0.034 92） （P） （−0.124 86，−0.037 38） （BC）	
直接效应组	−0.691 10	−0.020 36	0.251 55	（−1.217 01，−0.207 24） （P） （−1.189 85，−0.158 13） （BC）	

注：***、**、* 分别表示在 1%、5%、10% 水平下显著。

第五节　进一步分析

为进一步讨论企业数字化发展对股价崩盘风险的影响，本节从中观层面探讨行业地位的异质性效应，从宏观层面探讨经济政策不确定性对企业数字化发展与股价崩盘风险关系的调节效应。

一、行业地位的异质性影响

企业在其所属行业中地位越高，投资者和新闻媒体对其关注度越高，企业受到的外部监督力度越大。作为行业内的领导者，高行业地位企业的行为不仅影响着市场走向，也影响着行业内众多的追随者，追随者通常会有模仿行业龙头企业的行为。因此，投资者在了解某一行业走向的过程中，通常会重点关注行业内地位较高的几个企业，新闻媒体也热衷于对高行业地位的企业跟踪报道，既迎合了投资者需求，也获得了热度。随着企业在公众面前的曝光度越高，管理层隐藏坏消息越发困难。在这种监督压力下，企业的代理成本降低，有效缓解了企业与市场投资者之间的信息不对称。企业通过数字化发展大大提升了企业信息处理、传递能力，能够更好地获取企业内外部环境信息，从而做出应对。而对行业地位低的企业来说，隐藏信息的成本更低，管理层对信息操纵的空间更大，企业通过数字化发展挖掘的信息可能无法及时传递给投资者。因此，企业数字化发展对股价崩盘风险的影响在行业地位不同的企业中存在异质效应。因此，结合前文研究，做出如下推理：企业在所属行业中地位越高，企业数字化发展降低股价崩盘风险的效果越明显。

借鉴袁淳等（2022），本节运用企业所占的市场份额（*Share*）为其行业地位的代理变量检验上述推理。企业所占市场份额为企业当年主营业务收入占该行业总收入的比值，依据每年度企业所占市场份额按中位数法将样本企业分为两组——高市场份额组和低市场份额组，并分组通过模型（7-5）予以检验。表7-9第（1）列和第（2）列为低市场份额组的回归结果，Dd的回归系数虽然为负，但并不显著；第（3）列和第（4）列为高市场份额组的回归结果，Dd的回归系数为负且均在1%水平下显著。这说明企业在其所属行业的地位越高，数字化发展降低股价崩盘风险的效果越明显。企业行业地位越高，公众关注程度越高，管理层隐藏坏消息的难度越大，企业数字化发展降低股价崩盘风险的效果越明显。

二、经济政策不确定性的调节作用

经济政策不确定性意味着政策变动，公众对未来经济政策走向的意见分歧程度（Baker等，2016）。经济政策不确定性的提高将导致企业行为失范、股票市场波动加剧等一系列经济后果。经济政策不确定性加剧企业面临的外部环境不确定性，恶化潜在的代理问题，加剧企业与市场间的信息不对称程度，经济政策不确定性越高，股价崩盘风险就越高（梁琪等，2020）。而企业数字化发展提高了企业数据挖掘、数据处理的能力，增加了企业在面临外部不确定性时自愿性信息披露的含量（黄宏斌等，2021）；同时，企业数字化发展提升了企业的资源配置效率（黄大禹等，2021）。因此，数字化发展程度高的企业依靠数字化技术能快速获取市场前沿信息、迅速有效地调动企业资源，这极大提高了企业应对经济政策变化的灵活性。因此，经济政策不确定性冲击增大时，数字化发展的灵活性能更明显地体现出来，企业数字化发展抑制股价崩盘风险的效果会更明显。

借鉴Huang等（2020），运用年度经济政策不确定性指标（EPU）检验上述推理，该指标数值越大代表经济政策不确定性越大。在模型（7-5）中引入经济政策不确定性与企业数字化发展的交乘项（$Dd \times EPU$）。表7-9的第（5）列和第（6）列报告了考虑经济政策不确定性的检验结果。企业数字化发展程度（Dd）的回归系数均在5%水平下显著为负，与前文一致；经济政策不确定性（EPU）的回归系数均在1%水平下显著为正，与梁琪等（2020）的研究结果一致，说明经济政策不确定性会加剧股价崩盘风险；企业数字化发展程度与经济政策不确定性的交叉项（$Dd \times EPU$）的回归系数为负且分别在5%和10%水平下显著，说明经济政策不确定性增强了企业数字化发展抑制股价崩盘风险的能力。已有研究发现经济政策不确定性会提高股价崩盘风险，因此本节结果也表明面临经济政策不确定性时，数字化发展有效治理了由经济政策不确定带来的股价崩盘风险。经济政策不确定性加剧股价崩盘风险主要源于新政策实施的时滞性影响。当经济政策发生变动时，新政策的贯彻执行需要一定的时间，在新政策发布后短期内，投资者难以准确估计其在未来的影响，在股票市场上表现为股价的异常波动甚至暴跌。企业的数字化发展程度越高，应对经济政策变化越及时，能够有效优化调整企业资源，引导投资者信心，弱化时滞性影响，预防股价崩盘。

表 7-9 行业地位差异与经济政策不确定性

变量	行业地位差异				经济政策不确定性	
	行业地位低		行业地位高			
	（1）	（2）	（3）	（4）	（5）	（6）
	$NCSKEW_{i,t+1}$	$DUVOL_{i,t+1}$	$NCSKEW_{i,t+1}$	$DUVOL_{i,t+1}$	$NCSKEW_{i,t+1}$	$DUVOL_{i,t+1}$
$Dd_{i,t}$	−1.094 8	−0.590 8	−1.123 4***	−0.889 8***	−0.786 7**	−0.589 7**
	（0.820 4）	（0.556 6）	（0.363 4）	（0.260 0）	（0.344 5）	（0.239 5）
$EPU_{i,t}$					1.297 9***	0.810 5***
					（0.280 7）	（0.181 5）
$Dd_{i,t} \times EPU_{i,t}$					−3.981 2*	−3.352 3**
					（2.340 1）	（1.647 9）
$NCSKEW_{i,t}$	0.055 8***		0.057 6***		0.064 6***	
	（0.013 9）		（0.013 3）		（0.009 8）	
$DUVOL_{i,t}$		0.058 0***		0.045 6***		0.058 1***
		（0.015 9）		（0.013 6）		（0.009 8）
$Sigma_{i,t}$	0.668 6	0.179 3	1.120 5*	0.288 9	1.124 9***	0.345 1
	（0.602 6）	（0.392 2）	（0.611 2）	（0.406 4）	（0..431 1）	（0.286 5）
$Size_{i,t}$	0.049 8***	0.010 1	0.019 8	0.004 9	0.030 8***	0.004 4
	（0.017 2）	（0.011 1）	（0.012 1）	（0.008 2）	（0.008 7）	（0.005 8）
$InsHold_{i,t}$	−0.000 6	−0.000 5	−0.000 9	0.000 9***	0.000 0	0.000 5
	（0.000 5）	（0.000 3）	（0.000 5）	（0.000 4）	（0.000 4）	（0.000 2）
$Lev_{i,t}$	−0.074 4	−0.021 4	−0.119 6*	−0.064 5	−0.066 5	−0.034 7
	（0.063 7）	（0.041 4）	（0.068 6）	（0.046 6）	（0.045 4）	（0.030 0）
$ROA_{i,t}$	0.019 0	−0.013 5	0.028 3	−0.008 9	0.027 4	−0.016 6
	（0.166 4）	（0.105 3）	（0.198 5）	（0.132 6）	（0.125 0）	（0.081 1）
$BM_{i,t}$	−0.321 1***	−0.156 0***	−0.441 0***	−0.269 1***	−0.367 8***	−0.213 6***
	（0.070 0）	（0.045 3）	（0.055 0）	（0.035 1）	（0.042 8）	（0.027 9）
$FCF_{i,t}$	0.020 8	−0.105 7	0.214 7	0.093 2	0.154 3	0.043 3
	（0.138 8）	（0.088 9）	（0.134 4）	（0.091 1）	（0.095 8）	（0.062 5）
$Top1_{i,t}$	−0.001 8**	−0.000 8	−0.000 7	−0.000 5	−0.000 9*	−0.000 4
	（0.000 9）	（0.000 5）	（0.000 7）	（0.000 5）	（0.000 5）	（0.000 4）
$Dturn_{i,t}$	−0.000 3	−0.000 2	0.000 3	0.000 2	−0.000 1	−0.000 0
	（0.000 3）	（0.000 2）	（0.000 4）	（0.000 2）	（0.000 2）	（0.000 1）
常数项	−0.891 6**	−0.073 5	−0.346 8	−0.213 5	−0.925 7***	−0.233 6**
	（0.383 2）	（0.229 3）	（0.272 6）	（0.183 1）	（0.209 9）	（0.139 0）
Year	Yes	Yes	Yes	Yes	Yes	Yes
Ind	Yes	Yes	Yes	Yes	Yes	Yes
观测值	6 201	6 201	6 279	6 279	12 091	12 091
R^2	0.056	0.066	0.073	0.077	0.057	0.063

注：***、**、* 分别表示在 1%、5%、10% 水平下显著。

第六节　稳健性检验

一、内生性处理

为控制遗漏变量问题可能对检验结果造成的影响，参考杨威等（2018），运用同行业其他公司的数字化发展程度的年度平均值作为工具变量进行回归。企业数字化发展程度会受到同行业其他企业的影响，它们利用数字化技术对生产、经营方面的改造存在相似之处；同时，同行业其他企业的数字化发展程度不会对本企业未来的股价崩盘风险产生直接影响。因此，该工具变量符合相关性和排他性原则。表7-10的第（1）列报告了工具变量第一阶段的回归结果，结果显示企业数字化发展程度对工具变量的回归系数在1%水平下正向显著，证明了该工具变量满足与解释变量存在相关性的基本要求；在弱工具变量检验方面，第一阶段回归的F统计量为84.94，大于10，拒绝弱工具变量的原假设。第（2）、（3）列报告了第二阶段的回归结果，结果显示企业数字化发展程度第一阶段拟合值的回归系数依然在1%水平下显著为负。上述检验结果表明，考虑内生性问题后，企业数字化发展抑制股价崩盘风险的结论依然成立。

二、替换解释变量

参考张永珅等（2021），运用上市公司数字化无形资产占无形资产总额的比例测度企业数字化发展程度。表7-10的第（4）、（5）列报告了更换度量指标后的回归结果，结果显示$Dd2_{i,t}$与未来的股价崩盘风险皆在5%的水平下显著负相关，证明本章结论稳健。

三、延长预测窗口

为进一步克服互为因果关系，此处将股价崩盘风险的预测窗口扩大到未来的第二年，构建回归模型（7-9）：

$$CrashRisk_{i,t+2} = \beta_0 + \beta_1 Dd_{i,t} + \sum \beta_j Controls_{i,t} + \sum Year + \sum Ind + \varepsilon_{i,t} \qquad （7-9）$$

表7-10的第（6）、（7）列报告了延长预测窗口后的回归结果。结果显示，$Dd_{i,t}$与$NCSKEW_{i,t+2}$和$DUVOL_{i,t+2}$的回归系数皆在1%水平下显著为负，本章结论依然成立。

四、剔除金融危机和股灾年份

为进一步检验研究结论的稳健性，考虑到金融危机和股灾对资本市场的影响，参考梁上坤等（2020），剔除2015年和2018年两年的观测值重新进行回归，回归结果见表7-11的第（1）、（2）列，本章结论保持不变。

五、增加控制变量

为缓解遗漏变量导致的内生性问题，本节在原有控制变量的基础上增加控制变量：高管年龄（李文贵和严涵，2020）、独立董事比例（梁权熙和曾海舰，2016）、董事会规模（田利辉和王可第，2017）、四大会计师事务所（史永和李思昊，2020）、股权制衡（王化成等，2015）、应计盈余管理（江婕等，2021）、会计稳健性（Kim等，2016）。表7-11的第（3）、（4）列报告了增加控制变量后的回归结果，结果显示：控制上述因素后，企业数字化发展程度（Dd）的回归系数依然在1%水平下显著为负，本章结论不受以上因素影响。

六、公司固定效应

参考孟庆斌等（2018），运用公司固定效应模型重新回归，消除某些不可观察因素产生的影响。表7-11的第（5）、（6）列报告了固定公司效应的回归结果，企业数字化发展程度回归系数分别在1%和5%水平下显著为负，再次证明本章结论稳健。

表 7-10　稳健性检验 1

变量	工具变量回归			替换解释变量		延长预测窗口	
	第一阶段	第二阶段					
	（1）	（2）	（3）	（4）	（5）	（6）	（7）
	$Dd_{i,t}$	$NCSKEW_{i,t+1}$	$DUVOL_{i,t+1}$	$NCSKEW_{i,t+1}$	$DUVOL_{i,t+1}$	$NCSKEW_{i,t+2}$	$DUVOL_{i,t+2}$
$IVDd_{i,t}$		−4.936 5***	−4.023 3***				
		（1.405 5）	（0.998 9）				
$IndDd_{i,t}$	0.466 7***						
	（0.050 6）						
$Dd_{i,t}$						−1.453 8***	−1.195 1***
						（0.437 0）	（0.299 1）
$Dd2_{i,t}$				−0.093 4**	−0.058 5**		
				（0.043 1）	（0.027 9）		

（续表）

变量	工具变量回归			替换解释变量		延长预测窗口	
	第一阶段	第二阶段					
	（1）	（2）	（3）	（4）	（5）	（6）	（7）
	$Dd_{i,t}$	$NCSKEW_{i,t+1}$	$DUVOL_{i,t+1}$	$NCSKEW_{i,t+1}$	$DUVOL_{i,t+1}$	$NCSKEW_{i,t+2}$	$DUVOL_{i,t+2}$
$NCSKEW_{i,t}$	−0.000 1	0.064 1***		0.059 5***		0.023 3*	
	（0.000 2）	（0.009 5）		（0.010 2）		（0.012 0）	
$DUVOL_{i,t}$			0.058 1***		0.044 5***		0.015 5
			（0.009 5）		（0.009 6）		（0.011 4）
$Sigma_{i,t}$	0.043 1***	1.133 4***	0.399 9	0.009 6	−0.488 3	0.137 8	−0.210 3
	（0.011 8）	（0.432 1）	（0.286 1）	（0.464 2）	（0.299 6）	（0.553 2）	（0.351 5）
$Size_{i,t}$	0.001 4***	0.040 6***	0.009 3	0.028 3***	0.004 8	0.008 1	−0.014 4***
	（0.000 3）	（0.008 8）	（0.005 9）	（0.008 8）	（0.005 8）	（0.011 0）	（0.007 4）
$InsHold_{i,t}$	−0.000 0	0.000 0	0.000 1	0.000 5	0.000 5**	−0.000 5	−0.000 3
	（0.000 0）	（0.000 4）	（0.000 3）	（0.000 4）	（0.000 2）	（0.000 5）	（0.000 3）
$Lev_{i,t}$	−0.003 2**	−0.111 0**	−0.059 0**	−0.142 4***	−0.045 3	−0.032 8	−0.011 0
	（0.001 5）	（0.045 1）	（0.030 1）	（0.046 0）	（0.030 2）	（0.055 1）	（0.036 3）
$ROA_{i,t}$	−0.003 0	−0.007 1	−0.012 2	−0.039 4	0.059 1	0.773 1***	0.462 0***
	（0.003 2）	（0.122 9）	（0.080 4）	（0.125 7）	（0.081 1）	（0.164 5）	（0.106 0）
$BM_{i,t}$	−0.004 3***	−0.400 2***	−0.234 2***	−0.470 3***	−0.267 8***	−0.015 7	0.019 1
	（0.001 2）	（0.041 8）	（0.027 2）	（0.041 7）	（0.026 8）	（0.050 1）	（0.033 0）
$FCF_{i,t}$	−0.006 4**	0.111 0	−0.004 8	0.016 6	−0.041 5	0.136 5	0.081 3
	（0.002 7）	（0.095 6）	（0.062 8）	（0.098 6）	（0.063 4）	（0.120 5）	（0.076 6）
$Top1_{i,t}$	−0.000 1**	−0.001 3**	−0.000 7*	−0.000 9	−0.000 4	−0.001 1*	−0.000 4
	（0.000 0）	（0.000 5）	（0.000 4）	（0.000 5）	（0.000 4）	（0.000 6）	（0.000 4）
$Dturn_{i,t}$	−0.000 0***	−0.000 0	−0.000 0	−0.000 1	−0.000 1	−0.000 2	−0.000 0
	（0.000 0）	（0.000 2）	（0.000 1）	（0.000 2）	（0.000 1）	（0.000 3）	（0.000 2）
常数项	−0.002 9	−0.581 3***	−0.049 5	−0.470 2**	0.206 5	−0.358 5	0.203 8
	（0.007 2）	（0.194 2）	（0.129 7）	（0.195 6）	（0.135 1）	（0.227 9）	（0.150 9）
Year	Yes	Yes	Yes	Yes	Yes	Yes	Yes
Ind	Yes	Yes	Yes	Yes	Yes	Yes	Yes
F 值	84.94	11.49	23.95	7.92	9.21	7.89	7.71
观测值	12 563	12 563	12 563	12 217	12 217	8 616	8 616
R^2	0.469	0.048	0.049	0.058	0.063	0.051	0.060

注：***、**、*分别表示在1%、5%、10%水平下显著。

表 7-11　稳健性检验 2

变量	剔除金融危机、股灾年份		增加控制变量		公司固定效应	
	（1）	（2）	（3）	（4）	（5）	（6）
	$NCSKEW_{i,t+1}$	$DUVOL_{i,t+1}$	$NCSKEW_{i,t+1}$	$DUVOL_{i,t+1}$	$NCSKEW_{i,t+1}$	$DUVOL_{i,t+1}$
$Dd_{i,t}$	−1.583 4***	−1.165 4***	−1.436 5***	−1.145 3***	−1.059 8**	−0.935 6***
	（0.387 1）	（0.270 7）	（0.395 1）	（0.284 4）	（0.490 3）	（0.350 4）
$NCSKEW_{i,t}$	0.062 7***		0.054 1***		−0.133 3***	
	（0.010 4）		（0.010 6）		（0.010 4）	
$DUVOL_{i,t}$		0.057 3***		0.047 4***		−0.120 6***
		（0.010 4）		（0.010 4）		（0.010 3）
$Sigma_{i,t}$	0.843 7*	0.241 5	0.108 0	−0.239 0	1.008 5**	0.453 2
	（0.463 8）	（0.303 4）	（0.491 2）	（0.325 9）	（0.510 9）	（0.338 9）
$Size_{i,t}$	0.027 1***	−0.002 6	0.037 7***	0.007 5	0.087 7***	0.025 9
	（0.009 1）	（0.006 1）	（0.009 7）	（0.006 4）	（0.027 7）	（0.019 3）
$InsHold_{i,t}$	−0.000 1	0.000 1	−0.000 1	−0.000 1	0.007 6***	0.025 9***
	（0.000 4）	（0.000 3）	（0.000 4）	（0.000 3）	（0.001 0）	（0.000 7）
$Lev_{i,t}$	−0.109 0**	−0.046 0	−0.118 4**	−0.062 4*	−0.532 8***	−0.317 8***
	（0.049 1）	（0.032 6）	（0.050 0）	（0.032 8）	（0.102 9）	（0.066 9）
$ROA_{i,t}$	−0.037 5	−0.014 9	0.265 7*	0.189 3**	−0.188 2	−0.102 7
	（0.129 7）	（0.084 0）	（0.138 0）	（0.088 4）	（0.160 6）	（0.107 3）
$BM_{i,t}$	−0.391 9***	−0.209 6***	−0.376 7***	−0.212 9***	−0.610 1***	−0.395 9***
	（0.004 9）	（0.029 0）	（0.045 3）	（0.028 9）	（0.061 6）	（0.040 2）
$FCF_{i,t}$	0.214 1**	0.064 5	0.158 0	0.006 9	0.023 4	−0.027 2
	（0.105 6）	（0.068 4）	（0.105 6）	（0.069 0）	（0.121 2）	（0.082 2）
$Top1_{i,t}$	−0.000 8	−0.000 2	−0.000 9	−0.000 1	−0.000 9	−0.000 4
	（0.000 6）	（0.000 4）	（0.000 8）	（0.000 5）	（0.001 6）	（0.001 1）
$Dturn_{i,t}$	−0.000 0	−0.000 1	0.000 1	0.000 1	−0.000 0	−0.000 1
	（0.000 3）	（0.000 2）	（0.000 3）	（0.000 2）	（0.000 3）	（0.000 2）
$Mage_{i,t}$			−0.001 1	−0.000 7		
			（0.001 0）	（0.000 7）		
$Indboard_{i,t}$			−0.001 0	−0.000 2		
			（0.001 5）	（0.001 0）		
$BoardSize_{i,t}$			−0.006 9	−0.004 7		
			（0.005 1）	（0.003 4）		
$Big4_{i,t}$			0.030 0	0.026 1		
			（0.030 4）	（0.019 4）		
$Balance_{i,t}$			0.008 0	0.013 6		
			（0.017 3）	（0.011 1）		

（续表）

变量	剔除金融危机、股灾年份		增加控制变量		公司固定效应	
	（1）	（2）	（3）	（4）	（5）	（6）
	$NCSKEW_{i,t+1}$	$DUVOL_{i,t+1}$	$NCSKEW_{i,t+1}$	$DUVOL_{i,t+1}$	$NCSKEW_{i,t+1}$	$DUVOL_{i,t+1}$
$Absacc_{i,t}$			0.312 8***	0.175 3 **		
			（0.116 3）	（0.077 4）		
$Cscore_{i,t}$			0.001 5	0.000 5		
			（0.002 3）	（0.001 5）		
常数项	−0.437 1**	0.148 4	−0.526 2**	−0.003 8	−1.835 8***	−0.454 6
	（0.207 0）	（0.137 4）	（0.246 4）	（0.160 0）	（0.691 2）	（0.404 6）
Year	Yes	Yes	Yes	Yes	Yes	Yes
Ind	Yes	Yes	Yes	Yes	No	No
公司固定效应	No	No	No	No	Yes	Yes
观测值	10 225	10 225	10 445	10 445	12 563	12 563
R^2	0.056	0.068	0.057	0.065	0.083	0.084

注：***、**、* 分别表示在 1%、5%、10% 水平下显著。

本章小结

数字经济的兴起推动了企业数字化转型进程，在助力新发展格局构建的同时也对资本市场产生了重要影响，其能否有效降低或防范化解金融风险？本章以 2012—2021 年沪深 A 股实施数字化转型的上市公司为研究样本，探究了企业数字化发展与其股价崩盘风险的关系及其影响机理。研究发现，企业数字化发展降低了股价崩盘风险，并且在经过工具变量、替换数字化发展指标、延长预测窗口等系列内生性和稳健性检验后，该结论依然成立；基于微观层面的传导路径检验，发现企业数字化发展通过提升企业价值、降低信息不对称、降低非效率投资程度（主要是抑制过度投资）等途径降低股价崩盘风险，说明数字化发展在优化资源配置、降低企业与市场间信息不对称、提升企业投资效率等方面具有优势；基于中观层面的异质性分析，发现企业数字化发展降低股价崩盘风险的效果与企业在其所属行业中的地位有关，地位越高，效果越明显，说明企业行业地位越高，越要提升企业数字化发展程度，成为行业数字化发展和防范金融风险标杆；基于宏观层面冲击的调节效应检验，发现企业数字化发展能够有效治理外部经济政策不确定性对其股价崩盘风险的负面影响，说明企业数字化发展不但能够降低企业股价崩盘风险，而且能够改变外在环境对企业股价崩盘风险的负面影响。

本章丰富和发展了企业数字化发展和股价崩盘风险方面的研究，对上市公司构建、完善数字化体系，以及监管部门、投资者认识并防范金融风险具有较强的现实意义。第一，上市公司应大力推进数字化转型，落实企业主体责任，在数字经济时代抢占发展先机。数字化发展极大提升了上市公司数据挖掘、数据处理能力，有助于其股票价格发现、拓展企业融资渠道。同时，行业地位高的企业更需加大数字化发展力度，为行业数字化发展树立标杆。第二，政府应加大对企业数字化转型、深化数字化发展的政策支持，鼓励数字化技术应用、数字化技术与商业模式的创新式融合，创造发展新动能，打造数字经济健康发展的良好生态。同时，政府出台经济政策时应注重政策的稳定性与连贯性，稳定市场信心。第三，监管机构也应深度运用数字化技术，加强对公司披露信息的核查和监管，帮助打通企业数字化发展降低股价崩盘风险的传导路径，减少股价崩盘事件，维护金融市场稳定；同时防止上市公司刻意夸大、隐藏、编造、延期公布与公司有关的信息，保证信息披露的有效性和真实性，降低信息不对称程度。第四，投资者既要关注上市公司财务数据，也要关注其数字化发展程度，特别是数字化发展影响股价的关键路径，这样才能做出科学合理的投资决策。

第八章

碳风险与股票错误定价

本章主要从新经济角度，以低碳转型过程中的碳风险为代表研究股票错误定价问题。随着"碳达峰、碳中和"战略目标纳入生态文明建设整体布局，节能降碳不仅成为推动企业发展的内在动力，也成为公众应始终秉持的绿色发展理念。2022 年 8 月，国务院国有资产监督管理委员会发布的《中央企业节约能源与生态环境保护监督管理办法》明确提出建立健全中央企业节约能源与生态环境保护考核奖惩机制的要求，强调企业作为责任主体的重要性。截至 2022 年，我国 A 股上市公司中，制造业企业的占比达 65.5%，这些企业既是实体经济的主体（夏杰长，2022），也是主要的高碳排放产业。

高碳企业在低碳转型的过程中，面临诸如监管活动、气候变化的影响，以及在使用化石能源过程中所遇到的不确定性等多种因素的影响，导致企业存在碳风险问题（Hoffmann 等，2018）。李井林等（2023）将碳风险划分为三类：监管风险、物理风险与商业风险。监管风险是指企业为了遵循碳相关政策法规，需要承担的额外合规成本、治理成本等风险，这些风险会对企业的财务绩效产生影响。物理风险是指不确定的气候变化会给企业经营战略及现金流带来短期或长期风险，如台风、沙尘暴、气候变暖和海平面上升等。商业风险主要包括企业的声誉、技术及法律等方面的风险，这些风险会严重损害企业的品牌形象、市场竞争地位及未来的现金流等。由此可见，碳风险的存在会影响企业的资产定价。

目前，有关碳风险与资产定价关系的研究表明，与现金流相关的风险及与贴现率变化相关的风险是碳风险的主要来源（鹿坪等，2014）。与现金流相关的风险：一方面，由于限制碳排放的监管措施存在，高碳企业在转型过程中可能会因碳排放违规而受到惩罚，从而对企业现金流产生不利影响（Ilhan 等，2021）；另一方面，在达成碳中和目标的进程中，企业为实现化石能源向可再生能源的转变，会产生难以预测的资本支出（Bolton 等，2021）。与贴现率变化相关风险：随着碳减排观念的普及，投资者对碳风险的感知及投资偏好的变化会对资产回报产生影响。机构投资者将环境、社会和治理（ESG）纳入投资组合模型，该模型中 ESG 评分较高的企业能提供更多有关企业基本面的信息，这意味着由于该企业碳风险敞口较小，因此它更受投资者的青睐（Pedersen 等，2021），而对于那些碳风险敞口较大的资产，投资者则要求得到更多的碳风险溢价（Hong 等，2009）。由此可见，碳风险的存在可能使企业资产价格偏离资产基本价值，导致企业资产错误定价。

股票价格是发行企业资产基本价值的体现，碳风险的存在理应会导致股票错误定价。然而，目前研究将股票错误定价的成因主要归结为两个方面：一方面是信息不对称，另一方面是投资者的行为往往是非理性的（王生年等，2022）。经典金融学认为，投资者通过企业披露的信息对企业产生认知，如果企业披露的信息越多，那么机构投资者与个人投资者之间的信息差便越少，从而减少了股票错误定价（Wurgler 等，2006）。企业内部信息与外部信息均能有效减少股票错误定价。此外，高质量的会计信息与完善的内部控制制度能提高企业的资本配置效率（胥朝阳等，2014；王生年等，2018）。理性投资的代表者——外部分析师能够对企业内在价值信息进行整理、分析并将其发布（李春涛等，2014），从而有效降低了企业信息不对称的可能性。投资者可通过信息收集对企业进行监督，促进企业提高信息透明度（王生年等，2017）。行为金融学认为，投资者受到自身知识储备、风险偏好及周围环境等因素的影响，在搜集信息及处理信息时的方式与手段各不相同（权小锋等，2012），对股价的认知也存在不同的偏好，由此导致投资决策千差万别（张静等，2018），因此无法实现证券市场中投资行为的完全理性，故各种有限理性的交易行为会使得套利活动无法顺利进行，导致股价偏离（唐勇等，2022）。另外，投资者自身认知具有局限性，如羊群效应、过度交易、锚定行为及损失规避等行为投资者非理性的特征也会导致股票定价偏误（唐勇等，2022）。我国股票市场中机构投资者比例较低，当面对利好消息时，个人投资者表现出过度自信，进而产生大量非理性投资，造成股票价格偏离其基本价值（Pyo，2018；鹿坪等，2014），可能出现"股票价格泡沫"，导致资本市场定价效率低下、资源配置功能失效（王贞洁等，2022），甚至引发股市泡沫，对实体经济产生负面影响（闫先东等，2016）。企业碳风险问题既存在信息不对称，也会引发投资者行为的非理性，客观上与股票错误定价存在必然联系。那么，高碳排放企业在低碳转型过程中面临的碳风险与股票错误定价之间的关系如何？高碳排放企业碳风险与其股票错误定价的关系又受哪些因素影响呢？

　　本章以2006—2021年我国A股上市公司数据为研究样本，构建上市公司碳风险、股票错误定价、投资者情绪、绿色技术创新和企业环境责任披露等变量，实证检验上市公司碳风险与其股票错误定价的关系，及投资者情绪、绿色技术创新和企业环境责任披露在上述关系中的作用。另外，本章从企业内部特征（内控制度与短视主义）角度分析上市公司碳风险对股票错误定价的异质性影响。

　　本章的主要贡献：一是拓展了股票错误定价的研究视野。目前有关股票错误定价的研究主要集中于股权质押、机构投资者、信贷错配、控股股东杠杆增持等方面，鲜有以企业碳风险为切入点，研究碳风险对股票错误定价的影响及其途径。二是揭示企业碳风险影响股票错误定价的内在逻辑。投资者情绪、绿色技术创新、企业环境责任履行和企业内部特征等在碳风险影响股票错误定价过程中扮演不同角色，本章借助中介效应、调节效应和异质性分析探讨其对股票错误定价的内在机理。三是为高碳企业低碳转型和确保金融市场稳定提供决策参考。本章结合碳风险影响股票错误定价的内在机理，以及股票错误定价方向的长短期影响，形成相关研究结论。同时指出监管部门要制定合理的环境监督管理办法，调动上市企业绿色技术创新积极性，并加强对环境责任信息披露的监督，完善内部控制制度，增强投资者信心，提高股票定价效率。

第一节　理论分析与研究假设

一、碳风险与股票错误定价

部分学者认为，碳风险与企业绩效呈负向相关。首先，为限制碳排放的各类政策法规（如碳税、碳排放权交易等）增加了企业的碳减排成本（Lewandowski，2017），导致企业财务负担加重，对企业造成巨大影响（Lee 等，2015；Griffin 等，2017）。其次，信贷机构会将碳风险纳入企业征信，碳排放较高或环境责任履行较差的企业，其碳风险会导致企业现金流出现困难，加大了债务违约风险，这类企业信用评级较低（Seltzer 等，2022），增加了企业债务成本（Maaloul，2018）。最后，当投资者的环境保护意识变强、对企业碳风险的认识程度变高时，投资者会对低碳产品表现出更多偏好，而对高碳产品表现出"厌恶"（Pastor 等，2021）。投资者的偏好会影响产品市场，抑制高碳产品生产，继而影响高碳企业的收入，从而导致高碳企业财务表现欠佳。

还有部分学者认为，企业能通过应对环境问题提高企业绩效表现。各项环境政策的出台以及社会公众和媒体舆论的监督能有效引导企业绿色低碳转型，强化企业环境治理能力，提升企业社会环境责任表现，从而帮助企业树立绿色环保形象，提高企业声誉与竞争优势及市场占有率，获得投资者认可，最终提升企业财务绩效表现（Wang 等，2022；赵玉珍等，2021）。Busch & Lewandowski（2018）研究表明，碳绩效对企业层面的资产回报率与市场层面的 $TobinQ$ 值影响显著，企业通过实施各类碳减排措施能促使企业披露更多的碳信息，不仅能降低企业外部监管压力，还能塑造良好的社会形象。

以上两种观点表明，碳风险是否提高或者削弱企业绩效没有定性结论。因此，可将碳风险视作导致企业财务表现与发展前景不确定性增强的依据。同时，还有研究表明，企业碳风险增加了股票价格的同步性，资本市场对碳风险存在定价效率较低的问题（Gao 等，2023）。因此，碳风险会加大股票价格被错估的可能性，导致股票价格偏离其基本价值，出现错误定价现象，故本书提出研究假设 H1。

H1：企业碳风险与股票错误定价正相关，企业碳风险越大，其股票错误定价程度越高。

二、投资者情绪的中介效应

投资者在交易决策时倾向于通过企业信息对企业价值进行全面考察，尤其是"碳达峰、碳中和"战略目标纳入生态文明建设整体布局后，投资者对企业碳风险的关注日渐提升。相关研究表明，碳风险会加大企业经营环境不确定性，进而改变企业市场竞争能力、未来现金流和企业绩效等状况（Gao 等，2023），加剧未来企业价值的不确定性。这种不确定性会影响投资者对企业未来经营状况的判断，导致投资者产生意见分歧，最终影响股票价格。同时，投资者能感知企业碳风险，并要求以更高的预期回报给予补偿，即碳风险溢价（Bolton 等，2021）。Reboredo 等（2021）指出，投资者能意识到投资组合中隐含的碳转型风险，从而对资金流动做出负面反馈。相比于成熟资本市场，以散户为主的我国股票市场中投资者非理性成分较大（丁肖丽，2018），且绝大部分投资者表现为风险厌恶。当面对企业碳风险时，投资者对高碳企业产生负面情绪，减少其投资决策中的碳足迹，从而转向绿色友好型股票。

综上，碳风险会引发投资者悲观情绪，作为投资者有限理性行为的一种表现形式，投资者悲观情绪会导致股票价格被低估。Chen 等（2020）指出，投资者对 ESG 评分较低的企业表现出悲观情绪，对 ESG 信息反应过度，坏消息对股票价格的影响会被夸大。同时，我国股票市场中投资者存在从众心理，大量投资者通过抛售股票拉低股价，股价下跌与投资者预期相契合，进一步导致投资者负面情绪不断蔓延，促使股票价格进一步走低，更多投资者抛售股票，加剧了股票错误定价的恶性循环（王贞洁等，2021），甚至出现股票价格崩盘风险（刘志峰等，2023），故本书提出研究假设 H2。

H2：投资者情绪在企业碳风险导致股票错误定价过程中具有中介效应。碳风险会导致投资者产生悲观情绪（企业碳风险越高，投资者情绪越低落），引发股票错误定价。

三、绿色技术创新的调节效应

"波特假说"认为，合理的环境规制可以促进企业绿色技术创新（Porter，1996），上市公司通过开展绿色项目不仅可以降低企业碳排放水平，减少合法性压力，而且还能在财务上获益（Song 等，2017），弥补环境规制带来的损失。研究表明，企业积极采取绿色创新策略能缓解信贷约束，提高企业生产力，提升资源利用效率。方先明等（2020）研究指出，上市公司能获得绿色创新溢酬，即绿色创新申请量与授权量越多的企业，其股票超额收益率越高。绿色创新成果优越的企业能树立环境友好型企业形象，给投资者留下良好印象，从长远角度看，绿色技术创新是企业可持续竞争优势的关键（张秀娥等，2021），吸引机构投资者与股票分析师的关注（Zaman 等，2021）。由于普通投资者专业知识有限，无法识别绿色技术创新这类非财务信息，导致创新型企业被市场严重低估（Lee 等，2019）。机构投资者与股票分析师作为理性人的代表，能对企业技术创新方面的信息进行解读并给出准确的预测信息，对绿色创新产出活跃的企业具有更多偏好（周方召等，2021），通过提高股票流动性对普通投资者决策进行纠偏（王贞洁等，2021），促使股票价格回归其基本价值，缓解股票错误定价。同时，机构投资者凭借其雄厚的资金实力不仅能倒逼企业治理水平提升（毕鹏等，2022），还能有助于企业信息的传播，降低企业隐瞒"坏消息"的可能性，提高会计信息披露质量，提高信息透明度，减少信息不对称，从而降低股票错误定价水平。

综上所述，绿色技术创新越积极的企业越能吸引机构投资者与股票分析师的关注，并且通过强化信息传递、纠正股票价格与提升企业治理水平，减少信息不对称，在碳风险导致股票错误定价过程中起到调节作用，故本书提出研究假设 H3。

H3：企业绿色技术创新缓解了碳风险对股票错误定价的影响。

四、企业环境责任信息披露的调节效应

信息不对称是造成股票错误定价的原因之一。在不完全信息条件下，投资者与企业之间存在信息隔阂，外部投资者仅能通过企业公开信息分析企业经营状况、采取投资决策，往往会发生道德风险与逆向选择问题，造成资本市场定价效率低下（徐寿福等，2015）。上市公司提高信息透明度最直接的方式就是提高信息披露质量。研究表明，企业社会责任信息披露与股票错误定价之间存在密切联系（许罡，2020）。环境责任信息披露作为企业社会责任信息披露中的重要一环，重点聚焦于企业环境表现，具有重要的价值相关性（Clarkson 等，2013）。黄纪晨（2023）认为，环境信息披露能通过提高企业信息透明度与减少投资者非理性行为来缓解资产错误定价。环境表现越优异的企业越倾向于向外界披露环境责任履行状况，以赢得相关利益者信任（沈洪涛等，2014），使企业获得良好的投资机会。基于信号传递理论，环境责任信息披露一方面能反映企业绿色潜力方面的增量信息，防止投资者误判企业环境表现造成股票错误定价；另一方面能反映企业政策风险方面的增量信息，减少投资者忽略环境违规风险造成股票错误定价。当企业因转型成本造成当期财务绩效不佳时，企业可将环境责任信息主动披露，提醒投资者关注企业低碳转型的潜在收益，避免其对企业价值做出片面判断（韦琳等，2022），从而促使股票价格回归基本价值，提高股票定价效率。当企业为符合环境政策要求所付出的成本大于企业收益时，企业会在环境保护与企业绩效之间进行权衡（任胜钢等，2016）。因此，环境责任信息披露不仅可避免企业有意隐瞒环境处罚等负面信息，还可以避免投资者对企业违约风险的忽略及对企业价值的高估，从而减少了股票错误定价。

综上所述，对于碳风险较高的企业，环境责任信息的披露不仅有助于减少信息不对称，提高企业信息透明度，而且有助于缓解投资者短视对股票定价造成的不利影响，提高投资者认知，减少投资者非理性行为的发生，从而减少股票错误定价程度，故本书提出研究假设 H4。

H4：企业环境责任披露缓解了碳风险对股票错误定价的影响。

第二节 研究设计

一、样本选择与数据来源

本节选取我国 2006—2021 年全部 A 股上市公司的数据作为研究样本，并进行如下操作：（1）剔除金融行业上市公司；（2）剔除 ST、*ST、PT 的公司数据；（3）剔除存在缺失值的公司数据。最终得到 29 529 条样本数据。为消除极端值对研究结果的影响，本书对所有连续变量进行前后 1% 分位的缩尾处理。碳风险数据通过上市公司年报、上市公司社会责任报告等手工整理所得，其他财务数据均来源于数据库 CSMAR。所有统计结果与数据处理软件均借助 Stata 17 平台完成。

二、变量定义

1. 被解释变量：股票错误定价

参考 Rhodes 等（2005）和李井林（2017）的研究数据，我们采用账面市值比分解得到股票错误定价的程度（*Mispricing*），具体步骤如下。

首先，将账面市值比 *M/B* 分解为以下两个部分：

$$\frac{M}{B} = \frac{M}{V} \times \frac{V}{B} \qquad (8\text{-}1)$$

其中，*M* 表示企业市场价值，*V* 表示企业真实价值，*B* 表示账面价值。将式（8-1）两边分别取自然对数，并令 $m = \ln M$，$v = \ln V$，$b = \ln B$，即得到 $m - b = (m - v)(v - b)$。其中，$m - v$ 表示企业股票错误定价的程度，$v - b$ 表示企业成长性。将估值偏差分为企业层面和行业层面的估值偏差，进一步将 *i* 企业第 *t* 期的 $m - b$ 分解为以下三个部分。

$$m_{it} - b_{it} = \left[m_{it} - v(\theta_{it}; \alpha_{jt})\right] + \left[v(\theta_{it}; \alpha_{jt}) - v(\theta_{it}; \alpha_j)\right] + \left[v(\theta_{it}; \alpha_j) - b_{it}\right] \qquad (8\text{-}2)$$

其中，*j* 表示行业，$v(\theta_{it}; \alpha_{jt})$ 表示 *i* 企业第 *t* 期由企业特定因素决定的企业真实价值，$v(\theta_{it}; \alpha_j)$ 是剔除了企业层面的特征，反映企业在行业内的长期价值。因此，$m_{it} - v(\theta_{it}; \alpha_{jt})$ 表示企业层面的错误定价程度，$v(\theta_{it}; \alpha_{jt}) - v(\theta_{it}; \alpha_j)$ 反映行业层面的错误定价程度，$v(\theta_{it}; \alpha_j) - b_{it}$ 反映企业的成长机会。

i 企业所在年度（*t*）和行业（*j*）的第 *t* 期真实价值 $v(\theta_{it}; \alpha_{jt})$ 由式（8-3）获得。

$$\ln(M)_{it} = \alpha_{0jt} + \alpha_{1jt}\ln(B)_{it} + \alpha_{2jt}\ln(NI)_{it}^+ + \alpha_{3jt}I_{(<0)}\ln(NI)_{it}^+ + \alpha_{4jt}LEV_{it} + \varepsilon_{jt} \qquad (8\text{-}3)$$

其中，$(NI)_{it}^+$ 表示净利润的绝对值，$I_{(<0)}\ln(NI)_{it}^+$ 表示净利润为负值时的示性函数（当

$NI < 0$ 时，$I = 1$；当 $NI \geqslant 0$，$I = 0$），LEV_{it} 表示杠杆比率。$\ln(M)_{it}$ 的估计值即为 i 企业第 t 期的真实价值 $v(\theta_{it}; \alpha_{jt})$。

$$v(B_{it}, NI_{it}; \alpha_{0jt}, \alpha_{1jt}, \alpha_{2jt}, \alpha_{3jt}, \alpha_{4jt}) = \alpha_{0jt} + \alpha_{1jt} \ln(B)_{it} + \alpha_{2jt} \ln(NI)_{it}^{+} \\ + \alpha_{3jt} I_{(<0)} \ln(NI)_{it}^{+} + \alpha_{4jt} LEV_{it} \tag{8-4}$$

为获得长期价值 $v(\theta_{it}; \alpha_j)$，首先将各企业每年的回归系数 α_{ijt} 取平均值，得到平均回归系数 $\sum \alpha_{jt} / T = \alpha_j$，然后将其代入式（8-4）得到 $v(\theta_{it}; \alpha_j)$。

$$v(B_{it}, NI_{it}; \overline{\alpha_{0j}}, \overline{\alpha_{1j}}, \overline{\alpha_{2j}}, \overline{\alpha_{3j}}, \overline{\alpha_{4j}}) = \overline{\alpha_{0j}} + \overline{\alpha_{1j}} \ln(B)_{it} + \overline{\alpha_{2j}} \ln(NI)_{it}^{+} \\ + \overline{\alpha_{3j}} I_{(<0)} \ln(NI)_{it}^{+} + \overline{\alpha_{4j}} LEV_{it} \tag{8-5}$$

至此，获得企业股票错误定价 $\ln(M)_{it} - v(\theta_{it}; \alpha_j)$。当 $\ln(M)_{it} - v(\theta_{it}; \alpha_j) < 0$ 时表示股票价值被低估；当 $\ln(M)_{it} - v(\theta_{it}; \alpha_j) > 0$ 时表示股票价值被高估。这里采用 $\left| \ln(M)_{it} - v(\theta_{it}; \alpha_j) \right|$ 表示股票错误定价的程度（Mispricing），该值越大，表示股票价格偏离其真实价值的程度越大，股票错误定价水平越高。

2. 解释变量：碳风险

目前，碳风险（Carbon_Risk）主要采取以下三种方法进行测度：一是基于绝对碳排放量或者碳排放变化率，绝对碳排放量反映企业长期碳风险敞口，碳排放变化率则反映企业在短期内的风险变化；二是基于碳排放强度衡量碳风险，一般采用单位销售额、营业收入或资产等的企业碳排放数据；三是碳效率，即企业目标碳排放量与实际碳排放量之比。

基于数据的可得性与有效性，本章选取第二种方法对碳风险进行测度。参考王浩（2022）的研究数据，我们将上市公司总碳排放分为四部分，分别为燃烧和逃逸排放、生产过程排放、废弃物排放、土地利用方式转变导致的碳排放。借鉴 Duan（2020）和 Shive 等（2020）的研究数据，我们将碳强度（企业单位资产的碳排放量）作为碳风险的衡量指标，碳强度越高，企业承受的碳风险越大。该方法可有效规避绝对碳排放量对大企业产生的不利影响，有利于形成更有效的决策。

3. 中介变量：投资者情绪

参照 Zhang 等（2022）和 Odean 等（1998）的研究数据，我们以股票流通股数的年度平均日换手率衡量个股层面的投资者情绪（Sentiment）指数，具体计算公式如下。

$$Sentiment_{i,t} = Aver\ turnover_{i,t} = \frac{Year\ Turnover_{i,t}}{n_{i,t}} \tag{8-6}$$

其中，$Sentiment_{i,t}$ 为 i 企业第 t 期投资者情绪的代理指标，该指标值越大，表明投资者情绪高涨，反之越低迷，$Aver\ Turnover_{i,t}$ 表示 i 企业第 t 期流通股数的平均日换手率，$Year\ Turnover_{i,t}$ 表示 i 企业第 t 期流通股数的总换手率，$n_{i,t}$ 表示 i 企业第 t 期的交易天数。

4. 调节变量

（1）绿色技术创新

参照陈爱珍（2023）的研究数据，我们选取绿色专利数量作为企业绿色技术创新（*Green Innovation*）的代理变量。绿色专利数量为企业绿色实用新型专利与绿色发明专利之和取自然对数而得，具体表示为 *Green_innovation = Ln*（绿色实用新型专利数 + 绿色发明专利数 +1）。该值越大，表示该企业绿色技术越成熟，绿色创新越活跃。

（2）社会环境责任信息披露

参照许罡（2020）的研究数据，我们在上市公司社会责任报告（CSR）中选取环境与可持续性这一细分项，若该报告披露了环境与可持续性信息，则环境责任信息披露（Csr）为 1，若未披露则为 0。

5. 控制变量

参照相关数据，我们选取如下控制变量：公司规模（*Size*）、资产负债率（*lev*）、现金流量比（*CashFlow*）、总资产周转率（*ATO*）、资产收益率（*ROA*）、成长性（*Growth*）、股权集中度（*Top*3）、股权性质（*SOE*）、独立董事比例（*Indep*）、董事会规模（*Board*）、是否由四大会计师事务所审计（*Big*4）、审计意见（*Opinion*）。此外，为了消除不同个体、不同年份及不同行业对回归结果的影响，本节在模型中控制了年份固定效应及行业固定效应。变量定义如表 8-1 所示。

表 8-1　变量定义

	变量名	变量描述	具体定义
被解释变量	*Mispricing*	股票错误定价程度	见上文
解释变量	*Carbon Risk*	碳风险	企业单位资产（万元）的碳排放量
中介变量	*Sentiment*	投资者情绪	年度平均日换手率
调节变量	*Green Innovation*	绿色专利数量	绿色发明专利与绿色实用新型专利之和的自然对数
	Csr	环境责任信息披露	披露为 1，未披露为 0
控制变量	*Size*	公司规模	企业资产总额的自然对数
	Lev	资产负债率	总负债 / 总资产
	ROA	资产收益率	净利润 / 平均资产
	ATO	总资产周转率	营业收入 / 总资产
	Cashflow	现金流比率	经营活动产生的现金流净额 / 总资产
	Growth	营业收入增长率	营业收入年度增长率
	Board	董事会规模	董事会人数的自然对数
	Indep	独立董事比例	独立董事占董事会人数的比例
	*Top*3	股权集中度	前三大股东持股比例

	变量名	变量描述	具体定义
控制变量	SOE	股权性质	国企为 1，非国企为 0
	Big4	是否由四大会计师事务所审计	是为 1，不是为 0
	Opinion	审计意见是否为标准无保留意见	是为 1，不是为 0
行业虚拟变量	i.industry	参见《中国上市公司分类指引》	
年度虚拟变量	i.year	2010—2022 年每年分别设置虚拟变量	

三、模型构建

为了验证上市公司碳风险对股票错误定价的影响，构建的回归模型如下。

$$Misp_{i,t} = \beta_0 + \beta_1 Carbon\_risk_{i,t} + \beta_2 Controls_{i,t} + \sum Industry + \sum Year + \varepsilon_{i,t} \qquad (8\text{-}7)$$

其中，$Misp$ 与 $Carbon\_risk$ 分别表示第 t 年 i 企业股票错误定价程度和碳风险，表示 $Controls$ 控制变量，$\sum Industry$ 和 $\sum Year$ 分别表示行业与年份固定效应，ε 表示随机误差项。若 β_1 显著为正，则说明企业碳风险会提高其股票错误定价水平，H1 成立。

第三节　实证结果与分析

一、变量描述性统计结果与分析

变量描述性统计结果如表 8-2 所示。表 8-2 显示：（1）股票错误定价的均值为 0.441，略高于万国超（2023）研究中错误定价的均值 0.317，表明我国上市公司股票错误定价现象普遍存在，股票市价与基本价值存在偏离，市场定价效率较低。（2）碳风险均值为 1.992，中位数为 1.728，标准差为 1.273，最小值为 0.261，最大值为 7.588，说明不同上市公司之间碳风险差异较大。此外，控制变量分布特征均在合理范围内，与相关文献研究结果基本一致，表明数据选取较为合理。

表 8-2　变量描述性统计结果

变量名	样本量	均值	中位数	标准差	最小值	最大值
股票错误定价程度	29 529	0.441	0.329	0.409	0.000	3.890
碳风险	29 529	1.992	1.728	1.273	0.261	7.588
公司规模	29 529	12.940	12.720	1.328	10.620	17.060
资产负债率	29 529	0.429	0.425	0.206	0.053	0.886
总资产周转率	29 529	0.612	0.537	0.377	0.082	2.208
资产收益率	29 529	0.042	0.039	0.056	−0.192	0.199
营业收入增长率	29 529	0.341	0.116	0.969	−0.640	6.943
股权集中度	29 529	0.501	0.499	0.154	0.174	0.873
股权性质	29 529	0.407	0.000	0.491	0.000	1.000
是否由四大会计师事务所审计	29 529	0.065	0.000	0.247	0.000	1.000
审计意见	29 529	0.977	1.000	0.151	0.000	1.000
现金流比率	29 529	0.050	0.049	0.070	−0.154	0.247
董事会规模	29 529	2.255	2.303	0.178	1.792	2.773
独立董事比率	29 529	0.373	0.333	0.053	0.300	0.571

二、基准回归结果与分析

基准回归结果如表 8-3 所示。其中，第（1）列为未放入控制变量以及不固定行业及年份效应的结果，第（2）列放入控制变量但未控制行业与年份效应的结果，第（3）列放入控制变量同时控制行业与年份效应之后的结果。所有模型均采用企业层面聚类稳健标准误（Cluster）。

表 8-3　基准回归结果

变量名	（1）股票错误定价程度	（2）股票错误定价程度	（3）股票错误定价程度
碳风险	0.014*** （0.004）	0.069*** （0.012）	0.065*** （0.010）
公司规模		0.003 （0.004）	0.056*** （0.005）
资产负债率		0.275*** （0.029）	0.080*** （0.028）
总资产周转率		−0.211*** （0.041）	−0.217*** （0.039）

（续表）

变量名	（1）股票错误定价程度	（2）股票错误定价程度	（3）股票错误定价程度
资产收益率		0.570*** （0.075）	0.384*** （0.070）
营业收入增长率		0.017*** （0.004）	0.016*** （0.004）
股权集中度		−0.074*** （0.028）	−0.085*** （0.029）
股权性质		0.040*** （0.012）	−0.031** （0.013）
是否由四大会计师事务所审计		−0.059*** （0.019）	−0.113*** （0.019）
审计意见		−0.106*** （0.031）	−0.109*** （0.028）
现金流比率		−0.062 （0.051）	−0.107** （0.044）
公司规模		0.075** （0.031）	−0.021 （0.031）
独立董事比率		−0.267*** （0.088）	−0.224*** （0.085）
常数项	0.413*** （0.010）	0.313*** （0.101）	0.694*** （0.186）
行业效应	不控制	不控制	控制
年份效应	不控制	不控制	控制
观测量	29 529	29 529	29 529
R^2	0.002	0.039	0.268
$adj.R^2$	0.002	0.038	0.266

注：***，**，*分别表示在1%、5%与10%水平下显著，括号内为t统计量。本章下同。

对比表8-3第（1）列~第（3）列的结果，无论是否加入控制变量或是否控制行业年份效应，回归系数均在1%水平下显著为正，这表明企业碳风险股票错误定价的影响较为稳定。在加入控制变量后，虽然第（3）列中碳风险的回归系数较第（2）列有所下降，但经调整后的拟合优度从0.038上升到0.266。这表明不同行业、不同年份之间存在一定差异，控制行业与年份后碳风险对股票错误定价的拟合程度更好，解释更具有说服力。纵观表8-3，碳风险的回归系数分别为0.014、0.069和0.065，均显著为正，表明我国上市公司碳风险越高，其股票价格偏离内在真实价值越多，错误定价程度越高，股票定价效率越差。

综上，企业自身碳风险水平越高，其股票错误定价程度越高，验证了假设1。

三、稳健性检验

为了保证上述研究结果的可信性，我们从以下三个方面对基准回归模型进行稳健性检验。

1. 关键变量替代性测试

（1）替换解释变量——碳风险

当企业为限制碳排放所付出的成本与获得的收益相平衡时，收益越高的企业所付出的转型代价更高。因此，将单位营业收入的碳排放量作为碳风险的代理指标，该指标值越大，视作该企业面临的碳风险越大。我们将该值代入基准回归模型中，结果如表8-4所示的第（2）列，碳风险的回归系数在5%水平下显著为正，与前文结果无实质性差别。

表8-4 稳健性检验

变量名	（1）股票错误定价程度	（2）股票错误定价程度	（3）股票错误定价程度	（4）股票错误定价程度	（5）股票错误定价程度
碳风险		0.056***（0.012）	0.015**（0.008）	0.046***（0.011）	0.019*（0.010）
碳风险1	0.013**（0.006）				
常数项	0.662***（0.189）	3.249***（0.275）	1.775***（0.248）	0.693***（0.186）	0.697***（0.186）
控制变量	控制	控制	控制	控制	控制
个体效应	不控制	不控制	控制	不控制	不控制
行业效应	控制	控制	控制	控制	控制
年份效应	控制	控制	控制	控制	控制
观测量	29 529	29 529	29 529	29 529	29 529
R^2	0.265	0.491	0.688	0.267	0.266
$adj.R^2$	0.263	0.490	0.647	0.264	0.263

（2）替换被解释变量——股票错误定价

参考Berger（1995）和Doukas（2010）的研究思路，我们以行业内所有企业为依据，在推算企业基础价值的前提下，将企业股票实际价值与基础价值进行比较，以衡量其行业层面的股票错误定价水平，具体计算公式如下。

$$Misp_{i,t} = Ln[Capital_{i,t} / Imputed(Capital_{i,t})] = Ln[Capital_{i,t} / (Asset_i \times Ratio_i)] \quad （8-8）$$

其中，$Misp$ 表示企业相对行业层面的错误定价水平，$Capital$ 表示上市公司市值与负债之和，$Asset$ 表示企业资产总和，$Ratio$ 表示企业所属行业中各企业 $Capital / Asset$ 值的中位数。我们将新构造的错误定价水平代入回归模型中，得到回归结果，如表 8-4 所示的第（3）列，碳风险的回归系数在 1% 水平下显著为正，与前文结果基本保持一致。

2. 加入个体固定效应

为减小企业层面差异及其他遗漏变量对结果产生的影响，我们在模型（8-7）的基础上加入个体固定效应，回归结果如表 8-4 所示的第（3）列，在 5% 的置信水平下，碳风险与股票错误定价呈正相关，说明企业碳风险会影响股票错误定价水平的结论是稳健的。

3. 不同程度缩尾处理

为进一步消除极端值对结果带来的不利影响，我们对碳风险进行更大程度上的缩尾，分别进行 2.5%、5% 水平上的缩尾处理，并进行回归，回归结果如表 8-4 所示的第（5）列~第（6）列，碳风险的回归系数均在 10% 水平下显著为正，此结果支持了上文的研究结果。

第四节　进一步分析

一、中介效应

为进一步验证上市公司碳风险是否通过影响投资者情绪对股票错误定价水平产生影响，本章将投资者情绪作为中介变量，借鉴温忠麟等（2014）的研究构建模型（8-9）、模型（8-10），并结合基准回归模型（8-7）对中介效应进行检验。

$$Sentiment_{i,t} = \alpha_0 + \alpha_1 Carbon\_risk_{i,t} + \alpha_2 Controls + \sum Industry + \sum Year + \varepsilon_{i,t} \quad （8-9）$$

$$Misp_{i,t} = \gamma_0 + \gamma_1 Carbon\_risk_{i,t} + \gamma_2 Sentiment_{i,t} + \gamma_3 Controls + \sum Industry + \sum Year + \varepsilon_{i,t}$$
$$（8-10）$$

其中，$Sentiment_{i,t}$ 为中介变量，表示股票 i 第 t 期的投资者情绪大小，其余变量参照模型（8-7）。

模型（8-7）的回归系数显著为正是中介效应成立的前提。模型（8-9）检验企业碳风险是否会影响投资者情绪，若碳风险的回归系数 α_1 显著为正，则中介机制第一步成立。

模型（8-10）检验投资者情绪是否会进一步影响股票错误定价，若回归系数 γ_2 显著，且 $\beta_1+\alpha_1\gamma_2$ 的值为正，则中介机制第二步成立，最终验证假设 2 成立。

模型（8-7）、模型（8-9）、模型（8-10）的回归结果分别展示在如表 8-5 所示的第（1）列~第（3）列中。第（1）列中碳风险对股票错误定价的影响系数在 1% 水平下显著，满足中介效应成立的前提条件。第（2）列中碳风险对投资者情绪的回归系数为 –0.162，并且在 1% 水平下显著为负，说明上市公司碳风险与投资者情绪呈负相关，企业碳风险增大导致投资者情绪悲观，中介效应第一步成立。

表 8–5 中介效应回归结果

变量名	（1）股票错误定价程度	（2）投资者情绪	（3）股票错误定价程度
碳风险	0.065***（0.010）	–0.162***（0.045）	0.064***（0.010）
投资者情绪			–0.003***（0.001）
常数项	0.694***（0.186）	13.686***（0.811）	0.737***（0.188）
控制变量	控制	控制	控制
行业效应	控制	控制	控制
年份效应	控制	控制	控制
观测值	29 529	29 529	29 529
R^2	0.287	0.248	0.269
$adj.R^2$	0.284	0.245	0.266

第（3）列在加入中介变量投资者情绪后，解释变量碳风险的估计系数由 0.065 下降到 0.064，仍然在 1% 水平下显著为正，而投资者情绪的回归系数在 1% 的置信水平下显著为负，$\beta_1+\alpha_1\gamma_2$ 符号为正且与 γ_1 同号。上述回归结果表明，投资者情绪在碳风险对股票错误定价的影响中起着部分中介作用，中介效应第二步成立。因此，投资者情绪会受企业碳风险的影响，呈现悲观态势，从而低估企业发展潜力，进而加剧企业股票错误定价，假设 2 成立。

由于采用逐步回归的中介效应可能存在高度共线性与内生性问题，从而导致估计偏误。因此，参考 Preacher 等（2007）和方杰（2012）的研究数据，我们对中介效用采用非参数百分位 Bootstrap 法重复 1 000 次以检验中介效用的有效性，若中介效应的置信区间不包含 0，则说明中介效应成立。检验结果如表 8-6 所示，结果显示，"碳风险—投资者情绪—股票错误定价"的路径系数为 0.000 6，95% 置信区间为（0.000 18，0.000 83），不包含 0，表明以投资者情绪为主的中介效应得到检验，该中介效应成立。

表 8-6　中介效应检验

	路径	效应系数	标准误	95% 置信区间	
				Boot LLCI	Boot ULCI
股票错误定价程度	中介效应	0.000 5***	0.000 0	0.000 18	0.000 83
	总效应	0.064 0***	0.000 5	0.045 02	0.083 00

二、调节效应

1. 绿色技术创新

为验证假设 3，我们按照温忠麟等（2005）的研究思路构建模型（8-11），以检验绿色技术创新对企业碳风险与股票错误定价的影响关系。

$$Misp_{i,t} = \theta_0 + \theta_1 Carbon\_risk_{i,t} + \theta_2 Green\_innovation_{i,t} + \theta_3 Carbon\_risk_{i,t}$$
$$\times Green\_innovation_{i,t} + \theta_4 Controls + \sum Industry + \sum Year + \varepsilon_{i,t} \qquad (8\text{-}11)$$

其中，$Green\_innovation_{i,t}$ 表示企业 i 第 t 年的绿色专利数量，将绿色专利数量看作企业绿色技术创新的代理变量；$Carbon\_risk_{i,t} \times Green\_innovation_{i,t}$ 表示企业 i 第 t 年的碳风险与绿色技术创新的交互项；其他变量参照模型（8-7）。若交互项系数 θ_3 显著为负，且解释变量 $Carbon\_risk_{i,t}$ 的回归系数 θ_1 显著为正，则假设 3 成立。

模型（8-11）回归结果如表 8-7 所示的第（1）列。其中，碳风险的回归系数为 0.017，在 5% 的水平下显著为正；同时碳风险与绿色技术创新的交互项（$Carbon\_risk_{i,t} \times Green\_innovation_{i,t}$）估计系数为 –0.007，并且在 5% 的置信水平下显著，因此调节效应成立，表明在排除行业与年份因素的干扰下，绿色技术创新具有明显的调节效应，在碳风险与股票错误定价的关系中发挥反向调节作用，假设 3 得到验证。

表 8-7　调节效应回归结果

变量名	（1）	（2）
	股票错误定价程度	股票错误定价程度
碳风险	0.017** （0.007）	0.020*** （0.008）
绿色专利数量	0.007 （0.007）	
碳风险 × 绿色技术创新	–0.007** （0.003）	
环境责任信息披露		–0.015 （0.010）

（续表）

变量名	（1）	（2）
	股票错误定价程度	股票错误定价程度
碳风险 × 环境责任信息披露		−0.008**
		（0.004）
常数项	1.395***	1.373***
	（0.205）	（0.206）
控制变量	控制	控制
行业效应	控制	控制
年份效应	控制	控制
观测量	29 529	29 529
R^2	0.402	0.403
$adj.R^2$	0.400	0.401

减能降碳成为新常态，绿色环保意识越发深入人心。高碳企业既要承担因高碳排放而导致的环境处罚，又要接受外部投资人与其他利益相关者的监督。因此，积极寻求绿色技术创新不仅能产生经济价值，有效削弱环境危害，减少环境处罚，还能向投资者传达积极信息，减少信息不对称，从而提高股票定价效率，缓解错误定价。若企业碳风险较高，且不采取积极措施，便会导致投资者信心受挫，影响投资者对企业状况的判断与预测，从而加剧股票错误定价程度。

综上所述，绿色技术创新作为调节变量能有效缓解碳风险与错误定价的关系。高碳企业能够通过提升绿色技术创新能力，向市场传达积极信号，缓解错误定价水平。

2. 环境责任信息披露

为验证假设4，我们构建了模型（8-12），以检验环境信息披露在企业碳风险与股票错误定价之间的关系。

$$Misp_{i,t} = \chi_0 + \chi_1 Carbon\_risk_{i,t} + \chi_2 Csr_{i,t} + \chi_3 Carbon\_risk_{i,t} \times Csr_{i,t} + \chi_4 Controls + \sum Industry + \sum Year + \varepsilon_{i,t} \quad (8\text{-}12)$$

其中，$Csr_{i,t}$表示企业i第t年的环境责任信息披露质量，若企业在社会责任报告中披露了环境与可持续性状况，则为1，否则为0；$Carbon\_risk_{i,t} \times Csr_{i,t}$表示碳风险与环境责任信息披露质量的交互项；其他变量参照模型（8-7）。若交互项系数χ_3显著为负，且被解释变量$Csr_{i,t}$的回归系数χ_1显著为正，则假设4成立。

模型（8-12）回归结果如表8-7所示的第（2）列。其中，碳风险的回归系数为0.02，在1%的水平下显著为正；同时，碳风险与环境信息披露的交互项估计系数为−0.008，并且在5%的置信水平下显著。因此，调节效应成立，环境信息披露具有明显的调节效应，缓解了碳风险对股票错误定价的影响，假设 4 得到验证。

引发投资者非理性行为的原因之一是信息不对称，投资者仅能获取片面信息，依靠主观论断或从众心理进行非理性投资（王生年等，2017）。企业是否履行社会责任，是否坚持环境可持续，可从环境信息披露中窥见一斑。若企业披露环境责任履行情况，自觉接受公众监督，能使市场中流通信息更加透明，减少管理层舞弊，就会减少投资者非理性行为发生，削弱投机动机，从而缓解股票错误定价程度。若企业未披露环境可持续性状况，会导致投资者认为企业有意隐瞒环境履行情况，从而认为企业受环境政策处罚的可能性上升，导致投机行为增加，引起股价异常波动，加剧该企业股票错误定价水平。

综上，碳风险较高的企业会因高质量的环境责任履行，获取投资者信任，减少信息不对称，从而减少股票错误定价。

三、股票错误定价偏离的非对称性

我们进一步通过实证探究碳风险对股票错误定价偏离方向及长短期影响上的非对称效应。按照股票错误定价 $\ln(M)_{it} - v(\theta_{it}; \alpha_j)$ 与 0 的大小将全样本分为高估与低估组，当 $\ln(M)_{it} - v(\theta_{it}; \alpha_j) < 0$ 时为低估组，其余为高估组；同时，界定短期为当期，长期为滞后二期。因此，构建的回归模型（8-13）和模型（8-14）如下。

$$Digu_{i,t} / Gaogu_{i,t} = \omega_0 + \omega_1 Carbon\_risk_{i,t} + \omega_2 Controls + \sum Industry + \sum Year + \varepsilon_{i,t}$$

（8-13）

$$Digu_{i,t} / Gaogu_{i,t} = \omega_0' + \omega_1' Carbon\_risk_{i,t-2} + \omega_2' Controls + \sum Industry + \sum Year + \varepsilon_{i,t}'$$

（8-14）

其中，$Digu_{i,t}$ 表示企业 i 第 t 期股票被低估的程度，$Gaogu_{i,t}$ 表示企业 i 第 t 期股票被高估的程度，解释变量 $Carbon\_risk_{i,t}$、$Carbon\_risk_{i,t-2}$ 分别代表当期与滞后二期的企业碳风险，回归系数 ω_2、ω_2' 分别代表短期影响和长期影响，其余变量参照模型（8-7）。另外，短期回归结果如表 8-8 所示的第（1）列～第（2）列，长期回归结果如表 8-8 所示的第（3）列～第（4）列。短期中，碳风险对股票低估的影响系数为 0.078，在 1% 水平下显著，而碳风险对股价高估的影响不显著；长期中，碳风险对股票价格低 / 高估的影响系数分别为 −0.02 和 0.023，均在 1% 的水平下显著，在长期影响下，碳风险能纠正股价低估的情况，但对股价高估有加剧作用。由此可见，碳风险对股价高估和股价低估的影响具有不对称性效应。

表8-8 股票错误定价的非对称效应

	短期		长期	
	（1）	（2）	（3）	（4）
	低估	高估	低估	高估
碳风险	0.078***	−0.002	−0.020***	0.023***
	（0.011）	（0.009）	（0.005）	（0.005）
常数项	2.404***	−1.307***	2.117***	−0.418***
	（0.209）	（0.131）	（0.168）	（0.159）
控制变量	控制	控制	控制	控制
行业效应	控制	控制	控制	控制
年份效应	控制	控制	控制	控制
观测量	13 848	15 299	859	141 099
R^2	0.493	0.364	0.418	0.374
$adj.R^2$	0.490	0.360	0.412	0.370

我们认为产生这种不对称效应的原因主要有以下三点：一是短期内碳风险引起企业合约成本增加，导致企业业绩下降、投资者情绪低落、投资行为消极，从而低估了企业股价，但对股价高估影响不大；二是企业为低碳转型采取的一系列措施存在一定的滞后性，在长期影响下，上市公司通过绿色技术创新及社会责任信息披露，能逐步提振投资者信心，驱动股票价格向股票内在价值靠近；三是由于我国股票市场仍然存在泡沫和股价被高估的现象，且部分上市公司倾向于粉饰自我、隐瞒自身缺陷、存在"漂绿"行为，导致企业信息被选择性披露，因此投资者存在乐观偏差，导致股价被高估。

四、异质性检验

1. 内部控制质量

内部控制水平不仅能反映企业治理能力，也能反映企业信息披露情况。研究发现，高质量企业的内部控制制度能有效规范企业的运营机制，明确企业权责分配，降低经营风险，提升管理效率（孟庆斌等，2018）；同时企业内控制度是否有效也与企业 ESG 表现息息相关（姜爱华等，2023），有效的内部控制能为企业提供内在激励与外在动力，以促进其技术创新。此外，完善的内部控制制度能降低会计选择的差异性，提升会计信息质量（潘临等，2017），提高企业信息披露水平。不仅如此，投资者也能通过内部控制质量感知企业风险（陈俊等，2023）。因此，有效的内控制度能通过披露更多高质量信息，减少信息不对称和投资者之间的意见分歧，削弱机构投资者的信息优势，缓解投资者非理性行为，从而削弱碳风险对股票错误定价的正向影响。

为了评估企业碳风险对股票错误定价水平的影响，并考察不同企业内部控制质量的作用，本章基于内部控制是否有效，将全样本分为两组（无效组与有效组），分别代入模型（8-7）进行回归，回归结果如表 8-9 所示，第（1）列为内部控制无效组，第（2）列为内部控制有效组。结果显示，两组均在 1% 的水平下显著为正，并且通过组间系数差异检验后的 p 值为 0.034 2<0.05，因此可将回归系数进行比较。在内部控制无效组中，碳风险的回归系数为 0.116；而在内部控制有效组中，碳风险的回归系数为 0.057，小于无效组。这说明碳风险对股票错误定价存在内部控制质量的异质性，并且较完善的内部控制制度通过提高技术创新能力和披露高质量信息，影响投资者关注，从而削弱碳风险对股票错误定价的正向影响。

表 8-9　异质性分析结果

	（1）	（2）	（3）	（4）
	内控无效组	内控有效组	长远组	短视组
碳风险	0.116*** （0.019）	0.057*** （0.007）	0.046*** （0.009）	0.088*** （0.009）
常数项	1.712*** （0.227）	−0.118 （0.153）	0.278 （0.176）	0.819*** （0.144）
控制变量	控制	控制	控制	控制
行业效应	控制	控制	控制	控制
年份效应	控制	控制	控制	控制
观测量	4 680	24 849	17 312	12 217
R^2	0.132	0.077	0.091	0.064
$adj.R^2$	0.117	0.074	0.086	0.057

2.上市公司的短视主义

上市公司如果罔顾长期目标而采用短期非可持续性的目光去审视企业绩效，就不利于企业的未来发展。研究表明，由于低碳转型、绿色创新等战略性项目通常需要较长时间才能实现成本与收益间的转化，在此期间内，上市公司财务状况不够理想，短视的上市公司通常更加关注眼前的利益（俞鸿琳等，2022），通过减少对此类回报周期较长项目的研发投入和资本支出，降低企业全要素生产率（张勇等，2023）。此外，短视主义在面对低碳转型等回报周期较长的经营策略时，会过度夸大其带来的风险，忽略可能的机遇和长期收益（李倩茹等，2022）。不仅如此，短视的上市公司会选择性披露企业财务信息，甚至会隐瞒企业客观存在的缺陷（许宁宁等，2019），抑制了企业信息透明度，增加了股价错估的可能性。

为检验企业碳风险对股票错误定价的影响是否在上市公司短视主义方面存在异质性，

本章基于上市公司短视主义指数的平均值将全样本分为两组，低于平均值为长远组，高于平均值为短视组，分别代入模型（8-7）进行回归，回归结果如表8-9所示的第（3）列~第（4）列。结果显示，两组均在1%的水平下显著为正，并且通过组间系数差异检验后的p值为0.053 2<0.1，故可将回归系数进行比较。在长远组中，碳风险的回归系数为0.046，小于短视组碳风险的回归系数0.088，表明碳风险对股票错误定价存在上市公司短视主义方面的异质性，短视的上市公司不愿对回报周期较长的碳转型项目进行投资，以及有意隐瞒企业自身缺陷，加剧了企业信息不对称，从而增强了碳风险对股票错误定价的正向影响。

本章小结

实体产业的低碳转型与可持续发展，在中国特色社会主义经济新常态下是一个重要议题。股票价格与其内在价值保持相对一致性是实体经济良性发展的直观体现。本章以2006—2021年我国A股上市公司为研究样本，研究上市公司碳风险与股票错误定价的关系，探讨两者关系的影响机制以及在不同条件下的异质性。结果表明：（1）上市公司碳风险会导致股票错误定价，碳风险越高，股票价格偏离内在价值程度越高；（2）投资者情绪在碳风险与股票错误定价之间的关系中起中介作用，即上市公司碳风险通过影响投资者情绪，进而影响股票错误定价；（3）绿色技术创新、环境责任信息披露在碳风险与股票错误定价之间的关系中起调节作用，上市公司通过积极开展绿色技术创新和环境责任信息披露可缓解碳风险对股票错误定价的加剧效应；（4）碳风险对股票错误定价具有非对称效应：在短期内，碳风险对股票价格低估影响显著，对股票价格高估影响有限，但从长期来看，碳风险对股价低估存在负向影响而对股价高估存在正向影响；（5）碳风险对股票错误定价的影响在内部控制和上市公司短视主义方面存在异质性，上市公司内部控制制度越完善，碳风险对股票错误定价的影响越小。

本章基于以上研究形成如下对策建议。（1）政府要重新审视碳密集行业低碳转型政策的制定与实施。企业面临的碳风险不仅影响企业自身的经营发展，而且关系到股票市场定价效率的有效性，政府应该杜绝碳密集行业减能降排一刀切现象的发生，制定符合不同行业特点的转型方案，保证金融市场的稳定性。（2）监管部门要加强对投资者的教育，正确引导投资者进入市场，避免投资者因过度悲观而导致股票价格被低估。面对企业客观存在的碳风险问题，投资者应秉持长期投资与价值投资的观念，注重企业财务信息与非财务信息相结合，控制非理性情绪，减少非理性行为发生。（3）面对环境规制带来的冲击，上市公司须持续推进绿色技术创新，提高研发力度，减缓合法性压力，增强企业的核心竞争力。同时，机构投资者与股票分析师不仅要促进企业提高治理能力，同时要促进企业信息传播，提高企业信息透明度，减少企业信息不对称，提升股票市场的定价效率。（4）进一步建立健全信息披露制度与内部控制制度。针对环境责任履行方面的信息披露，不仅需要政府提高资本市场信息传递效率，引导企业对环境责任信息进行实质性披露，还需要企业加强治理，提高内部控制质量，主动承担环境责任，积极披露环境信息，树立环境友好型企业形象。（5）企业在进行投资决策时，应该始终秉持长远发展的理念，切勿因短视主义而减少低碳转型过程中的研发投入与资本支出，而应着眼于营造绿色、低碳、和谐的文化环境。

第九章

股市泡沫传导路径

流动性是市场生命力的象征，股市价格调控失灵甚至泡沫的产生都与流动性水平息息相关。价格效率是市场运行的关键。价格效率在显示股市价格异动的同时也反映了股票市场成熟程度和运行状况。通过第五章至第八章的股票价格泡沫内在机理分析，我们认为市场流动性危机是导致股市泡沫的主要因素之一，流动性缺乏或出现剧烈变化是股市泡沫产生的诱因。股市泡沫期间，股票价格异常波动扭曲了股票市场资源配置功能，价格效率失常。同时，积极引导投资者交易行为和采取适当的宏观政策有助于稳定资产价格、提升价格效率，达到有效应对股市泡沫。例如，2006—2008 年泡沫期间的适度从紧货币政策以及 2014—2016 年泡沫期间的相对宽松货币政策有效应对了当时的股市泡沫。因此，本章以上证综指为研究对象，基于 2000—2020 年上证综指月度数据构建价格效率和流动性溢价等指标，探讨价格效率在市场流动性与股市泡沫的传导路径中是否具有重要纽带性？分析投资者换手率和货币政策是否可以通过价格效率防范和应对股市泡沫？尝试构建以价格效率为中心的市场流动性和股市泡沫间的传导路径。

本章的主要贡献如下。

一是验证价格效率的完全中介效应，为防范股市泡沫提供一条路径。目前研究表明市场流动性危机是导致股市泡沫的重要因素之一，但源于市场流动性的宽泛性，难以有效防范股市泡沫。本章基于中介效应模型指出价格效率在市场流动性与股市泡沫传导路径中具有完全中介效应，可以通过控制外生因素（如货币政策）和引导内生因素（如投资者异质信念）来提升价格效率，以弱化股市泡沫传导路径。

二是从资产价格稳定性视角构建价格效率测度指标。目前价格效率测度研究主要集中在定价效率和信息效率两个方面，但源于（动态）基本价值难以测度和股票市场弱有效性，难以直接用于股市泡沫强弱程度分析。本章鉴于泡沫时期资产价格前后时期的异常波动，采用资产价格自回归残差反向测度价格效率，控制股市泡沫强弱程度。

三是基于不同背景下的股市泡沫分析，提出通过价格效率降低股市泡沫强度的差异性措施。21 世纪以来，我国股票市场出现两次明显的波动现象，且产生背景不同。本章以 2006—2008 年和 2014—2016 年两次股市波动为例（以下分别简称"泡沫1"和"泡沫2"），基于中介效应模型指出通过采取差异性措施提升价格效率，达到降低泡沫强度的目的。

第一节　理论分析

就股市泡沫的传导路径而言，流动性危机的出现预示着金融危机的开端，流动性危机会通过价格的异常波动继续发展和蔓延，最终将演变为金融危机和经济危机。市场流动性越高，买卖股票的成本越低，资产价格在短期内就越平稳，市场的价格效率表达就越显著，股市泡沫的形成概率和泡沫规模就越小。但在市场流动性对股市泡沫的传导路径中，价格效率到底扮演了何种角色？整体市场和投资者又将如何影响价格效率在市场流动性与股市泡沫之间的表达？因此，本节以问题为导向，遵循资产价格偏离资产基本价值的主脉络，以上证综指为研究对象，延伸和拓展股市泡沫的路径传导研究，期望为防范化解金融危机、避免系统性金融风险提供经验证据和政策措施。

一、市场流动性、价格效率与股市泡沫

1. 市场流动性与股市泡沫

流动性是衡量市场发展状态的一个重要指标，学者们从不同角度阐述市场流动性，并构建相应测度指标。目前，市场流动性测度方法主要分为两类，一类是从及时性、宽度、深度和弹性等四个维度（Harris，1990）刻画市场流动性。其中，及时性聚焦交易速度，运用交易等待时间和交易频率衡量市场流动性，交易达成时间越短，交易频率越高，市场流动性相应越高；宽度聚焦交易成本，运用卖方最低报价与买方最高报价之差衡量流动性；深度多关注交易量，测度方法是基于某个报价上的股票数量、成交量和成交率、换手率以及 Amivest 流动性比率等；弹性则集中于关注资产价格在遭遇一个随机的、不充分信息引导的冲击后回到均衡状态的速度（王国刚和相倚天，2022），但由于均衡价格难以有效衡量，故缺乏相应的弹性计算方法。另一类则是从市场冲击角度，其中，由 Amihud 提出的 ILLIQ 指标是当前最为有效的非流动性指标，他们证实了流动性和收益率之间的负向关系，并发现流动性越低的资产具有越高的期望收益率（Amihud，2002）。

当前，关于市场流动性的研究主要集中于流动性的过剩和枯竭，分析了我国股票市场存在流动性溢价风险，及对股市泡沫的影响。当股票具有较高流动性时，交易者拥有在未来不确定情况下出售股票的权利，但当流动性下降时，这种权利受到影响，从而影响预期收益。因此，投资者要求风险补偿，追求流动性溢价，在泡沫膨胀和破裂过程中表现更为显著。杨晓兰（2010）通过实验分析指出，流动性过剩和投资者高回报预期是推动泡沫膨胀的重要因素，流动性在股市泡沫形成的过程中具有独立性和主导性。刘骏民（2010）指出，在我国金融资产数量和品种有限的情况下，外部输入的流动性膨胀必然引起资产价格上升，持续性的流动性膨胀会迫使我国经济走向泡沫化。徐挺和董永祥（2010）持有不同观点，他们将流动性过剩引入噪声交易模型，发现我国存在长期流动性过剩现象，基于2000 年以来的整体样本分析，认为流动性过剩并不必然导致资产价格上升，但对资产价格具有潜在的冲击和抬升作用。韦立坚等（2017）指出，融资杠杆推动了股市泡沫的形成和破灭，引致个股和市场流动性缺失，导致连锁强行平仓，引发流动性踩踏危机。石广平等（2016，2018）通过构建包含投资者过度自信和市场流动性的我国股市泡沫动态演化机制模型，发现市场流动性的负向变化促使泡沫破灭，并从投资者情绪角度指出市场流动性对股市泡沫有正向影响且短期效应明显，流动性紧缩容易刺激泡沫破裂。

综上，尽管学者们测度市场流动性的方法存在差异，但市场流动性与股市泡沫存在必然关系，无论是流动性过剩还是流动性枯竭都会导致股市泡沫，并影响泡沫强弱。

2. 价格效率与市场流动性

价格效率分类不同，其衡量方式也不同。关于市场效率，Epps & Epps（1976）将股票市场价格波动率作为衡量市场效率的重要标志，将 CAPM 模型和 Fama-French 三因子模型中拟合残差的波动定义为波动率。关于信息效率（定价效率），我们通常用股票信息的含量及价格对信息的反应速度来衡量。Hou et al.（2005）提出利用资产价格对市场信息调整速度的相对效率衡量定价效率，并构建价格滞后标准，滞后变量对价格的解释能力越强，价格对信息反应时间越长，信息效率就越低。关于估值效率，Li（2003）基于国家宏观经济和金融特征指标构建了一个随机生产前沿估值模型，将距离前沿的偏差作为市场估值无效的测度。

市场流动性与价格效率之间的关系主要通过资产定价模型进行研究。充足稳定的流动性有助于价格发现，而流动性不足会影响市场交易实现、导致市场价格偏离甚至引起异常波动。黄峰和杨朝军（2007）依据 CAPM 模型，认为在评估股票风险时只考虑价格风险是不够的，流动性风险在资产定价中也起着重要作用。同时，周芳和张维（2011）依据 CAPM 模型、Fama-French 三因子模型和改进的 LACAPM 模型实证研究了股票市场的流动性风险溢价，认为流动性是除市场风险以外的影响资产收益的系统性风险，对资产价格机制存在显著影响。陈强和马超（2021）基于信息冲击视角，认为信息公开程度与市场流动性间存在双向影响关系，但信息公开程度对提高市场效率始终存在正向促进作用。苏冬蔚和麦元勋（2004）则从换手率出发，探讨了流动性溢价的存在性，并深入研究了流动性影响资产定价的本质原因，认为产生流动性溢价的原因是交易成本，而不是交易频率。Jiang（2017）通过研究指出流动性供给、股票属性和市场结构都是影响价格效率的因素。马丹等（2020）基于我国 A 股市场高频交易数据，结合信息交易和市场状态分析流动性供给与日内价格效率的关系，指出提高流动性供给能够提高日内价格效率，且低价格波动和高机构交易比例对流动性供给与价格效率之间的关系有显著正向促进作用。

综上，价格效率与市场流动性存在必然关系，市场流动性通过投资者追求溢价补偿影响资产定价，维护价格机制，稳定价格效率。

3. 价格效率与股市泡沫

金融资产泡沫期间，不同阶段资产的价格效率存在差异，对其测度并采取相应措施有助于应对金融资产泡沫。价格效率越高说明资产价格波动越平稳，泡沫产生的可能性及其强度越低。Utz et al.（2020）指出，未来异质信念是价格不合理的有利预测因素，特别是金融专业人士，他们比普通人更善于价格效率表达，起到价格稳定器作用，有助于防范泡沫及降低泡沫强度。Kaustia et al.（2008）通过实验也发现金融专业人士能有效提升价格效率，降低泡沫发生概率；专业人士对未来股票回报率估计存在显著的锚定效应，随着专业程度的提升，这种锚定效应有所减弱，可能会导致价格波动剧烈。Razen et al.（2017）通过设计资产市场实验研究现金流入、交易期长短与泡沫时期资产价格效率之间的关系，指出无论是否有现金流入，中等交易期市场基本不会出现泡沫，在现金流入和长交易期的共同作用下，市场会出现明显的过度定价，泡沫产生的可能性增加，但资产价格效率低于那些在中等交易期市场中观察到的效率。孔东民等（2015）认为，机构持股比例影响价格效率表达，低价格效率引发泡沫，市场流动性越高，机构投资者利用私有信息增持股份的交易行为会被更多投资者模仿，导致股价有偏且所承载的私有信息减少，降低了资产价格的信息效率。潘宁宁和朱宏泉（2015）指出，证券投资基金的交易行为能够促进股票价格对企业特有信息的吸收，降低股价联动性，有助于资产价格信息效率的提高。吴祖光和冀珂瑜（2021）认为，证券分析师覆盖有利于将更多的会计盈余信息并入股票价值，高质量的分析师团队有助于提升资产价格效率。

综上，价格效率与股市泡沫间存在关系，资产价格效率的提升有助于防范泡沫及降低泡沫强度。基于市场流动性、价格效率和股市泡沫间的关系分析，我们发现价格效率在市场流动性与股市泡沫形成过程中承载着重要的中介作用，故而提出市场流动性与股市泡沫间一条新的传导路径：流动性溢价→价格效率→股市泡沫。

二、投资者、货币政策与股市泡沫

上述基于市场流动性、价格效率和股市泡沫间的关系分析提出的股市泡沫传导路径主要集中于中观层面的金融市场。事实上，股市泡沫形成及其强弱除与金融市场有关外，还与微观层面的投资者交易行为，如异质信念（Saffi & Sigurdsson，2011）、羊群效应（丹尼尔等，1998）和有限套利（Bradford De Long et al.，1990）等，以及宏观层面的金融政策，如货币政策等市场监管机制的引导（Hong & Stein，2003；Shiller，2015；Jarrow et al.，2011）有关。这里，微观层面主要考虑投资者异质信念，宏观层面主要考虑货币政策。

投资者异质信念具有普遍存在性，投资者接受市场信息的先后顺序（Hong & Stein，1999），投资者有限注意（Hirshleifer D，2003），以及投资者的身份背景（Harris & Raviv，1993）等都会影响其对股票价格走势的判断。在投资者异质信念与卖空约束的双重作用下，乐观投资者会继续买进或持有股票；反之，悲观投资者会出售所持有的股票（孟庆斌和黄清华，2018）。但由于悲观投资者受限于卖空约束无法进行卖空交易，导致当前股价仅能体现较乐观投资者的交易意愿，股价将高于所有投资者的平均预期水平，即股票价格出现高估现象（Miller，1977）。这说明投资者异质信念造成市场信息的掩盖与缺失，提高了市场交易流通成本，导致市场资源错配或低配，扭曲股票价格，降低股票价格效率，增加股票价格出现泡沫的可能性。

一般逻辑推演认为，货币政策与资产价格反向而行，即紧缩货币政策抑制资产价格、宽松货币政策推高资产价格（张炜和王东一，2022）。关于紧缩货币政策，袁越和胡文杰（2017）指出，当股市存在一定泡沫，且紧缩货币政策冲击的持续时间较长时，我国股市泡沫驱动资产价格上涨的幅度要明显高于促进下跌的幅度，紧缩货币政策会进一步促进泡沫的产生。陈浪南和刘劲松（2018）基于时变参数的因子扩散向量自回归模型（TVP-FAVAR）指出，我国货币政策的变动对股票市场的价格存在显著的时变性特点，当股票市场存在较大泡沫时，采取加息的紧缩货币政策未必会起到调控资产价格波动的作用。关于宽松货币政策，张炜（2017）通过实证研究指出，贷款基准利率每下调 1 个单位，将会导致房地产泡沫加快膨胀 0.218 个单位，贷款基准利率水平的下调成为房地产泡沫膨胀的重要刺激因素之一。王婷和李成（2017）从国有和非国有产权异质性出发，实证分析了宽松货币政策促进了国有企业投资和非国有企业虚拟投资偏好，加剧了资金"脱实向虚"的结构性扭曲，市场陷入"稳增长"和"抑泡沫"的两难境地。孙利国和王劲松（2010）则通过建立理论模型指出，货币政策应关注股票价格，适当控制货币供应量增长速度，能有效防止股市泡沫扩大化。这说明货币政策对股市泡沫存在显著影响，宽松货币政策在提供流动性供给的同时也存在引发股市泡沫的风险，紧缩货币政策在股票价格快速上涨、价格扭曲现象严重的情况下，未必能有效抑制股市泡沫。

三、理论传导路径

综上所述，我们认为市场流动性与股市泡沫间存在一个间接的传导机制，即市场流动性变化通过流动性溢价影响市场交易难易程度，改变市场价格效率表达，作用于股市泡沫形成。此外，货币政策也会引起股市波动，作用于资产价格效率表达和股市泡沫形成；市场交易主体投资者的异质信念直接影响股票价格波动，也作用于资产价格效率表达和股市泡沫形成。因此，在上述基于金融市场的股市泡沫主体传导路径的基础上，我们引入宏观层面的货币政策和微观层面的投资者异质信念，以构建一个新的股市泡沫传导路径，如图 9-1 所示。

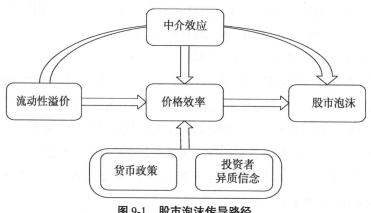

图 9-1　股市泡沫传导路径

第二节　数据选择与变量构造

以上证综指为研究对象，为保证数据的可信程度和延续区间，我们选取 2000—2020 年上证综指的月度数据作为研究样本；为保证数据有效性，防范数据缺失和异常，剔除 ST 和 *ST 的企业，以及金融类相关企业。所有数据来自 CSMAR（国泰安）数据库、RESSET 数据库和国家统计局。

一、股市泡沫

关于股市泡沫，学者们给出了不同衡量方式。参照赵鹏和曾剑云（2008）的研究数据，本节选取工业增加值（Industry）、居民消费价格指数（CPI）和银行间 30 日同业拆借利率（Rate）等三个与股市投资和价格波动密切相关的宏观经济变量作为基本面的代理变量，以及表征股市波动的上证综指（SCI）构造股市泡沫变量。其中，工业增加值代表国家整体经济发展程度，居民消费指数通过衡量通货膨胀程度影响股票市场，银行间 30 日同业拆借利率是国家利率的代表。工业增加值自 2013 年后不再公布月度数据，故以工业增长率代替工业增加值。

基于 2000—2020 年的月度数据，我们对上述四个变量进行季节调整。首先，对四个变量进行单位根检验，结果证明均为一阶平稳序列。其次，对四个变量进行 Johenson 检验，证实它们之间是否存在长期关系。若存在至少一个协整关系，则可以运用 VEC 模型剔除上证综指的内在价值。最后，运用 LR 检验确定模型滞后阶数，根据滞后阶数运用 VEC 模型分析四个变量，它们的回归残差为股市绝对泡沫，即股市泡沫变量（Bubble）。与赵鹏和曾剑云（2008）的研究不同的是，本节构造的股市泡沫变量为绝对泡沫变量，即泡沫既包括正向泡沫（价格高于基本价值）也包括负向泡沫（价格低于基本价值）。

二、价格效率

价格效率的衡量方法也有很多，常见的方法有三种：一是基于随机游走通过价格偏差衡量，二是基于价格波动通过方差比率衡量，三是通过短期价格可预测程度衡量。本节参照马丹（2020）、Chang et al.（2014）和李志生等（2015）的研究数据，从价格波动角度，运用上证综指月度指数（SCI）一阶自回归的残差测度价格效率。

$$SCI_t = \alpha + \beta SCI_{t-1} + \varepsilon_t \tag{9-1}$$

其中，SCI_t 为第 t 期上证综指的月度指数，SCI_{t-1} 为第 $t-1$ 期上证综指的月度指数，

ε_t 为模型回归残差，体现上证综指的波动程度，并以其测度价格效率，记为 PE。由此可知，价格效率为反向代理变量，其绝对值越大，表明当期价格效率越低。

以上证综指一阶自回归残差测度价格效率，无须复杂计算，能直观高效反映上证综指波动，体现股票市场价格异常波动，即当期价格中前期价格无法解释的部分，故回归残差的绝对值越大，价格效率越低。

三、流动性溢价

参照 Amihud（2002）和张峥等（2014）的非流动性指标，从市场超额收益角度，构建上证综指月度流动性溢价指标。个股月度非流动性指标见式（9-2）。

$$ILLIQ_{i,t} = \frac{|r_{i,t}|}{volumn_{i,t}} \tag{9-2}$$

其中，$ILLIQ_{i,t}$ 为第 t 期个股月度非流动性指标，$r_{i,t}$ 为第 i 只股票在第 t 期的月度收益率，$volumn_{i,t}$ 为第 i 只股票在第 t 期的月度交易金额（千万元）。上证综指月度非流动性指标见式（9-3）。

$$ILLIQ_{M,t} = \sum_i^{N_t} \frac{size_{i,t}}{M_t} ILLIQ_{i,t} \tag{9-3}$$

其中，$ILLIQ_{M,t}$ 为第 t 期上证综指月度非流动性指标，N_t 为第 t 期符合要求的所有股票数量，$size_{i,t}$ 为第 i 只股票在第 t 期的流通市值，M_t 为第 t 期符合要求的所有股票的流通市值之和。上证综指月度流动性溢价指标见式（9-4）。

$$R_{M,t} - R_{f,t} = \alpha + \beta ILLIQ_{M,t} + \varepsilon_t \tag{9-4}$$

其中，$R_{M,t}$ 为第 t 期上证综指市场回报率，$R_{f,t}$ 为第 t 期的无风险回报率，$ILLIQ_{M,t}$ 为第 t 期上证综指月度非流动性指标，ε_t 为模型回归残差，以其测度上证综指的流动性溢价，记为 PR。因此，不论是流动性枯竭还是流动性过剩，回归残差绝对值越大，市场流动性风险越高；反之，越低。相比于已有文献直接运用非流动性指标衡量市场流动性，本节构建的流动性溢价指标从超额收益角度解释了市场流动性风险。

四、因素变量

以货币政策和投资者异质信念为代表，我们探讨了宏观政策和微观个体对股市泡沫产生及其强弱的影响。

在宏观层面，货币政策是股市泡沫的重要影响因素之一。货币政策代理变量的选择分为数量型和价格型，其中，数量型变量主要指货币供应量，价格型变量主要指利率（陈浪南和王升泉，2019）。虽然夏斌和廖强（2001）认为货币供应量已不宜作为我国货币政策的代理变量，但由于货币供应会对价格波动产生显著影响，货币供应量越大，市场价格波动越明显，股市泡沫越显著，而适当控制货币供应量可以防止泡沫扩大化。因此，本节选取广义货币供应量（M2）作为货币政策的代理变量。

在微观层面，投资者异质信念也是股市泡沫的重要影响因素之一。林思涵等（2020）认为，投资者换手率不适合作为市场流动性的代理变量，而适合作为投资者异质信念的代理变量。同时，张峥和刘力（2006）也认为股票换手率越大，投资者异质信念水平越高，越容易引发股票价格波动。由此，本节选取换手率作为投资者异质信念的代理变量。

五、控制变量

参照已有研究，本节选取如下四个控制变量进行分析：居民消费价格涨幅、市值比因子、账面市值比因子和流通市值。居民消费价格涨幅（PI）越大，消费者消费意愿降低，市场资金流动性下降，股市价格变动越频繁，引发股市泡沫的可能性上升，故选择居民消费价格涨幅为模型控制变量。Fama-French 经典三因子模型中的市值比因子和账面市值比因子解释了绝大部分股票价格变动，且可以替代其他风险因子的作用（如 E/P 等），而市场溢价因子与本节的流动性溢价变量存在共线性问题，故选择市值比因子（SMB）和账面市值比因子（HML）为模型控制变量。周芳和张维（2011）指出，股市存在一定的规模效应，流通市值（CMC）较好地控制了股市规模效应，故选择流通市值（CMC）为模型控制变量。

第三节 实证结果与分析

一、描述性统计

基于 2000—2020 年上证综指和相关变量的月度数据，本节运用 STATA16.0 软件进行描述性分析，结果保留 4 位小数。其中，被解释变量为股市泡沫，解释变量为流动性溢价，中介变量为价格效率。此外，引入货币政策和投资者异质信念检验价格效率对股市泡沫传导路径的影响。变量说明及描述性统计结果如表 9-1 和表 9-2 所示。

表 9-1　变量说明

变量类型	变量名称	变量含义
因变量	Bubble	上证综指的绝对泡沫代理变量，衡量股市泡沫
自变量	PR	上证综指的流动性变量，衡量上证综指的流动性溢价，其绝对值越大市场流动性溢价越大
中介变量	PE	上证综指的价格效率变量，衡量上证综指的价格效率，其绝对值越大价格效率越低
因素变量	M2	同月 M2 增长率，衡量货币政策
	Turnover	市场换手率，衡量投资者异质信念
控制变量	PI	居民消费价格涨幅
	SMB	三因子中的市值比因子
	HML	三因子中的账面市值比因子
	CMC	上证综指的流通市值
构造变量	Industry	工业增长率，衡量宏观经济发展
	SCI	上证综指月度收盘指数，衡量股票市场走势
	Rate	银行间同业拆借利率，衡量国家利率
	CPI	居民消费指数，衡量居民消费水平
	RF	无风险利率
	RM	上证综指市场回报率
	ILLIQ	上证综指非流动性指标

表 9-2　描述性统计结果

变量类型	变量名称	个案数	最小值	最大值	平均值	标准差
因变量	Bubble	250	−0.215 8	0.128 5	4.21E−10	0.043 0
自变量	PR	250	−3.658 8	2.743 1	−0.011 1	0.994 2
中介变量	PE	250	−0.282 4	0.242 9	0.003 2	0.074 6
因素变量	M2	250	0.079 7	0.297 4	0.147 7	0.045 1
	Turnover	250	0.072 8	1.106 8	0.265 0	0.184 1
控制变量	PI	250	−1.800 0	8.700 0	2.262 3	1.980 2
	SMB	250	−0.161 5	0.144 2	0.005 6	0.041 9
	HML	250	−0.159 2	0.154 4	−0.001 8	0.034 5
	CMC	250	8.479 5	12.789 8	10.872 6	1.516 4

（续表）

变量类型	变量名称	个案数	最小值	最大值	平均值	标准差
构造变量	*Industry*	252	0	1	0.667 6	0.140 7
	SCI	252	0	1	0.290 3	0.178 4
	Rate	252	0	1	0.375 8	0.190 3
	CPI	252	0	1	0.385 4	0.188 6
	RF	252	0.124 1	0.338 6	0.191 9	0.057 9
	RM	252	−0.284 8	0.361 3	0.013 9	0.091 3
	Amihud	250	−0.583 4	0.131 7	−0.178 0	0.109 5

注：①在构造泡沫变量时，需要将数据的量级处理在同一水平，因此，本节对四个泡沫变量进行了主成分分析的处理，将四个变量全部归一化，并通过季节调整后本节减去了前两个月度数据；②由于流通市值数据过于庞大，本节对其进行取对数化处理。

表 9-2 表明用于构造股市泡沫的四个变量具有较大波动性，标准差分别达到 14.07%、17.84%、19.03% 和 18.86%，但股市泡沫变量的波动程度仅维持在 4.3% 左右。这说明股市泡沫难以通过上述四个变量直接观测或识别。相反，股市泡沫、流动性溢价和价格效率的波动程度显著，标准差分别达到 4.3%、99.42% 和 7.46%，特别是流动性溢价存在高波动现象。这说明通过流动性溢价和价格效率可以间接观测或识别股市泡沫。

流动性溢价、价格效率和股市泡沫三个主要变量的相关性检验结果如表 9-3 所示。表 9-3 表明三个主要变量间的相关性在 1% 水平下显著。股市泡沫和流动性溢价、价格效率之间的相关性系数分别达到 0.645 5 和 0.888 6，说明流动性溢价与价格效率同股市泡沫间存在必然关系。价格效率与流动性溢价间存在高度相关性（0.741 4），股市泡沫和价格效率间也存在高度相关性（0.888 6），而股市泡沫与流动性溢价间的相关性（0.645 5）相对较低，这说明价格效率增强了流动性溢价对股市泡沫的影响，即在不考虑其他影响因素的情况下，价格效率在流动性溢价与股市泡沫的传导路径中起到增强作用，也初步验证了价格效率的中介效应。

表 9-3　主要变量的相关性

	Bubble	PE	PR
Bubble	1	0.888 6***	0.645 5***
PE	0.888 6***	1	0.741 4***
PR	0.645 5***	0.741 4***	1

注：***、** 和 * 分别表示在 1%、5% 和 10% 的显著性水平下显著，本章下同。

基于样本数据，图 9-2 给出 2000—2020 年股市泡沫、价格效率和流动性溢价等三个主要变量走势。图 9-2 表明，2000—2020 年股市泡沫、价格效率和流动性溢价的变化趋势基本一致，与上述相关性分析结果高度吻合；在泡沫 1 和泡沫 2 两个显著泡沫期期间，上述三个主要变量都呈现出显著的异常波动，特别是泡沫 1 期间，股市泡沫、价格效率和流动性溢价均在短期内达到峰值，此后迅速下跌；泡沫 2 期间高位去杠杆政策实施，三者也同样出现了暴涨暴跌的现象，这进一步说明了三者间的显著相关关系。此外，2019 年后，宏观经济增速放缓，上证综指波动剧烈，流动性溢价和价格效率的波动也比较明显，但并没有出现衰退式股市泡沫，这主要源于稳定资本市场和引导投资者的系列组合政策，具体在案例分析中予以阐释。

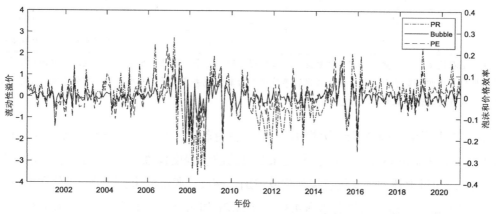

图 9-2　股市泡沫、价格效率和流动性溢价的走势

二、价格效率的中介效应检验

中介效应指变量间影响关系不是直接的因果链关系，而是通过一个或一个以上的变量间接产生影响，称间接产生作用的中间变量为中介变量，中介变量产生的间接影响为中介效应。甄红线等（2015）认为，代理成本在制度环境和终极控制权对股市泡沫的传导中具有中介效应。周小亮等（2021）认为，要素市场扭曲是房价泡沫影响经济增长的重要中介途径。结合以上分析，笔者认为价格效率在市场流动性与股市泡沫的传导路径中具有中介效应。参照钱雪松等（2015）的研究数据我们构建了模型（9-5）～模型（9-7），运用逐步回归法检验价格效率的中介效应。此外，将货币供应量（M2）和投资者换手率（Turnover）引入模型，探讨货币政策和投资者异质信念对价格效率的影响，达到有效防范和应对股市泡沫的目的。

$$Bubble_t = \alpha + \beta_1 PR_t + \beta_2 Turnover + \beta_3 M2 + \sum_{n=4}^{7} \beta_n Contral_t + \varepsilon_t \qquad (9\text{-}5)$$

$$PE_t = \alpha + \beta_1 PR_t + \beta_2 Turnover + \beta_3 M2 + \sum_{n=4}^{7} \beta_n Contral_t + \varepsilon_t \qquad (9\text{-}6)$$

$$Bubble_t = \alpha + \beta_1 PR_t + \beta_2 PE_t + \beta_3 Turnover + \beta_4 M2 + \sum_{n=5}^{8} \beta_n Contral_t + \varepsilon_t \qquad （9-7）$$

基于样本数据获得模型的回归结果如表 9-4 所示。其中，第（1）列～第（4）列为模型（9-5）的回归结果，检验流动性溢价与股市泡沫间的关系；第（5）列～第（8）列为模型（9-6）的回归结果，检验流动性溢价与价格效率间的关系；第（9）列～第（12）列为模型（9-7）的回归结果，检验价格效率中介效应。

（1）流动性溢价与股市泡沫间的关系。表 9-4 中的第（1）列～第（4）列展示了模型（9-5）的回归结果。结果表明，无论是否加入其他影响因素，流动性溢价对股市泡沫的影响均在 1% 水平下显著，回归系数分别为 0.027 9、0.026 6、0.026 8 和 0.034。这说明流动性溢价对股市泡沫具有明显的促进作用，流动性溢价越高，股市泡沫越明显。这主要源于流动性溢价是投资者对低流动性股票追求的风险补偿，流动性缺乏甚至枯竭本身就具有促进股市泡沫的直接效应。投资者换手率和货币供应量之间也存在显著影响。表 9-4 中的第（1）列、第（2）列结果表明投资者换手率的回归系数为 0.027 7 且在 5% 水平下显著，但在加入投资者换手率后，流动性溢价对股市泡沫的解释程度却有所降低（回归系数由0.027 9 降为 0.026 6）。这说明投资者换手在促进股市泡沫的同时也抑制了流动性溢价对股市泡沫的促进作用。这主要源于投资者频繁换手一方面引发价格异常波动，增加了股市泡沫形成概率；另一方面也适度提升了市场流动性，降低了投资者流动性溢价偏好，从而降低股市风险。表 9-4 中的第（2）列～第（4）列结果表明，加入货币供应量影响因素后，投资者换手率的显著性从 5% 降至 10%，回归系数从 0.277 降至 0.019，货币供应量在 5% 水平下显著。这说明货币政策能部分覆盖投资者异质信念对股市泡沫的影响，同时增强了传导路径有效性。这源于货币政策对股票市场流动性的影响，从而影响股市泡沫（杨立生和杨杰，2021）。短期内，股票市场信息的滞后性使投资者对货币政策变化难以做出及时反应，导致货币政策效果覆盖投资者异质信念效果；长期内，货币政策的股票市场效应逐渐显现，投资者改变对股票市场的认识，投资者异质信念效果也逐步显现，此时股票市场波动受货币政策和投资者异质信念双重影响，这加剧了股市泡沫。综上，流动性溢价促进了股市泡沫，投资者异质信念和货币政策在股市泡沫的传导路径中也具有显著性的促进效果。因此，为有效应对股市泡沫，在通过调控短期货币政策提升市场流动性，加快股票市场信息流通，稳定投资者信心的同时，也可通过投资者异质信念的抑制作用，减弱流动性溢价对股市泡沫的促进效果。

（2）流动性溢价与价格效率的关系。表 9-4 中的第（5）列～第（8）列展示了模型（9-6）的回归结果，结果表明，不论是否有其他影响因素，流动性溢价正向影响价格效率，通过了 1% 的显著性检验，回归系数分别为 0.055 7、0.052 5、0.053 0 和 0.066 6。这说明流动性溢价越高，股市价格越不稳定。这源于较高流动性为交易行为带来较为宽松的操作空间，一旦股票呈现低流动性，交易成本提高，股票收益低于投资者预期收益，盲

表 9-4 价格效率的中介效应检验

	（1）	（2）	（3）	（4）	（5）	（6）	（7）	（8）	（9）	（10）	（11）	（12）
PR	0.027 9*** (13.31)	0.026 6*** (12.38)	0.026 8*** (12.29)	0.034 0*** (14.33)	0.055 7*** (17.40)	0.052 5*** (16.31)	0.053 0*** (16.27)	0.066 6*** (19.64)	-0.013 0 (-0.68)	-0.001 3 (-0.68)	-0.001 4 (-0.75)	-0.001 2 (-0.47)
PE									0.524 9*** (20.96)	0.531 1*** (20.61)	0.532 0*** (20.57)	0.529 0*** (17.85)
Turnover		0.027 7** (2.42)	0.026 8** (2.06)	0.019 0* (1.63)		0.065 8*** (3.84)	0.058 8*** (3.17)	0.046 8*** (2.82)		-0.007 3 (-1.02)	-0.005 8 (-0.76)	-0.005 8 (-0.74)
M2			0.025 5 (0.47)	0.107 9** (2.16)			0.073 5 (0.99)	0.241 6*** (3.40)			-0.002 2 (-0.53)	-0.019 8 (-0.59)
PI				0.003 1*** (2.82)				0.007 0*** (4.38)				-0.000 5 (-0.71)
SMB				-0.229 2*** (-4.98)				-0.335 1*** (-5.10)				-0.052 0 (-1.63)
HML				0.166 5*** (3.32)				0.339 6*** (4.75)				-0.013 2 (-0.38)
CMC				0.002 3 (1.56)				0.005 3** (2.56)				-0.000 5 (-0.56)

目追涨、从众卖出等非理性交易行为助推股市价格异常波动，就扭曲了价格机制。表9-4中的第（6）列～第（8）列回归结果表明，在价格效率与流动性溢价间，投资者异质信念也抑制了流动性溢价的促进作用；货币政策对价格效率存在增强作用，并部分覆盖了投资者异质信念效果，这与上文流动性溢价与股市泡沫间的关系的分析一致。表9-4中的第（1）列、第（5）列结果表明，流动性溢价对价格效率的回归系数（0.055 7）明显高于对股市泡沫的回归系数（0.027 9）。表9-4中的第（4）列、第（8）列结果表明，两类因素对价格效率的回归系数（0.046 8和0.241 6）明显高于对股市泡沫的回归系数（0.019和0.107 9）。这源于价格最能表征股市发展状况，股市流动性变化先通过货币政策改变体现于价格波动，此后由投资者频繁换手引发投资者异质信念，进一步导致价格异常波动，甚至于引发金融风险。综上，相较于直接影响股市泡沫，流动性溢价这两类因素更倾向于影响价格效率（PE），也证明了本节通过价格效率分析股市泡沫具有合理性、有效性。

（3）检验价格效率中介效应。表9-4中的第（9）列～第（12）列表明除价格效率（PE）通过了1%的显著性检验，其余变量均不显著。结合模型（9-5）和模型（9-6），流动性溢价对股市泡沫与价格效率也高度显著，说明价格效率（PE）在流动性溢价与股市泡沫的传导路径中具有完全中介效应。结合上文流动性溢价对价格效率的显著影响，表9-4中的第（12）列流动性溢价的不显著及价格效率的高回归系数（0.529）说明，在股市泡沫的传导路径中，股票价格波动越异常，价格效率越低，流动性溢价通过价格效率对股市泡沫的解释程度越高。

模型（9-5）、模型（9-6）和模型（9-7）的逐步回归结果一方面证实了价格效率（PE）能够增强流动性溢价对股市泡沫的影响，通过提升价格效率可以更有效防范和应对股市泡沫；另一方面扩展了股市泡沫的传导路径，两类因素通过影响价格效率而影响股市泡沫，同时货币政策效果能在一定程度上覆盖投资者异质信念效果。

三、稳健性检验

本节通过滞后效应检验模型稳健性，具体在基准模型（9-5）、模型（9-6）和模型（9-7）中分别引入其被解释变量的滞后一期变量，即在模型（9-5）中引入解释变量 $Bubble_{t-1}$，在模型（9-6）中引入解释变量 PE_{t-1}，在模型（9-7）中引入解释变量 $Bubble_{t-1}$。基于样本数据获得的模型回归结果如表9-5所示。

表9-5　模型（9-5）、模型（9-6）和模型（9-7）的稳健性检验

变量名	（1）	（2）	（3）
PR	0.031 7*** （12.91）	0.064 9*** （18.50）	–0.002 6 （–1.01）

（续表）

变量名	（1）	（2）	（3）
$Bubble_{t-1}$	−0.085 6* （−1.74）		−0.076 6* （−2.37）
PE			0.528 3*** （17.00）
PE_{t-1}		−0.000 3 （−0.01）	
$Turnover$	0.035 4*** （2.73）	0.056 4*** （2.99）	0.004 8 （0.55）
$M2$	0.095 8* （1.87）	0.248 3*** （3.40）	−0.034 6 （−1.00）
PI	0.002 7** （2.31）	0.007 1*** （4.27）	−0.001 0 （−1.28）
SMB	−0.219 0*** （−4.66）	−0.342 3*** （−5.10）	−0.038 7 （−1.88）
HML	0.174 3*** （3.43）	0.353 3*** （4.87）	−0.012 3 （−0.35）
CMC	0.003 1** （2.10）	0.006 0*** （2.82）	−0.000 1 （−0.08）

表 9-5 中的第（1）列结果表明滞后一期的泡沫变量在 10% 水平下显著，说明股市泡沫传导存在滞后效应。第（2）列结果说明价格效率滞后一期对价格效率的影响并不显著，相反，价格效率受流动性溢价的影响显著。第（3）列结果表明，价格效率在 1% 的水平下显著，说明在流动性溢价与股市泡沫的传导路径中，价格效率中介效应仍然存在。稳健性检验结果与基准结果一致，说明模型（9-5）、模型（9-6）和模型（9-7）具有稳健性。

本章小结

经验证据表明，市场流动性危机是导致股市泡沫的重要因素之一，在此过程中资产价格效率扮演着重要角色。基于上证综指 2000—2020 年月度数据，以其自回归残差测度价格效率，运用 Amihud 的非流动性指标（ILLIQ）构造流动性溢价指标，检验价格效率的中介效应，探讨市场流动性和股市泡沫间的传导路径；基于 2006—2008 年和 2014—2016 年两个显著泡沫期，从价格效率角度分析货币政策和投资者异质信念对传导路径的影响。结果表明：价格效率在市场流动性与股市泡沫的传导路径中呈现增强型的完全中介效应；货币政策和投资者异质信念通过提升价格效率显著弱化泡沫传导路径；泡沫期间，适度增加货币供应量、降低投资者换手率能有效提升价格效率、显著降低泡沫强度，但在紧缩货币政策背景下，上述效果不明显。研究进一步指出，组合政策能有效防范衰退式泡沫和控制泡沫强度。

流动性是市场生命力象征，股市价格调控失灵甚至股市泡沫的产生都与流动性水平息息相关；价格效率是市场运行的关键，价格效率在显示股市价格异动的同时也反映了股票市场成熟程度和运行状况。本章以 2000—2020 年上证综指及相关变量月度数据为样本，探讨了流动性溢价、价格效率和股市泡沫三者之间的传导路径及影响因素，丰富和发展了市场流动性、价格效率与股市泡沫方面的理论文献，对股票市场稳定发展，以及投资者、政府机构认知并防范金融风险具有现实意义。一是注重市场流动性的直接效应。泡沫期间，通过测度市场流动性强弱反映市场状态，为投资者交易行为和行业监管政策提供参考。二是发挥价格效率的桥梁作用。市场流动性枯竭通过引发价格效率失常进一步扩大股市泡沫，此时，市场层面应关注流动性变化，投资者和宏观政策层面应注重股市价格的稳定性。三是泡沫期间，应对措施需"因地制宜"。紧缩货币政策下，应完善企业融资和新股上市机制；宽松货币政策下，适当提高货币供应量的同时也要降低投资者换手率；特别是，在宏观经济增速放缓的背景下，稳健偏宽松的货币政策和偏紧的宏观审慎政策能有效防范衰退式泡沫。

第十章

股票价格泡沫的识别机制

前面章节有关股票价格泡沫的内在机理分析表明，股票价格泡沫现象是客观存在的，是经济社会发展过程中不可回避的经济现象；股票价格泡沫的出现不仅导致股票错误定价而且引发股票市场剧烈波动，对资本市场产生不同程度的负面影响，自然影响金融服务实体经济的重任。本章基于计算实验金融设计股票价格泡沫识别机制，并以我国股票市场数据检验机制的有效性。本书提出的股票价格泡沫识别机制由三部分组成：一是获得金融资产动态基本价值。从沪深A股中遴选若干股票作为研究样本，样本股票组成"真实金融市场"，基于剩余收益估值模型获得样本股票的动态基本价值。二是设置无泡沫现象的"模拟金融市场"。基于样本股票的动态基本价值，借助Python3.6开发计算机模拟工具（简称"Mirror"，寓意真实金融市场的镜子）设置一个理想化的"模拟金融市场"，该市场无资产价格泡沫现象。三是设定泡沫识别标准。结合真实与模拟金融市场上资产价格及其基本价值走势，定义变量价格带（Price band）；基于模拟金融市场价格带，借助统计学方法获得资产价格上涨程度、峰顶最大超额定价程度和价格下降程度的三个基准，从而设定泡沫识别的三个标准，判断真实金融市场上的价格带是不是资产价格泡沫。

第一节　股票动态基本价值模型

我国股票市场是新兴市场，存在股利分配低频度、股利和现金流预测数据披露不完善等问题，故本书运用线性信息动态过程剩余收益估值模型求解股票动态基本价值，模型避免了未来企业盈利的主观估计，解决了模型无穷项难以计算的问题，且对股票价格的解释能力更强。线性信息动态剩余收益估值模型越简单，模型产生的噪声越少（Myers，1999）；同时，不同市值和账面市值比的上市公司经营水平和盈利能力不同，股票价格的波动程度也不相同，股票动态基本价值存在明显差异。因此，本章按照市值、账面市值比将样本股票分成不同组别，在此基础上参照卿小权等（2011）的线性信息动态剩余收益估值模型求解股票动态基本价值。

首先，按照市值、账面市值比将样本股票分成不同组。具体来说，分别求解股票在研究期内的年末市值和年末账面市值比的平均值，在此基础上按照年均市值、年均账面市值比将样本股票分成6组。以50%、50%的比例分为大市值组B和小市值组M，再分别将两组数据按照年均账面市值比，以1/3、1/3、1/3的比例分为大市值高账面市值比组BH，大市值中账面市值比组BM，大市值低账面市值比组BL，小市值高账面市值比组SH，小市值中账面市值比组SM和小市值低账面市值比组SL（赵昕等，2020）。由此可获得样本股票的6个分组，股票分组以q表示（$q=1,2,3,\cdots,6$）。

其次，求解样本股票动态基本价值。动态基本价值是当期每股剩余收益和每股净资产账面价值的线性组合。

$$FV_{i,t} = \alpha_{0_i} + \alpha_{1_i} RI_{i,t} + \alpha_{2_i} BV_{i,t} \tag{10-1}$$

$FV_{i,t}$是股票i在t季度的动态基本价值，$RI_{i,t}$为股票i在t季度的每股剩余收益，其为股票i在t季度扣除非经常损益后的每股净利润$KEPS_{i,t}$减去权益资本成本率与$t-1$季度末每股净资产账面价值的乘积，公式如下。

$$RI_{i,t} = KEPS_{i,t} - r_i BV_{i,t-1} \tag{10-2}$$

$BV_{i,t-1}$是股票i在$t-1$季度的每股净资产账面价值，其中r_i为权益资本成本，本公式通过 CAPM 模型获得，无风险利率为一年期银行定期存款利率，市场风险溢价通常取 2% 或 6%，这里取 6%。

每股剩余收益$RI_{i,t}$和每股净资产账面价值$BV_{i,t}$遵循线性信息动态过程。

$$RI_{i,t+1} = \omega_{10,q} + \omega_{11,q} RI_{i,t} + \omega_{12,q} BV_{i,t} + \varepsilon_{1t+1} \tag{10-3}$$

$$BV_{i,t+1} = \omega_{22,q} BV_{i,t} + \varepsilon_{2t+1} \tag{10-4}$$

式（10-3）表示t季度每股剩余收益$RI_{i,t}$及每股净资产账面价值$BV_{i,t}$对$t+1$季度每股剩余收益$RI_{i,t+1}$的影响。式（10-4）表示t季度每股净资产账面价值$BV_{i,t}$对$t+1$季度每股净资产账面价值$BV_{i,t+1}$的影响。其中，$\omega_{10,q}$是截距项，代表影响剩余收益的"其他信息"；$\omega_{11,q}$为剩余收益的持续性，$0 \leqslant \omega_{11,q} < 1$；$\omega_{12,q}$为每股净资产账面价值对每股剩余收益的影响（会计稳健因子），$\omega_{12,q} > 0$；$\omega_{22,q}$每股净资产账面价值的持续性，$1 < \omega_{22,q} < 1 + r_i$。通过式（10-3）和式（10-4）的回归，可获得$\omega_{10,q}$、$\omega_{11,q}$、$\omega_{12,q}$和$\omega_{22,q}$。

式（10-1）中α_{0_i}、α_{1_i}和α_{2_i}满足下式：

$$\alpha_{0_i} = \frac{\omega_{10,q}}{r_i(1 + r_i - \omega_{11,q})} \tag{10-5}$$

$$\alpha_{1_i} = \frac{\omega_{11,q}}{r_i(1 + r_i - \omega_{11,q})} \tag{10-6}$$

$$\alpha_{2_i} = \frac{\omega_{12,q}(1 + r_i)}{(1 + r_i - \omega_{11,q})(1 + r_i - \omega_{22,q})} + 1 \tag{10-7}$$

将上述数值代入式（10-1）即可获得样本股票各季度的动态基本价值$FV_{i,t}$。

第二节　模拟金融市场构建

参照真实金融市场，基于 Python3.6 开发计算机模拟工具 Mirror，设置模拟金融市场并模拟股票交易。模拟金融市场具体包括市场基本设置、交易者和交易机制设置。模拟金融市场的设置与真实金融市场及其股票组成密切相关，这里以 2005 年 1 月至 2018 年 12 月我国制造业股票组成真实金融市场，因此研究期为 2005 年 1 月至 2018 年 12 月，选择 2005 年之前上市的制造业公司股票，同时为防止指标异常波动，保证计算机模拟顺利进行，按照既定规则筛选样本股票。模拟金融市场上的股票与真实金融市场上股票一一对应，均为样本股票，模拟周期也与真实金融市场研究周期一致，均为 14 年。

一、市场基本设置

1. 资产和资金

基于模拟过程运算能力考虑，模拟金融市场上股票 i 的初始股数为其在真实金融市场上 2005 年年初流通股数量的百分之一。为顺利实现模拟交易，市场上的资金总量不仅要覆盖所有股票的交易，还要能保证交易者账户中的资金能支撑股票的自由交易，因此市场资金总额 $Cash_{total}$ 设定为：

$$Cash_{total}=2\sum_{i=1}^{100} P_{i,initial}^{reference}*N_{i,initial}^{reference} \tag{10-8}$$

其中，$N_{i,initial}^{reference}$ 为股票 i 的初始股数；$P_{i,initial}^{reference}$ 为股票 i 的初始价格，等于其在真实金融市场上动态基本价值 $FV_{i,t}$ 的均值，即 $P_{i,initial}^{reference} = \overline{FV_{i,t}}$。

2. 交易日

参照真实金融市场设定计算机模拟周期。首先，统计真实金融市场上样本股票 2005—2018 年每年各月交易日数；其次，将各股票各月交易日数出现频次最高的交易日数设定为模拟金融市场该月交易日数；最后，累加各月交易日数即可获得模拟金融市场年交易日数，具体数值为 246 天。因此，模拟金融市场模拟交易年数也为 14 年，每年的交易日数为 246 天。定义当前模拟交易的年份为第 y 年，当前模拟交易的日数为第 d 日，则 $y=1,2,3\cdots14$，$d=1,2,3\cdots246$。Mirror 虽能实现每日交易，但为了与真实金融市场月收盘价匹配，仅输出月收盘价。

二、交易者基本设置

我国金融市场中个人投资者在数量上占据绝对优势，个人投资者不仅能为市场创造活力，还能促进金融市场功能的正常发挥。因此，假设模拟金融市场上的交易者均为个人交易者，由计算机模拟形成，基于模拟过程运算能力考虑，将交易者 j 的数量设置为 1 000，$j=1,2,3\cdots1$ 000。在整个计算机模拟过程中没有交易者的离开和新交易者的进入。

1. 交易者决策方式

交易者基于股票 i 的市场表现形成对股票 i 的想买概率和想卖概率。对真实金融市场上股票 i 的月每股收益进行归一化处理，处理后的月每股收益表示交易者想买概率 $p_{buy,i,n}$，n 表示月度，$n=1,2,3\cdots168$。$p_{buy,i,n}$ 数值越高，交易者购买的意愿就越高。计算机在 0 至 1 间生成随机数作为概率 p_{buy}^{random}，若 p_{buy}^{random} 小于想买概率 $p_{buy,i,n}$，即 $p_{buy}^{random} < p_{buy,i,n}$，则表明交易者想买股票 i。

$p_{sale,i,n}$ 表示交易者想卖股票 i 的概率，受外部因素（如宏观政策、经济发展形势、行业发展水平和企业自身经营情况等）和内部因素（如自身资金供给和需求水平，对市场和股票的不同预期等）的影响，难以用某一指标量化，因此将交易者对股票 i 的想卖概率 $p_{sale,i,n}$ 设为定值。这里尝试了 0.1 ~ 0.9 间数值，取值 0.1 ~ 0.4 时，交易者卖出股票的概率较低；取值 0.6 ~ 0.9 时，交易者卖出股票的概率较高；当取值 0.5 时股票买卖交易能够顺利进行，交易者不会轻易卖出股票，能够模拟交易者的理性决策。因此本节将交易者对股票 i 的想卖概率 $p_{sale,i,n}$ 设为 0.5，表示交易者有 50% 的概率想卖出股票 i。

2. 交易者出价规则

买方出价 $P_{buy,i}$ 和卖方出价 $P_{sale,i}$ 需在当日涨跌停区间内进行。当买方出价 $P_{buy,i}$ 大于卖方出价 $P_{sale,i}$，即 $P_{buy,i} \geqslant P_{sale,i}$，交易成功。若此笔交易为股票 i 在第 d 日的第 m 笔交易，则该笔成交价格 $P_{i,d}^m$ 满足 $P_{i,d}^m = P_{buy,i}$。

3. 交易者账户变动规则

与真实金融市场一致，股票交易时遵循"整数买进、零数卖出"的原则，模拟金融市场上股票 i 的交易股数 $N_{buy,sale,i}$ 的形成分两种情况。（1）当卖方拥有股票 i 的数量 $N_{sale,i}$ 满足 $N_{sale,i} \geqslant 100$ 时，买卖双方交易者将在以 $Lowerbound = 100$ 为下界，以 $Upperbound = Min\left[Max\left(N_{buy,i} \right), Max\left(N_{sale,i} \right) \right]$ 为上界的区间内随机选择想要交易的股数并交易，成交时的股数为 $N_{buy,sale,i}$，其中 $Max\left(N_{buy,i} \right)$ 和 $Max\left(N_{sale,i} \right)$ 是买方和卖方在自身资金与资产限制下所能购买和卖出的最大股数。（2）当卖方拥有股票 i 的数量 $N_{sale,i}$ 满足 $N_{sale,i} < 100$ 时，买方买下所有股票 i，此时成交股数 $N_{buy,sale,i} = N_{sale,i}$。交易双方账户的资金和股数基于成交价格 $P_{i,d}^m$ 和成交股数 $N_{buy,sale,i}$ 进行相应改变。

4. 交易者的理性行为

交易者的理性行为程度较低时，羊群行为（Shiller，1984）、反馈交易（Pearson 等，2021）、噪声交易（Jones 等，1999）等交易行为广泛出现在市场中，推动股票价格的暴涨暴跌，从而产生泡沫。为有效模拟出模拟金融市场的无泡沫状态，假设模拟金融市场中的交易者是理性的，其在交易过程中能够理性出价。

首先，设置偏移量 $Deviation_{i,d}$。$Deviation_{i,d}$ 表示交易者基于股票上一日的相对成交量进行出价的理性行为。偏移量 $Deviation_{i,d}$ 基于相对成交量 $RV_{i,d-1}$ 形成。$RV_{i,d-1}$ 是股票 i 在第 $d-1$ 日的成交量相对于市场平均成交量的表现情况，计算公式如下。

$$RV_{i,d-1} = \frac{N_{i,d-1} \times P_{i,d-1}^{trading}}{\frac{1}{100} \times \sum_{i=1}^{100} N_{i,d-1} \times P_{i,d-1}^{trading}} \tag{10-9}$$

其中，$N_{i,d-1}$ 是股票 i 在第 $d-1$ 日的累计成交股数，$P_{i,d-1}^{trading}$ 是股票 i 在第 $d-1$ 日的交易价格，其为第 $d-1$ 日收盘价与第 $d-2$ 日收盘价的均值。对相对成交量 $RV_{i,d-1}$ 进行归一化处理，获得偏移量 $Deviation_{i,d}$。

$$Deviation_{i,d} = \frac{RV_{i,d-1} - Min_{d-1}}{Max_{d-1} - Min_{d-1}} \times 0.5 + \frac{RV_{i,d-1} - Max_{d-1}}{Min_{d-1} - Max_{d-1}} \times (-0.5) \tag{10-10}$$

其中，Max_{d-1}，Min_{d-1} 为第 $d-1$ 日相对成交量 $RV_{i,d-1}$ 中的最大值和最小值。假设理性交易者能够针对上一日成交量形成对市场和股票的理性分析，继而对市场表现好的股票表现出好的预期，对表现差的股票表现出不佳预期；同时，由于交易者理性程度较高，不会主动产生噪声交易，也不易受到市场中的噪声影响，因此不易出现极端预期。为此，以 0 为分界线，$Deviation_{i,d}$ 为正表示良性预期，为负表示不佳预期，超过一定范围则出现极端预期。这里尝试了 $\pm 0.1, \pm 0.2 \cdots \pm 1$ 作为 $Deviation_{i,d}$ 的边界值，发现 $Deviation_{i,d} > 0.5$ 或 $Deviation_{i,d} < -0.5$ 时交易者容易受噪声的影响，出现极端预期。因此，为抑制极端预期的出现，通过归一化处理将 $Deviation_{i,d}$ 的取值范围限定在 $-0.5 \leqslant Deviation_{i,d} \leqslant 0.5$，模拟理性交易者不易产生噪声，也不易受到噪声影响。

其次，构造基本偏差因子 $BaseDiff_{i,d,m}$ 和冷却因子 $Cold_{i,d,m}$。Chiarella 等（2009）认为，投资者信念包含基本面信念、技术面信念和噪声面信念。模拟金融市场上的交易者为理性交易者，在交易过程中不存在羊群效应和追涨杀跌等非理性行为，因此基于基本面信念构造基本偏差因子 $BaseDiff_{i,d,m}$，基于技术面信念构造冷却因子 $Cold_{i,d,m}$。

理性交易者基于股票价格相对于基本价值的偏差形成基本面信念。当股票价格接近并围绕基本价值上下波动时，股票能够真实地反映其基本价值，此时股票可以投资；当股票价格低于其基本价值时，股票处于低估状态，此时股票更值得投资，交易者对股票持乐观态度；但当股票持续多日处于低估状态时，交易者对股票持谨慎态度；当股票价格远高于其基本价值时，股票出现严重高估现象，交易者持谨慎态度，投资意愿较低。因此，当股票价格相对于基本价值连续多日出现正偏离或负偏离时，理性交易者对股票 i 持谨慎态度，基本偏差因子 $BaseDiff_{i,d,m}$ 如下。

$$BaseDiff_{i,d,m} = arccos(3 \times diff_{i,d,m}) - \frac{\pi}{2} + 1 \tag{10-11}$$

$$diff_{i,d,m} = \frac{P_{i,d}^m - FV_{i,n}^{reference}}{FV_{i,n}^{reference}} \tag{10-12}$$

其中，$diff_{i,d,m}$ 表示股票 i 第 d 日第 m 笔交易的价格 $P_{i,d}^m$ 相对于月基本价值 $FV_{i,n}^{reference}$ 的涨跌幅度。

冷却因子 $Cold_{i,d,m}$ 模拟了交易者的技术面信念，理性交易者基于股票相对成交量及价格变动趋势形成技术面信念。股票相对成交量高，交易者对股票持乐观态度，相对成交量低，交易者对股票持悲观态度；而当股票价格连续多日上涨，交易者对股票持谨慎态度，股票持续上涨的趋势会趋于平缓甚至逆转，当股票价格连续多日下跌，交易者对股票的悲观程度下降甚至出现乐观态度，股票持续下跌的趋势趋于平缓甚至逆转。因此，当股票 i 出现连续上涨或下跌时，理性交易者对股票 i 持谨慎态度，基于 cos 函数描述理性交易者的谨慎，由此获得冷却因子 $Cold_{i,d,m}$。

$$Cold_{i,d,m} = \cos(10\pi x_{amplitude,i,d,m}) \tag{10-13}$$

其中，$x_{amplitude,i,d,m}$ 为股票 i 第 d 日第 m 笔交易的价格 $P_{i,d}^m$ 相对于股票 i 上月收盘价涨跌幅的绝对值。cos 函数斜率的动态变化能够更好地表现理性交易者对股票上涨时的理性态度，下跌时的悲观态度，以及连续多日上涨和下跌时的谨慎态度。

最后，获得理性交易者的出价基准 $\mu_{i,d,m}$。依据沪深股市主板的最小报价单位，将报价波动幅度 $\sigma_{i,d,m}$ 设为 0.01 元。基于股票 i 第 d 日第 $m-1$ 笔交易的价格 $P_{i,d}^{m-1}$、偏移量 $Deviation_{i,d}$、基本偏差因子 $BaseDiff_{i,d,m}$、冷却因子 $Cold_{i,d,m}$ 和报价波动幅度 $\sigma_{i,d,m}$ 获得理性交易者的出价基准 $\mu_{i,d,m}$。

$$\mu_{i,d,m} = P_{i,d}^{m-1} + Deviation_{i,d} \times BaseDiff_{i,d,m} \times Cold_{i,d,m} \times \sigma_{i,d,m} \tag{10-14}$$

三、交易机制设置

1. 买空和卖空限制

模拟金融市场也设置买空和卖空限制。在模拟过程中，交易者不允许借入资金和股票，只能在所持有的资金和股票范围内进行股票的买卖交易。

2. 涨跌停机制

股票 i 在第 d 日涨跌停价格区间基于第 $d-1$ 日的收盘价 $P_{i,d-1}$ 形成。第 d 日的涨停和跌停价格分别为 $P_{i,d}^{Limit-up} = P_{i,d-1} \times (1+10\%)$ 和 $P_{i,d}^{Limit-down} = P_{i,d-1} \times (1-10\%)$。当股票 i 的某笔成交价格达到涨跌停价格时，涨跌停机制触发，股票 i 停止当日交易。

3. 交易过程

首先，计算代表股票和交易者初始属性的参数 $P_{i,initial}^{reference}$、$N_{i,initial}^{reference}$、$p_{buy,i,y}$ 和 $p_{sale,i,y}$，并将其输入 Mirror 中实现股票初始化。其次，根据交易者拥有的初始资金 $Cash_{j,initial}$

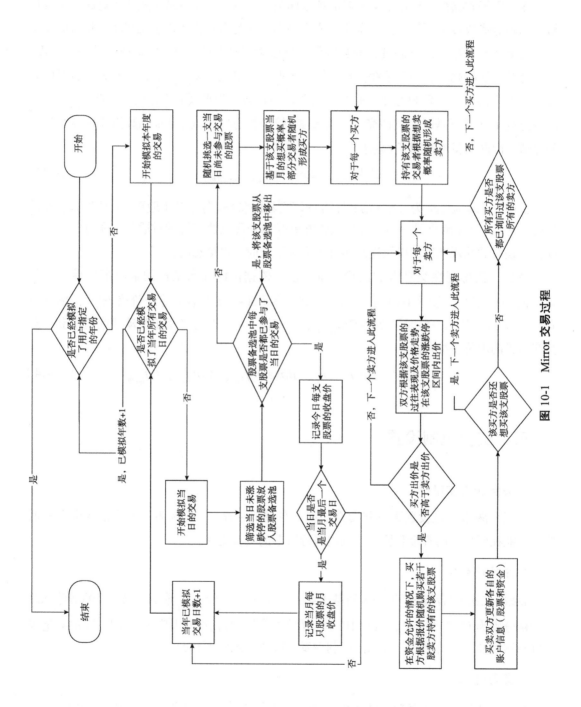

图 10-1 Mirror 交易过程

（ $Cash_{j,initial}=Cash_{total}/1000$ ），Mirror 按照既定股票初始价格 $P_{i,initial}^{reference}$ 将股票 i 的任意股数 $N_{i,initial}^{random}$ 随机分配到所有交易者账户中实现账户初始化。最后，参照我国证券竞价交易规则，按照图 10-1 所示的 Mirror 交易过程完成模拟金融市场交易，输出股票 i 在 14 年内各月的收盘价（月度价格数据），形成模拟金融市场上有样本股票各月的月度价格走势。

第三节　股票价格泡沫识别标准

一、价格带设置

泡沫是资产价格偏离基本价值后持续上涨，达到顶峰后持续下跌，跌回甚至跌破基本价值的连续性过程。因此，泡沫包含三个阶段：价格攀升阶段、峰顶最高价和价格崩溃阶段。其中，受不确定性因素影响，在价格攀升阶段，资产价格可能出现短暂回落，但回落后价格继续大幅上涨；同理，在价格崩溃阶段，资产价格可能出现短暂回升，但回升后价格继续大幅度下跌。我们将符合上述资产价格运动特征的一个连续性过程定义为价格带，价格带的起始月份为第 k 月，终止月份为第 s 月，整个价格带的持续时间为第 k 月至第 s 月。在一个价格带中，最高价格所在的月份为第 $n*$ 月，该月股票 i 价格与基本价值的偏差最大；以第 $n*$ 月为分界线，第 k 月至第 $n*$ 月为峰前阶段，第 $n*$ 月至第 s 月为峰后阶段，则峰前最低价，即峰前价格与基本价值偏差最小的月份为第 k 月，峰后最低价，即峰后价格与基本价值偏差最小的月份为第 s 月。

为更好地描述价格与基本价值的偏差，我们定义相对偏差 $RD_{i,n}^{real}$ 和 $RD_{i,n}^{reference}$，分别表示真实金融市场和模拟金融市场中股票 i 的价格与其基本价值的偏差程度。

$$RD_{i,n}^{real}=\frac{P_{i,n}^{real}-FV_{i,n}^{real}}{FV_{i,n}^{real}} \tag{10-15}$$

$$RD_{i,n}^{reference}=\frac{P_{i,n}^{reference}-FV_{i,n}^{reference}}{FV_{i,n}^{reference}} \tag{10-16}$$

其中，$P_{i,n}^{real}$ 代表真实金融市场股票 i 的第 n 月的收盘价，可通过数据库获得；$P_{i,n}^{reference}$ 代表模拟金融市场股票 i 的月收盘价，可通过计算机模拟获得；$FV_{i,n}^{real}$ 代表真实金融市场股票 i 的月度基本价值，其为该月所在 t 季度的 $FV_{i,t}$；$FV_{i,n}^{reference}$ 代表模拟金融市场股票 i 的月度基本价值，其为真实金融市场中股票 i 季度 $FV_{i,t}$ 的均值。

基于 Kirchler 等（2015）和 Weitzel 等（2020）的研究思路，设置 *AMPLITUDE*、*RDMAX* 和 *CRASH* 描述价格带的三个阶段。其中，*AMPLITUDE* 描述价格攀升程度，

$RDMAX$ 描述峰顶超额定价程度，$CRASH$ 描述价格崩溃程度。具体来说，在一个时间跨度从第 k 月至第 s 月的价格带中，$AMPLITUDE$ 描述第 k 月至第 $n*$ 月（峰前阶段）的价格攀升程度；$RDMAX$ 描述第 $n*$ 月（峰顶）超额定价程度；$CRASH$ 描述第 $n*$ 月至第 s 月（峰后阶段）的价格崩溃程度。由此，真实金融市场上价格带的特征指标为 $AMPLITUDE_{i,k\sim n*}^{real}$，$RDMAX_{i,n*}^{real}$ 和 $CRASH_{i,n*\sim s}^{real}$，具体计算公式如下。

$$
\begin{aligned}
RDMAX_{i,n*}^{real} &= \underset{k\leqslant n\leqslant s}{MAX}\left\{\frac{P_{i,n}^{real}-FV_{i,n}^{real}}{FV_{i,n}^{real}}\right\} \\
&= \underset{k\leqslant n\leqslant s}{MAX}\left\{RD_{i,n}^{real}\right\} \\
&= \frac{P_{i,n*}^{real}-FV_{i,n*}^{real}}{FV_{i,n*}^{real}}
\end{aligned}
\quad (10\text{-}17)
$$

$$
\begin{aligned}
AMPLITUDE_{i,k\sim n*}^{real} &= \underset{k\leqslant n\leqslant s}{MAX}\left\{\frac{P_{i,n}^{real}-FV_{i,n}^{real}}{FV_{i,n}^{real}}\right\} - \underset{k\leqslant n\leqslant n*}{MIN}\left\{\frac{P_{i,n}^{real}-FV_{i,n}^{real}}{FV_{i,n}^{real}}\right\} \\
&= \frac{P_{i,n*}^{real}-FV_{i,n*}^{real}}{FV_{i,n*}^{real}} - \frac{P_{i,k}^{real}-FV_{i,k}^{real}}{FV_{i,k}^{real}} \\
&= RDMAX_{i,n*}^{real} - RDMIN_{i,k}^{real}
\end{aligned}
\quad (10\text{-}18)
$$

$$
\begin{aligned}
CRASH_{i,n*\sim s}^{real} &= \underset{n*\leqslant n\leqslant s}{MIN}\left\{\frac{P_{i,n}^{real}-FV_{i,n}^{real}}{FV_{i,n}^{real}}\right\} - \underset{k\leqslant n\leqslant s}{MAX}\left\{\frac{P_{i,n}^{real}-FV_{i,n}^{real}}{FV_{i,n}^{real}}\right\} \\
&= \frac{P_{i,s}^{real}-FV_{i,s}^{real}}{FV_{i,s}^{real}} - \frac{P_{i,n*}^{real}-FV_{i,n*}^{real}}{FV_{i,n*}^{real}} \\
&= RDMIN_{i,s}^{real} - RDMAX_{i,n*}^{real}
\end{aligned}
\quad (10\text{-}19)
$$

其中，$real$ 表示真实金融市场，n 为研究期长度，$n*$ 对应相对偏差 $RD_{i,n}^{real}$ 最大的月份，k 对应峰前阶段相对偏差 $RD_{i,n}^{real}$ 最小的月份，s 对应峰后阶段相对偏差 $RD_{i,n}^{real}$ 最小的月份。在真实金融市场中，$RDMIN_{i,k}^{real}$ 为峰前阶段最小的相对偏差程度，$RDMIN_{i,s}^{real}$ 为峰后阶段最小的相对偏差程度，$RDMAX_{i,n*}^{real}$ 为峰顶最大相对偏差程度。

同理，模拟金融市场上价格带的特征指标为 $AMPLITUDE_{i,k\sim n*}^{reference}$，$RDMAX_{i,n*}^{reference}$ 和 $CRASH_{i,n*\sim s}^{reference}$，具体计算公式如下。

$$RDMAX_{i,n*}^{reference} = \underset{k\leqslant n\leqslant s}{MAX}\left\{\frac{P_{i,n}^{reference}-FV_{i,n}^{reference}}{FV_{i,n}^{reference}}\right\}:$$

$$=\underset{k\leqslant n\leqslant s}{MAX}\left\{RD_{i,n}^{reference}\right\} \tag{10-20}$$

$$=\frac{P_{i,n*}^{reference}-FV_{i,n*}^{reference}}{FV_{i,n*}^{reference}}$$

$$AMPLITUDE_{i,k\sim n*}^{reference} = \underset{k\leqslant n\leqslant s}{MAX}\left\{\frac{P_{i,n}^{reference}-FV_{i,n}^{reference}}{FV_{i,n}^{reference}}\right\} - \underset{k\leqslant n\leqslant n*}{MIN}\left\{\frac{P_{i,n}^{reference}-FV_{i,n}^{reference}}{FV_{i,n}^{reference}}\right\}$$

$$=\frac{P_{i,n*}^{reference}-FV_{i,n*}^{reference}}{FV_{i,n*}^{reference}}-\frac{P_{i,n}^{reference}-FV_{i,n}^{reference}}{FV_{i,n}^{reference}}$$

$$= RDMAX_{i,n*}^{reference} - RDMIN_{i,k}^{reference}$$

$$\tag{10-21}$$

$$CRASH_{i,n*\sim s}^{reference} = \underset{n*\leqslant n\leqslant s}{MIN}\left\{\frac{P_{i,n}^{reference}-FV_{i,n}^{reference}}{FV_{i,n}^{reference}}\right\} - \underset{k\leqslant n\leqslant s}{MAX}\left\{\frac{P_{i,n}^{reference}-FV_{i,n}^{reference}}{FV_{i,n}^{reference}}\right\}$$

$$=\frac{P_{i,s}^{reference}-FV_{i,s}^{reference}}{FV_{i,s}^{reference}}-\frac{P_{i,n*}^{reference}-FV_{i,n*}^{reference}}{FV_{i,n*}^{reference}}$$

$$= RDMIN_{i,s}^{reference} - RDMAX_{i,n*}^{reference}$$

$$\tag{10-22}$$

其中，reference 表示模拟金融市场。$n*$ 对应相对偏差 $RD_{i,n}^{reference}$ 最大的月份，k 对应峰前阶段相对偏差 $RD_{i,n}^{reference}$ 最小的月份，s 对应峰后阶段相对偏差 $RD_{i,n}^{reference}$ 最小的月份。在模拟金融市场中，$RDMIN_{i,k}^{reference}$ 为峰前阶段最小的相对偏差程度，$RDMIN_{i,s}^{reference}$ 为峰后阶段最小的相对偏差程度，$RDMAX_{i,n*}^{reference}$ 为峰顶最大相对偏差程度。

二、泡沫识别标准设置

泡沫是一个连续的过程，首先出现价格上涨阶段，其次出现峰顶价格阶段，最后出现价格崩溃阶段。参照 Razen 等（2017）的研究思路，基于模拟金融市场上的价格带特征值，获得表示价格带价格攀升、峰顶超额定价和价格崩溃程度的阈值。当一个价格带的价格攀升程度、峰顶的超额定价程度及价格崩溃程度依次满足相应的阈值条件时，价格带可被判定为泡沫。价格带价格攀升、峰顶超额定价和价格崩溃程度的阈值为 WMPLTUDE、RDMAX 和 CRASH，具体的计算公式如下。

$$AMPLTUDE = \overline{AMPLITUDE}^{reference} + t(df)_{0.9} \cdot \sigma(AMPLITUDE^{reference})$$

（10-23）

$$RDMAX = \overline{RDMAX}^{reference} + t(df)_{0.9} \cdot \sigma(RDMAX^{reference})$$ （10-24）

$$CRASH = \overline{CRASH}^{reference} - t(df)_{0.9} \cdot \sigma(CRASH^{reference})$$ （10-25）

其中，$\overline{AMPLITUDE}^{reference}$ 和 $\sigma(AMPLITUDE^{reference})$，$\overline{RDMAX}^{reference}$ 和 $\sigma(RDMAX^{reference})$，$\overline{CRASH}^{reference}$ 和 $\sigma(CRASH^{reference})$ 分别表示模拟金融市场上 $AMPLITUDE_{i,k\sim n^*}^{reference}$ 股票，$RDMAX_{i,n^*}^{reference}$ 和 $CRASH_{i,n^*\sim s}^{reference}$ 的均值和标准差。$t(df)_{0.9}$ 表示自由度 df 为 $(i-1)$ 的 t 分布的 90% 分位数对应的统计值。

构建泡沫识别标准。如果真实金融市场上某个价格带的特征指标 $RDMAX_{i,n^*}^{real}$ 高于阈值 $RDAMX$，表明它的峰顶超额定价程度超过模拟金融市场。同理，$AMPLITUDE_{i,k\sim n^*}^{real}$ 高于阈值 $AMPLTUDE$，表明它的价格攀升程度也超过模拟金融市场。$CRASH_{i,n^*\sim s}^{real}$ 小于阈值 $CRASH$，表明它的价格崩溃程度比模拟金融市场大（$CRASH_{i,n^*\sim s}^{real}$ 为负向指标，$CRASH_{i,n^*\sim s}^{real}$ 数值越小，价格崩溃程度越大）。因此，构建泡沫识别标准 C1-C3。

C1：$AMPLITUDE_{i,k\sim n^*}^{real} > AMPLTUDE$。

C2：$RDMAX_{i,n^*}^{real} > RDMAX$。

C3：$CRASH_{i,n^*\sim s}^{real} < CRASH$。

标准的左边是真实金融市场上价格带的三个特征指标，标准的右边是特征阈值。如果真实金融市场上股票 i 某个价格带的三个特征指标依次满足标准 C1-C3，则该价格带为股票 i 的一个泡沫，泡沫周期从第 k 月到第 s 月。其中，第 k 月到第 n^* 月为价格攀升阶段，第 n^* 月为峰顶最高价阶段，第 n^* 月到第 s 月为价格崩溃阶段。

第四节　股票价格泡沫识别结果与分析

一、数据选择

以 2005—2018 年为样本研究期，为防止指标的异常波动，保证计算机模拟的顺利进行，我们按照以下标准筛选股票。首先，根据样本研究期，选择 2005 年以前上市的制造业股票，为避免指标异常波动，剔除 ST、*ST 状态股票，获得 408 只股票；其次，为保证模拟金融市场交易正常进行，剔除较多月份存在极端股价的股票（尤其是部分酒类制造企业），此时获得 362 只股票；再次，剔除净资产为负值，数据不齐全，指标计算为负值，使得估值模型不显著的股票，此时获得 213 只股票；最后，基于计算机模拟运算能力考虑，选取 213 只股票中代表 22 个细分行业的 100 支股票为研究样本，并以此构造真实金融市场。所有数据来自 CSMAR 和 RESSET 数据库。

因企业年报中只展示了季度和年度财务数据，为保证数据量，笔者基于季度数据求解样本股票动态基本价值。除动态基本价值及其计算过程中需要使用的数据为季度数据外，其余数据均为月度数据。

基于线性信息动态剩余收益估值模型，即式（10-1）、式（10-3）和式（10-4）可获得各股票的动态基本价值，描述性统计如表 10-1 所示。

表 10-1　样本股票季度动态基本价值描述性统计结果

	Mean	Std	Max	Min	Mid
100 只股票	8.77	4.70	39.65	−2.04	7.65
SL	5.26	2.21	33.93	1.97	4.80
SM	7.17	2.46	19.94	−1.83	6.62
SH	10.02	5.30	38.01	2.37	8.88
BL	8.55	4.20	23.82	−2.04	7.72
BM	13.38	5.60	39.65	4.27	12.42
BH	8.75	3.27	23.13	3.11	8.05

从上述描述性统计分析可发现，相较于低市值组，高市值组样本股票的动态基本价值数值更大。同时，各组别动态基本价值间存在差异，说明企业经营活动影响企业估值水平；样本股票动态基本价值存在为负的情况，这可能是企业经营不善导致的。

二、模拟金融市场设置结果

基于 Mirror 模拟交易，获得研究期内样本股票在模拟金融市场上的月度收盘价（月度交易数据），如图 10-2 所示。为便于对比分析，这里给出真实金融市场上样本股票在 2005 年 1 月至 2018 年 12 月间的月度收盘价，如图 10-3 所示。整体来看，源于市场基本设置、交易者理性及交易机制的设计，相较于真实金融市场，模拟金融市场的价格走势更为平稳，不存在价格泡沫。为进一步明晰样本股票在两个市场上的价格走势，基于股票分组，选出 6 只样本股票，分别展示其在两个市场上的价格和动态基本价值，如图 10-4 所示。相较于真实金融市场，图 10-4 中的 6 只股票在模拟金融市场上的价格更平稳，能围绕基本价值上下波动。

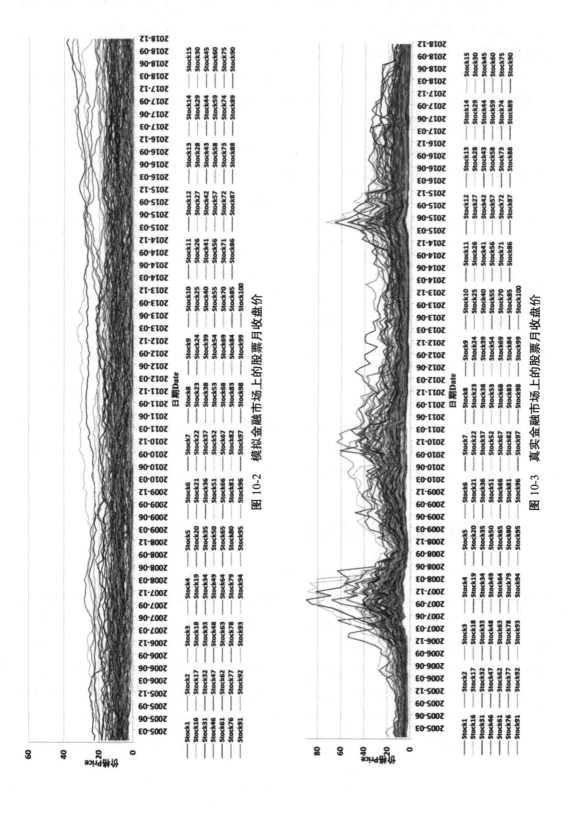

图 10-2　模拟金融市场上的股票月收盘价

图 10-3　真实金融市场上的股票月收盘价

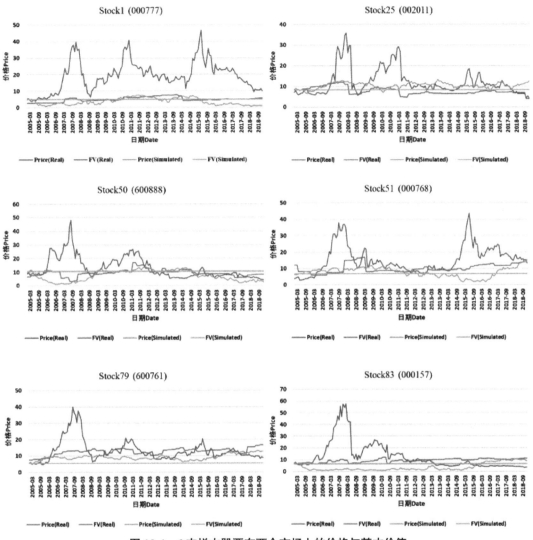

图 10-4　6 支样本股票在两个市场上的价格与基本价值

三、泡沫识别结果

　　根据价格带定义，真实金融市场和模拟金融市场上价格带的数量分别为 293 个和 290 个。由式（10-17）至式（10-22）分别获得两个市场中每个价格带的特征指标。基于模拟金融市场上 290 个价格带的特征指标，由式（10-23）至式（10-25）获得价格带的特征阈值，其中，价格带价格攀升程度的阈值 *AMPLTUDE* 为 1.187；峰顶超额定价的阈值 *RDMAX* 为 1.019；价格崩溃程度的阈值 *CARSH* 为 –1.153。基于上述三个阈值即可获得泡沫识别标准 C1-C3，将真实金融市场上 293 个价格带的三组特征指标分别代入 C1-C3 中即可判断各价格带是否为泡沫。依据泡沫识别标准 C1-C3，在真实金融市场上的 293 个价格带中，178 个是股票价格泡沫。

四、识别方法可靠性分析

识别出的 178 个泡沫基本分布于 2006—2008 年、2009—2012 年及 2014—2018 年，符合 21 世纪以来我国股票市场的走势。

从 2005 年起，上证指数开始上涨，从最低点 998 飙升至 6 124 而后暴跌至 1 664 点，跌幅近 65.4%，具有泡沫和崩盘的行为特征。2009—2011 年，国家采取宽松的货币政策刺激经济，受到重创的股市逐步回暖，但后期受到欧债危机等因素的影响，股票价格出现一定幅度的下降，上证指数从 2009 年 8 月 3 471 点到 2012 年 12 月 1 960 点。2014 年开始，市场热度持续上升，到 2015 年 6 月上证指数达到 5 178 点，而后开始暴跌，半年时间内跌幅达到 50%。由此可见，$Period1$ 和 $Period3$ 的泡沫程度强于 $Period2$，下文泡沫程度分析也能得出一致结论。这不但说明所构建的股票价格泡沫识别标准的合理性，也说明股票价格泡沫识别结果的可靠性。

五、泡沫程度分析

为便于描述，将 2006—2008 年、2009—2012 年及 2014—2018 年这三个时期分别简称为 $Period1$、$Period2$ 和 $Period3$。

表 10-2 展示了 2005 年 1 月至 2018 年 12 月模拟金融市场（Smk）上 290 个价格带、真实金融市场上非泡沫时期（Rmk'）的 115 个价格带（除泡沫外的价格带）、泡沫时期（Rmk''）的 178 个价格带、三个泡沫期 $Period1$、$Period2$ 和 $Period3$ 的 70 个、49 个和 59 个价格带的特征指标 $AMPLITUDE$、$RDMAX$ 和 $CRASH$ 的均值、标准差、最大值及最小值。

表 10-2　两个市场上价格带的特征指标的描述性统计结果

	AMPLITUDE				RDMAX				CRASH			
	Mean	Std	Max	Min	Mean	Std	Max	Min	Mean	Std	Max	Min
Smk	0.69	0.39	2.20	0.02	0.38	0.56	2.79	−0.79	−0.65	0.39	0.33	−1.95
Rmk'	1.02	0.37	2.21	0.17	0.57	0.42	2.39	−0.21	−0.97	0.40	0.09	−1.68
Rmk''	3.23	1.87	12.39	1.25	3.24	2.20	13.08	1.12	−3.20	1.92	−1.19	−10.88
$Period1$	3.32	1.77	8.50	1.47	3.17	1.95	8.44	1.19	−3.42	1.80	−1.54	−8.46
$Period2$	2.46	0.95	4.97	1.25	2.44	1.12	5.64	1.17	−2.25	0.93	−1.29	−4.63
$Period3$	3.05	1.85	8.37	1.33	2.89	2.19	11.26	1.12	−3.13	2.08	−1.21	−9.40

注：运用均值、标准差和最大值分析 $AMPLITUDE$ 和 $RDMAX$，因 $CRASH$ 为负值，越小表示泡沫崩溃程度越大，因此运用均值、标准差和最小值分析 $CRASH$。

表 10-2 前三行显示，真实金融市场上泡沫时期的价格攀升、峰顶超额定价及崩溃程度远大于其非泡沫时期和模拟金融市场，说明泡沫时期股票价格波动剧烈。真实金融市场非泡沫时期和模拟金融市场的价格攀升、峰顶超额定价及崩溃程度数值接近，但模拟金融市场 *AMPLITUDE*、*RDMAX* 部分数值略低，*CRASH* 部分数值略高（*CRASH* 为负值指标，数值越大崩溃程度越小），表明二者价格特征相似，模拟金融市场走势更为平稳。这说明在基于 Mirror 设置的模拟金融市场中股票价格稳定、不存价格泡沫现象，其价格带的特征指标可以作为真实金融市场上股票价格泡沫识别的阈值。

表 10-2 后三行显示，*Period*1 和 *Period*3 的价格攀升、峰顶超额定价及价格崩溃程度远大于 *Period*2，该特征与我国股票市场 2006—2008 年和 2014—2016 年出现两次明显泡沫现象基本吻合。接下来，结合上证指数走势（见图 10-5）分析三个时期的泡沫程度及泡沫产生原因。

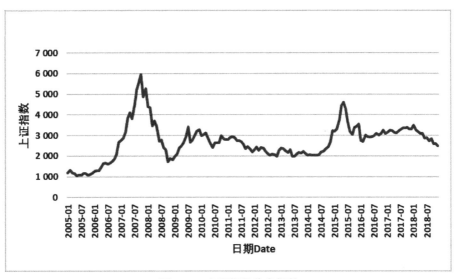

图 10-5　上证指数收盘指数

*Period*1：2005 年国家实施股权分置改革，极大提振了投资者信心；2007 年政府发布一系列鼓励内需和扩大投资的政策，受到利好政策影响，股票价格大幅上涨；2008 年受美国次贷危机等影响，股票市场暴跌，*Period*1 期间我国股市经历持续的急速上涨之后快速大幅下跌，上证指数从最低点 998 飙升至 6 124 而后暴跌至 1 664 点，具有泡沫和崩盘的行为特征。

*Period*2：2009—2011 年，国家采取宽松的货币政策刺激经济，受众多利好消息的冲击，股票市场缓慢震荡上行；2012 年受欧债危机等因素的影响，股票价格出现一定幅度的下降，*Period*2 期间上证指数从 2009 年 8 月 3 471 点到 2012 年 12 月 1 960 点。

*Period*3：2014 年国家加大改革创新力度，实施宽松的货币政策，市场情绪过热，股市风险逐渐积聚，到 2015 年 6 月上证指数达到 51 78 点；而随后的限制交易、禁止大股

东减持等措施削弱了市场信心，加剧了市场的恐慌情绪，出现大范围暴跌现象，半年时间内跌幅达到50%。由此可见，Period1和Period3的泡沫程度强于Period2，与同期上证指数走势基本一致。综上，国际金融市场波动、国内经济形势、财政和货币政策、市场情绪传导效应、投资者非理性投机行为等会导致股票泡沫的产生和崩溃。

个股的异质性可能导致其泡沫程度存在差异。这里，基于股票的市值和账面市值比、所属不同细分行业剖析个股异质性与其泡沫程度的关系。

首先，基于不同市值和账面市值比的股票分组，剖析178个股票价格泡沫程度的差异性。依据前文的股票分组（BH、BM、BL、SH、SM和SL），获得各组股票价格泡沫的特征指标AMPLITUDE、RDMAX和CRASH的均值、标准差和最值。结果如表10-3所示。

表10-3 不同股票分组泡沫的特征指标描述性统计结果

	Stock	Bubble	AMPLITUDE				RDMAX				CRASH			
	Sum	Sum	Mean	Std	Max	Min	Mean	Std	Max	Min	Mean	Std	Max	Min
SL	17	48	4.08	2.29	12.39	1.49	4.54	2.63	13.08	1.52	−4.10	2.31	−1.19	−10.88
SM	18	41	2.33	0.93	5.51	1.33	2.12	0.96	5.15	1.12	−2.40	1.18	−1.29	−6.73
SH	15	15	3.08	3.19	14.19	1.47	2.74	3.28	14.15	1.18	−3.02	3.27	−1.39	−14.41
BL	16	43	3.77	2.09	8.50	1.25	3.85	2.37	11.26	1.39	−3.62	2.22	−1.21	−9.40
BM	16	14	2.58	1.27	6.15	1.33	2.24	1.38	6.27	1.22	−2.52	1.09	−1.35	−5.36
BH	18	17	3.00	1.23	5.48	1.51	2.59	1.22	5.14	1.27	−2.93	1.09	−1.43	−5.36

注：运用均值、标准差和最大值分析AMPLITUDE和RDMAX，因CRASH为负值，越小表示泡沫崩溃程度越大，因此结合均值、标准差和最小值分析CRASH。

表10-3显示，第一，相较于大市值股票，小市值股票更易出现泡沫。中国股票市场散户和机构投资者均存在投机行为（徐浩峰等，2012），小市值股票的灵活性较强，受到短期投机者的青睐；小市值上市公司的运营、经营发展、盈利能力没有大市值上市公司稳定，投资风险相对较大，这导致小市值股票更易产生泡沫。第二，相较于高账面市值比股票，低账面市值比股票更易出现泡沫。低账面市值比股票为成长型股票，受投机者青睐；低账面市值比代表高市净率，市净率较高时股票存在较大风险，因此容易产生程度较强的泡沫。第三，相较于其他组别股票，小市值、低账面市值比股票的价格攀升程度、峰顶超额定价程度及价格崩溃程度更大，这源于上述两种情况的双重影响。

其次，基于100只股票的22个细分行业，剖析泡沫程度的差异性。将178个股票价格泡沫按照所属细分行业进行分类，获得各细分行业内股票价格泡沫特征指标AMPLITUDE、RDMAX和CRASH的均值、最大值（最小值）及其排名。表10-4为各指标的均值及排名，表10-5为各指标最大值（最小值）及排名。

表 10-4　细分行业泡沫价格特征指标描述性统计结果（均值）

细分行业	Mean			
	AMPLITUDE	RDMAX	CRASH	排名
电气机械和器材制造业	4.55	5.01	−4.31	4
纺织服装、服饰业	2.16	1.98	−2.09	19
纺织业	3.34	3.25	−3.42	10
非金属矿物制品业	1.97	1.61	−1.95	20
黑色金属冶炼和压延加工业	3.03	2.43	−3.00	13
化学纤维制造业	2.91	2.53	−2.90	12
化学原料和化学制品制造业	2.64	2.49	−2.60	14
计算机、通信和其他电子设备制造业	5.43	5.57	−5.22	2
酒、饮料和精制茶制造业	1.90	1.68	−4.01	16
皮革、毛皮、羽毛及其制品和制鞋业	5.23	5.47	−4.83	3
汽车制造业	2.40	2.24	−2.36	17
软件和信息技术服务业	4.46	3.93	−4.15	5
石油加工、炼焦和核燃料加工业	7.39	8.77	−7.60	1
食品制造业	1.74	1.71	−1.64	21
铁路、船舶、航空航天和其他运输设备制造业	4.04	3.92	−4.13	6
通用设备制造业	3.36	3.47	−3.36	8
橡胶和塑料制品业	3.30	3.27	−3.22	11
医药制造业	2.28	2.26	−2.21	18
印刷和记录媒介复制业	2.44	2.51	−2.42	15
有色金属冶炼和压延加工业	3.64	3.50	−3.60	7
造纸和纸制品业	1.94	1.49	−1.94	21
专用设备制造业	3.34	3.39	−3.34	9

表 10-5　细分行业泡沫价格特征指标描述性统计结果（最大值/最小值）

细分行业	Max (Min)			
	AMPLITUDE	RDMAX	CRASH	排名
电气机械和器材制造业	12.39	13.08	−10.19	2
纺织服装、服饰业	2.64	2.57	−2.86	20
纺织业	4.90	4.63	−4.55	12
非金属矿物制品业	3.13	2.88	−3.19	18
黑色金属冶炼和压延加工业	3.42	2.76	−3.30	17
化学纤维制造业	4.75	4.39	−4.57	13

（续表）

细分行业	Max (Min)			排名
	AMPLITUDE	RDMAX	CRASH	
化学原料和化学制品制造业	5.16	5.01	−4.74	11
计算机、通信和其他电子设备制造业	14.19	14.15	−14.41	1
酒、饮料和精制茶制造业	2.26	2.16	−6.73	16
皮革、毛皮、羽毛及其制品和制鞋业	5.23	5.47	−4.83	10
汽车制造业	3.34	3.67	−1.42	19
软件和信息技术服务业	4.46	3.93	−4.15	14
石油加工、炼焦和核燃料加工业	9.54	11.91	−10.88	3
食品制造业	1.88	1.78	−1.87	22
铁路、船舶、航空航天和其他运输设备制造业	6.19	6.45	−6.56	6
通用设备制造业	7.76	9.56	−8.76	4
橡胶和塑料制品业	8.50	8.44	−8.46	5
医药制造业	5.05	5.86	−6.14	7
印刷和记录媒介复制业	4.16	4.12	−4.02	15
有色金属冶炼和压延加工业	5.51	5.15	−5.36	7
造纸和纸制品业	2.00	1.57	−2.12	21
专用设备制造业	5.35	5.77	−5.29	7

注：运用最大值分析 AMPLITUDE 和 RDMAX，最小值分析 CRASH。

表 10-4 显示，均值排名前 5 的行业分别为：石油加工、炼焦和核燃料加工业，计算机、通信和其他电子设备制造业，皮革、毛皮、羽毛及其制品和制鞋业，电气机械和器材制造业，软件和信息技术服务业。表 10-5 显示，最大值／最小值排名前 5 的行业分别为：计算机、通信和其他电子设备制造业，电气机械和器材制造业，石油加工、炼焦和核燃料加工业，通用设备制造业，橡胶和塑料制品业。基于均值和最大值／最小值排名，我们发现，与计算机电子信息，电气机械及石油燃料加工相关的细分行业排在前列，说明上述行业的股票价格泡沫程度更强。计算机电子信息、电气机械制造行业，伴随产业升级，我国制造业逐步向"中国智造"转变，国家不断加大相关领域的扶持，为高端制造领域的持续高质量稳步发展提供了良好的环境，赢得各类投资主体广泛关注，利好时大量资金涌入，利空时大量资金撤出，造成股票价格大幅上涨和下跌，产生较为严重的泡沫；石油燃料加工相关行业具有高度周期性，除供求关系外，较易受到全球经济、地缘政治及极端天气的影响，不确定性因素较多，在受到利好利空消息的影响时较易发生暴涨暴跌，会产生较为严重的泡沫。

本章小结

本章基于计算实验金融提出了一种股票价格泡沫识别机制。首先，组建真实金融市场，依据市值和账面市值比对样本股票进行分组，在此基础上基于线性信息动态剩余收益估值模型计算样本股票的动态基本价值；其次，基于计算实验金融设置无泡沫现象的模拟金融市场并模拟样本股票交易；最后，基于模拟金融市场上资产价格及其基本价值走势设定泡沫识别标准，据此判断真实金融市场上的价格带是不是资产价格泡沫。我们以 2005—2018 年来自沪深 A 股制造业的 100 支样本股票为样本予以实证分析，检验股票价格泡沫识别机制的有效性。结果表明：（1）制造业 100 只样本股票的泡沫主要分布在2006—2008 年、2009—2012 年及 2014—2018 年，且 2006—2008 年及 2014—2018 年泡沫程度强于 2009—2012 年期间；（2）小市值、低账面市值比股票，计算机电子信息、电气机械制造及石油燃料加工等相关细分行业股票更容易出现泡沫，且泡沫程度更强。

第十一章

股票价格泡沫的预警模式

由于股票价格泡沫的强弱程度不同，再加上在对经济的影响程度、市场监管政策和投资者策略等方面均存在显著差异，若能进一步予以预警则能够提前发现市场中是否存在泡沫、确定泡沫强度如何，以便监管机构及时采取相应措施，降低金融风险发生的概率，提高市场稳定性。同时，当预警到可能存在泡沫时，投资者可以避免一些不合理投资，以此减少泡沫破裂带来的损失。为有效预警泡沫，本章在第十章的研究基础上，从宏观层面和微观层面遴选了三个指标，采用线性合成法构建股票价格泡沫预警指标；运用3σ原则获得股票价格泡沫的预警值和预警线，设置泡沫预警模式，借助交通信号灯规则分别赋予安全模式绿灯、警戒模式黄灯、危险模式红灯；以第十章的研究样本为样本提取泡沫程度转换线，将预警模式划分为六种状态：绝对或相对安全状态，警戒或高度警戒状态，危险或高度危险状态，继而对样本期内的股票价格泡沫予以预警分析，一方面检验预警模式的有效性，另一方面对预警结果进行分析。

第一节　泡沫预警指标构建

对于泡沫预警而言，单一的指标并不能完全反映金融市场的真实情况，需要结合多个指标和多个维度。学者们对预警指标的选择大致可分为宏观和微观两个方面，宏观方面主要关注股价指数、市场总交易量及股市成长能力等；微观方面包含企业层面和投资者层面，企业方面主要关注市盈率、市净率、企业市值等，投资者方面主要关注换手率、交易量及情绪指标等。股票价格泡沫的产生和破裂受多重因素的影响，本节结合泡沫驱动因素，基于宏观和微观层面构建泡沫预警指标。

作为宏观经济的晴雨表，股票市场能够反映经济的发展趋势，因此量化宽松政策措施带来的影响会体现到股票市场中；同时，作为股票市场中的个体，单只股票极易受到市场整体的影响，因此有必要关注市场变化。企业自身的扩大经营和投资活动作为泡沫的驱动因素，能够促使企业市值变动，从而推动股票价格上涨和下跌，产生泡沫。股票的估值能够反映泡沫情况，因此估值高低常作为泡沫的判断标准。同时，作为股票市场的重要组成部分，投资者依据自身资金和预期参与到股票交易中，其过热交易及追涨杀跌等非理性投资行为容易造成股票价格暴涨暴跌，进而导致泡沫的产生和崩溃，故而同样有必要关注投资者在市场中的交易状态。因此，结合泡沫驱动因素构造预警指标具有一定合理性。本章从市场、资产本身及投资者层面选取指标，基于归一化处理形成市场状态指标X_1、股票估值指标X_2及投资者交易指标X_3，通过指标合成的方法构造泡沫预警指标。归一化处理能够将不同范围的数值映射到相同的尺度上，以便变量之间进行比较和统一处理，归一化后的数据为无量纲数据。具体的归一化法计算公式如下。

$$y = \frac{x - x_{\min}}{x_{\max} - x_{\min}} \tag{11-1}$$

对于指标选择，市场层面的指标主要关注金融市场的状态和整体走势，如市场的总交易量、股价指数、流通市值等。上述指标中，股价指数更为全面和通用，故基于归一化处理的上证指数和深证成指形成市场状态指标 X_1。具体来说，若股票来自上海证券交易所，则用上证指数作为市场状态指标 X_1；若股票来自深圳证券交易所，则用深证成指作为市场状态指标 X_1。因归一化处理后的数据是无量纲数据，介于 0 ~ 1，故证券交易所不同不会影响结果。

资产本身层面主要关注股票价格与价值水平，市盈率、市净率、市销率及股息率等指标均可反映股票估值情况。我们常用的是市盈率法，即当市盈率小于 14 时属于较低估值水平；当市盈率大于 20 时属于较高估值水平，超过越多则资产的泡沫程度越严重；当市盈率介于 14 ~ 20 时属于正常估值水平。此方法也存在一些缺陷，如不同行业之间估值不具备可比性；且当上市公司经营不善时，市盈率可能为负值，此时指标失去估值意义，需寻找其他方法估值。本节将泡沫定义为股票价格超过其基本价值的部分，同时考虑到中国股票市场尚未成熟，部分股票的市盈率较为极端，故选取股票价格与基本价值的比值，基于归一化处理形成股票估值指标 X_2，反映股票价格与其基本价值的偏离程度，此方法能够反映股票价格与其基本价值的关系，更好地反映估值的本质。

投资者层面主要关注投资者的行为和心理因素，如投资者杠杆比例、股票集中度、投资性交易比例、换手率等。本书选取归一化处理后的换手率为投资者交易指标 X_3。换手率指能够反映市场中投机交易的活跃和频繁程度，能有效反映市场中股票的流通性强弱程度（方毅等，2022）。当某只股票受到投资者的喜爱和追捧时，该股票交易的活跃度会提高，存在较高的换手率，此时极易推高股价，导致股票估值偏高，当估值过高时产生严重泡沫，给市场和投资者带来不良影响。

通过归一化处理获得市场状态指标 X_1、股票估值指标 X_2 及投资者交易指标 X_3。在此基础上求解各组指标的均值、标准差及指标间的相关系数，参照马威（2013）的方法，通过变异系数法、均方差法、相关系数法及 CRITIC 法求解三个指标的权重，基于此通过指标合成法定义预警指标。变异系数法计算公式如下。

$$v_p = \frac{\sigma_p}{\mu_p} \tag{11-2}$$

$$\omega_p = \frac{v_p}{\sum_{p=1}^{3} v_p} \tag{11-3}$$

其中，p 表示指标数量，$p=1,2,3$。μ_p 表示第 p 个指标的均值，σ_p 表示第 p 个指标的标准差，ω_p 表示相应的权重。

均方差法计算公式如下。

$$\omega_p = \frac{\sigma_p}{\sum_{p=1}^{3} \sigma_p} \tag{11-4}$$

相关系数法需要求解三个指标间的相关系数，基于相关系数获得指标权重，相关系数矩阵 R 及相关系数法处理如下。

$$R = \begin{bmatrix} r_{11} & r_{12} & r_{13} \\ r_{21} & r_{22} & r_{23} \\ r_{31} & r_{32} & r_{33} \end{bmatrix} \tag{11-5}$$

$$I_p = (1-|r_{1p}|) + (1-|r_{2p}|) + (1-|r_{3p}|) \tag{11-6}$$

$$\omega_p = \frac{L_p}{\sum_{p=1}^{3} L_p} \tag{11-7}$$

CRITIC 法处理与相关系数法相似，也需基于相关系数获得指标权重。

$$N_p = (1-r_{1p}) + (1-r_{2p}) + (1-r_{3p}) \tag{11-8}$$

$$M_p = \sigma_p \sum_{p=1}^{3} N_p \tag{11-9}$$

$$\omega_p = \frac{M_p}{\sum_{p=1}^{3} M_p} \tag{11-10}$$

不同预警指标能从不同角度反映泡沫情况，但指标之间又存在一定联系，将三个指标结合起来能较全面地进行泡沫预警，故通过指标的线性合成构造泡沫预警指标 $Index$。线性合成法能全面考虑各个指标，较为直观地反映预警指标的特征以及各指标对于预警指标的贡献，同时计算过程简单、直观且易于操作，故指标的综合性和有效性较强。但简单的线性合成可能存在对指标权重的主观估计，缺乏一定说服力，因此本节在指标合成的过程中考虑了各指标的均值、标准差及相关系数等，依据指标的重要性程度赋予相应权重，其能有效反映各指标之间的关系，克服主观估计的缺陷，同时指标的精度和准确性得以提高，因而具备一定合理性。

通过式（11-2）至式（11-10），可获得三个指标的权重，并取其算术平均值 a、b 和 c 作为 X_1、X_2 和 X_3 的权重，基于线性合成的方法合成预警指标 $Index$。

$$Index = aX_1 + bX_2 + cX_3 \tag{11-11}$$

第二节　泡沫预警模式构建

预警模式基于预警指标的数量分析形成，借助 3σ 原则设定不同的预警模式，参照交通信号规则，采用红灯、绿灯和黄灯形象表示不同股票价格泡沫程度所处的预警状态。

一、泡沫预警值设置

基于第十章的实证分析，获得样本股票在研究期内（2005 年 1 月至 2018 年 12 月）的泡沫时期，通过式（11-11）获得泡沫期各股票各月的预警指标 $Index$，在此基础上获得其均值 μ^* 和标准差 σ^*。在绪论中已明确说明本书的研究对象是股票价格的正向泡沫（泡沫峰顶时期价格远大于基本价值），故而基于 3σ 原则上偏差获得股票价格泡沫的预警值分别为 $\mu^*+\sigma^*$、$\mu^*+2\sigma^*$ 和 $\mu^*+3\sigma^*$，并分别对应股票价格泡沫的预警线，即安全底线、警戒底线和危险底线。

基于预警值和预警线，我们定义了股票价格泡沫预警的三种模式：安全底线以下为安全模式，安全底线和警戒底线之间为警戒模式，警戒底线以上为危险模式。此外，超过警戒底线的股票进入危险模式，此时股票价格发生暴涨暴跌，出现严重泡沫现象，对金融市场产生剧烈负面影响，故不设危险底线。同时，借助交通信号灯规则，赋予安全模式绿灯，警戒模式黄灯，危险模式红灯。

二、泡沫程度转换值设置

在每个预警模式中，股票价格不断变化，安全程度、警戒程度及危险程度存在差异，为更清晰地表述泡沫预警的三种模式，我们设置程度转换值和程度转换线，将每种预警模式细分为两种状态。程度转换值和程度转换线仍基于第十章样本的研究期（2005 年 1 月至 2018 年 12 月）和样本股票的预警指标相关数据形成。

通过式（11-11）获得样本股票在 2005 年 1 月至 2018 年 12 月的预警指标 $Index$，在此基础上获得预警指标 $Index$ 的均值 μ 和标准差 σ，基于 3σ 原则上偏差设置程度转换值：$\mu+\sigma$、$\mu+2\sigma$ 和 $\mu+3\sigma$，分别对应安全程度转换线、警戒程度转换线和危险程度转换线。基于程度转换线，我们可将预警模式细分为六种状态：安全程度转换线以下为绝对安全状态，以上为相对安全状态；警戒程度转换线以下为警戒状态，以上为高度警戒状态；危险程度转换线以下为危险状态，以上为高度危险状态。泡沫预警模式的具体内容如表 11-1 所示。

表 11-1　泡沫预警模式

模式	区域	状态	信号灯	描述
安全	$Index < \mu + \sigma$	绝对安全	绿	股票价格处于平稳或繁荣状态，抑或是泡沫破裂的后衰退期和复苏状态
	$\mu + \sigma < Index < \mu* + \sigma*$	相对安全	绿	相较于绝对安全状态，股票价格处于繁荣或处于泡沫破裂的后衰退期
警戒	$\mu* + \sigma* < Index < \mu + 2\sigma$	警戒	黄	股票市场过热，投机严重，股票价格可能出现泡沫或处于泡沫破裂的中衰退期
	$\mu + 2\sigma < Index < \mu* + 2\sigma*$	高度警戒	黄	相较于警戒状态，股票价格出现较大程度的攀升或崩溃，是价格泡沫前兆或泡沫破裂的中衰退期
危险	$\mu* + 2\sigma* < Index < \mu + 3\sigma$	危险	红	股票价格出现更大程度的价格攀升或崩溃，部分股票出现价格泡沫或处于泡沫破裂的前衰退期。
	$Index > \mu + 3\sigma$	高度危险	红	股票价格短期内达到顶峰，其余股票出现价格泡沫或处于泡沫破裂的前衰退期

第三节　股票价格泡沫预警结果与分析

一、预警指标计算结果

通过归一化处理及指标合成法，获得市场状态指标 X_1，估值指标 X_2 和交易指标 X_3 的权重，取其算术平均值合成预警指标 $Index$，结果如表 11-2 所示。

表 11-2　指标权重

	市场状态指标 X_1	估值指标 X_2	交易指标 X_3
变异系数权重	0.217	0.362	0.422
均方差值权重	0.322	0.368	0.310
相关系数权重	0.318	0.319	0.363
CRITIC 权重	0.308	0.353	0.339
平均权重	0.291	0.350	0.359

我们将市场状态指标 X_1，估值指标 X_2 和交易指标 X_3 的平均权重及 100 只样本股票在研究期（2005 年 1 月至 2018 年 12 月）各月的具体指标数值代入式（11-11），即可获得研究期内 100 只股票的预警指标 $Index$，具体走势如图 11-1 所示。

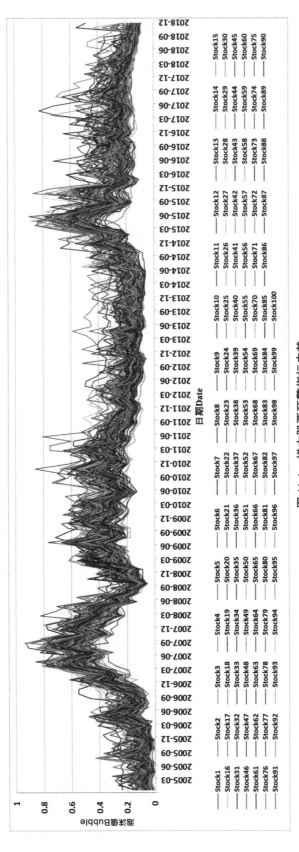

图 11-1　样本股票预警指标走势

二、预警模式设置结果

基于研究期（2005 年 1 月至 2018 年 12 月）100 只股票的预警指标，我们获得了泡沫时期预警指标的均值 μ^* 和标准差 σ^*，其数值分别为 0.305 和 0.146，并获得了预警线及其相应的预警值：安全底线 $\mu^*+\sigma^*$ 为 0.451，警戒底线 $\mu^*+2\sigma^*$ 为 0.597。因超过警戒底线的股票进入危险模式，此时股票价格发生暴涨暴跌，出现严重泡沫现象，对金融市场产生较大的负面影响，故不计算危险底线。基于安全底线和警戒底线，我们获得了泡沫预警的三种模式：安全模式、警戒模式和危险模式。

基于 2005 年 1 月至 2018 年 12 月 100 只股票的预警指标，统计均值 μ 和标准差 σ，其数值分别为 0.271 和 0.141，在此基础上获得程度转换线及其相应数值：安全程度转换线 $\mu+\sigma$ 为 0.412，警戒程度转换线 $\mu+2\sigma$ 为 0.553，危险程度转换线 $\mu+3\sigma$ 为 0.694。依据程度转换线，可将预警模式划分为六种状态：绝对或相对安全状态，警戒或高度警戒状态，危险或高度危险状态。由此形成三种预警模式及六种状态，结果如表 11-3 和图 11-2 所示。

表 11-3　泡沫预警模式判断

模式	区域	状态	信号灯
安全	$Index < 0.412$	绝对安全	绿
	$0.412 < Index < 0.451$	相对安全	绿
警戒	$0.451 < Index < 0.553$	警戒	黄
	$0.553 < Index < 0.597$	高度警戒	黄
危险	$0.597 < Index < 0.694$	危险	红
	$Index > 0.694$	高度危险	红

三、预警模式可靠性分析

图 11-2 展示了 2005 年 1 月至 2022 年 12 月样本股票的预警指标曲线，以及相应的预警线和程度转换线。其中，安全底线为绿色实线，警戒底线为黄色实线；安全程度转换线为绿色虚线，警戒程度转换线为黄色虚线，危险程度转换线为红色虚线。为检验预警模式的可靠性，我们在 2005 年 1 月至 2018 年 12 月样本股票的预警指标曲线，以及相应的预警线和程度转换线的基础上，结合上证指数走势（见图 11-3）予以分析。

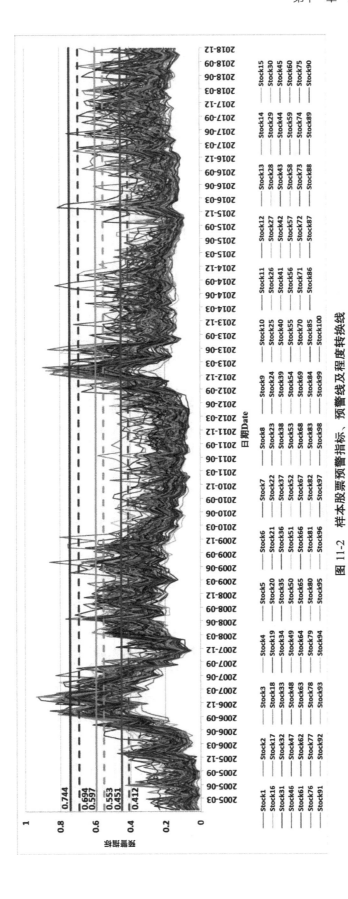

图 11-2　样本股票预警指标、预警线及程度转换线

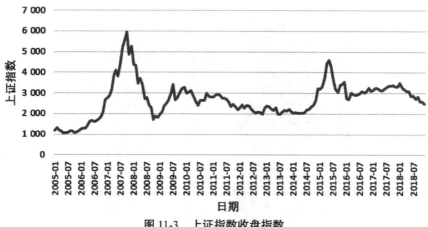

图 11-3　上证指数收盘指数

基于第十章的描述，*Period*1 指 2006—2008 年，*Period*2 指 2009—2012 年，*Period*3 指 2014—2018 年。图 11-2 显示，*Period*1、*Period*2 和 *Period*3 期间，不同预警指标曲线虽波动幅度不同，但走势大体相同；100 只样本股票中处于警戒模式的股票数量分别为 100 只、81 只和 95 只，处于危险模式的股票数量分别为 80 只、27 只和 60 只，处于高度危险状态的股票数量分别为 48 只、7 只和 28 只。这表明，相较于 *Period*2 时期，*Period*1 和 *Period*3 时期处于警戒模式和危险模式的股票数量更多，进一步说明 *Period*1 和 *Period*3 时期泡沫程度更强，也与图 11-3 展示的上证指数走势图相符，说明了预警模式设置的合理性。

四、预警结果分析

根据表 11-3 列出的泡沫预警模式，并结合图 11-2，我们可以判断 *Period*4 期间样本股票价格走势所处的预警模式及状态。第一，2019 年 1 月至 2020 年 5 月，绝大多数股票的预警指标处于安全模式，即处于绝对安全或相对安全状态。2019 年处于 *Period*3 泡沫后的经济复苏期，受到多种外部因素的影响，导致市场信心不足，故而少有股票突破安全底线。第二，2020 年 6 月之后，56 只股票进入警戒模式（警戒或高度警戒状态）；18 只股票进入危险模式，其中 3 只股票处于高度危险状态。处于危险模式的股票对出口有更高的依赖性，股票价格更易出现暴涨暴跌现象；处于警戒模式的股票虽对出口有依赖性，但依赖性较危险模式小，股票价格攀升和崩溃的程度也较危险模式低，不易突破警戒底线，因而表现为危险模式股票的数量少于警戒模式股票的数量。

总体上，在 *Period*4 时期，100 只股票的预警指标走势类似于其在 *Period*2 时期的走势。*Period*2 和 *Period*4 时期处于警戒模式的股票数量分别为 75 只和 74 只；处于危险模式的股票数量分别为 21 只和 28 只，其中高度危险状态的股票数量分别为 6 只和 7 只，具有一定的相似性。*Period*4 前期，市场呈现出较不明朗的形势，股票价格容易出现暴涨暴跌现象；*Period*4 后期（2022 年 10 月至 2022 年 12 月），多项利好政策相继出台，市场信心不足的情况有所改善。

本章小结

基于股票价格泡沫识别结果，结合股票价格泡沫的合成预警指标，运用 3σ 原则提出泡沫预警的三种模式和六种状态，在此基础上进行股票价格泡沫预警。首先，基于变异系数法、均方差法、相关系数法及 CRITIC 法，从市场、资产和投资者等三个层面运用指标合成法定义预警指标；其次，基于研究期内泡沫时期的预警指标，结合 3σ 原则，定义安全底线和警戒底线，提出泡沫预警的三种模式：安全模式、警戒模式和危险模式，并借助交通信号规则分别赋予绿灯、黄灯和红灯；再次，为更好区分同一预警模式内股票的不同价格状态，基于研究期内预警指标，定义安全程度转换线、警戒程度转换线和危险程度转换线，获得预警模式的六种状态：绝对或相对安全状态，警戒或高度警戒状态，危险或高度危险状态；最后，以 2005—2018 年来自沪深 A 股制造业的 100 只样本股票予以实证分析，探究研究期内预警未来制造业股票价格走势，结果表明：2019—2022 年的股票的价格走势类似于 2009—2012 年，相较于 2019 年 1 月至 2020 年 5 月，2020 年 6 月至 2022 年 12 月处于警戒状态和危险状态的股票更多，价格波动程度也更大，加上实施积极稳健的财政货币政策，市场预期好转，经济缓慢稳步恢复，股票市场也将从底部缓慢震荡上行，未来需防范资产价格泡沫出现。

参考文献

1. 白俊，连立帅. 信贷资金配置差异：所有制歧视抑或禀赋差异？[J]. 管理世界，2012，（6）：30-42.

2. 毕鹏，王丽丽. 机构投资者网络与资产误定价：激浊扬清抑或推波助澜 [J]. 金融发展研究，2022，（5）：39-48.

3. 才国伟，吴华强，徐信忠. 政策不确定性对公司投融资行为的影响研究 [J]. 金融研究，2018，（3）：89-104.

4. 蔡庆丰，陈熠辉，林焜. 信贷资源可得性与企业创新：激励还是抑制？——基于银行网点数据和金融地理结构的微观证据 [J]. 经济研究，2020，55（10）：124-140.

5. 蔡向高，邓可斌. 无消息即坏消息：中国股市的信息不对称 [J]. 管理科学学报，2019，22（4）：75-91.

6. 曹丰，鲁冰，李争光，等. 机构投资者降低了股价崩盘风险吗？[J]. 会计研究，2015，（11）：55-61.

7. 曹建飞. 投机性股市泡沫预警指标的构建与实证分析 [J]. 中国管理信息化，2009，12（18）：58-60.

8. 陈爱珍，王闯. 企业环境责任、绿色技术创新与企业财务绩效 [J]. 税务与经济，2023，（4）：82-89.

9. 陈德球，刘经纬，董志勇. 社会破产成本、企业债务违约与信贷资金配置效率 [J]. 金融研究，2013，（11）：68-81.

10. 陈国进，颜诚，赵向琴. 中国股市泡沫的识别和预测：基于 SSMS 模型 [J]. 统计与决策，2016，（1）：155-159.

11. 陈国进，颜诚. 中国股市泡沫的三区制特征识别 [J]. 系统工程理论与实践，2013，33（1）：25-33.

12. 陈国进，张贻军，王景. 再售期权、通胀幻觉与中国股市泡沫的影响因素分析 [J]. 经济研究，2009，44（5）：106-117.

13. 陈国进，张贻军. 异质信念、卖空限制与我国股市的暴跌现象研究 [J]. 金融研究，2009，（4）：80-91.

14. 陈国进，颜诚. 中国股市泡沫的三区制特征识别 [J]. 系统工程理论与实践，2013，33（1）：25-33.

15. 陈国进，张贻军，王景. 再售期权、通胀幻觉与中国股市泡沫的影响因素分析 [J]. 经济研究，2009，44（5）：106-117.

16. 陈俊，徐怡然，董望，等. 汇率政策、内部控制与风险对冲——基于"8.11汇改"冲击的市场

感知视角 [J]. 管理世界，2023，39（8）：40-59.

17. 陈浪南，刘劲松. 货币政策冲击对股票市场价格泡沫影响的时变分析 [J]. 统计研究，2018，35（8）：39-47.

18. 陈浪南，王升泉. 股权资产泡沫驱动因素的实证研究：基于 20 个国家的证据 [J]. 管理科学学报，2019，22（1）：1-16.

19. 陈森鑫，黄振伟. 股价波动的长记忆性与横截面股票收益——基于中国市场的实证研究 [J]. 中国管理科学，2023，31（4）：1-10.

20. 陈强，马超. 基于信息冲击视角的金融市场流动性与效率问题的研究 [J]. 系统工程理论与实践，2021，41（8）：1990-2003.

21. 陈彦斌，刘哲希，陈伟泽. 经济增速放缓下的资产泡沫研究——基于含有高债务特征的动态一般均衡模型 [J]. 经济研究，2018，53（10）：16-32.

22. 池毛毛，叶丁菱，王俊晶，等. 我国中小制造企业如何提升新产品开发绩效——基于数字化赋能的视角 [J]. 南开管理评论，2020，（3）：63-75.

23. 褚剑，方军雄. 中国式融资融券制度安排与股价崩盘风险的恶化 [J]. 经济研究，2016，51（5）：143-158.

24. 邓伟，唐齐鸣. 基于指数平滑转移模型的价格泡沫检验方法 [J]. 数量经济技术经济研究，2013，30（4）：124-137.

25. 翟淑萍，韩贤. 财务问询监管提高了资本市场定价效率吗 [J]. 现代经济探讨，2021，（5）：47-55.

26. 丁慧，吕长江，陈运佳. 投资者信息能力：意见分歧与股价崩盘风险——来自社交媒体"上证 e 互动"的证据 [J]. 管理世界，2018，34（9）：161-171.

27. 丁肖丽. 投资者情绪、意见分歧与股票错误定价——基于中国 A 股市场经验数据 [J]. 系统工程，2018，36（3）：24-32.

28. 方杰，张敏强. 中介效应的点估计和区间估计：乘积分布法、非参数 Bootstrap 和 MCMC 法 [J]. 心理学报，2012，44（10）：1408-1420.

29. 方先明，那晋领. 创业板上市公司绿色创新溢酬研究 [J]. 经济研究，2020，55（10）：106-123.

30. 方毅，陈煜之. 中国股市的移动均线指标异象——基于投机和套利限制视角 [J]. 现代经济探讨，2022，492（12）：1-17.

31. 高红红. 泡沫经济预警指标体系研究 [D]. 西安理工大学，2019.

32. 宫玉松. 中国股市泡沫的成因与对策 [J]. 审计与经济研究，2017，32（5）：119-127.

33. 关伟，张晓龙. A 股市场错误定价的度量及影响因素研究 [J]. 经济理论与经济管理，2017，（7）：77-86.

34. 郭文伟. 股市泡沫与债市泡沫之关系：此消彼长抑或相互促进？——兼论货币政策及资本市场改革措施的影响 [J]. 中央财经大学学报，2018，371（7）：26-39.

35. 韩立岩，蔡红艳. 我国资本配置效率及其与金融市场关系评价研究 [J]. 管理世界，2002，（1）：65-70.

36. 何朝林，张棋翔，曹旺栋. 基于异质价格信念的金融资产泡沫形成机制 [J]. 中国管理科学，2022，30（12）：162-172.

37. 何帆，刘红霞. 数字经济视角下实体企业数字化变革的业绩提升效应评估 [J]. 改革，2019，（4）：137-148.

38. 胡秀群，韩思为，翁秀磊．企业数字化发展对非效率投资的矫正效应 [J]．海南大学学报（人文社会科学版），2022，（5）：169-179.

39. 黄大禹，谢获宝，孟祥瑜，等．数字化转型与企业价值——基于文本分析方法的经验证据 [J]．经济学家，2021，（12）：41-51.

40. 黄峰，杨朝军．流动性风险与股票定价：来自我国股市的经验证据 [J]．管理世界，2007，（5）：30-39.

41. 黄宏斌，于博，丛大山．经济政策不确定性与企业自愿性信息披露——来自上市公司微博自媒体的证据 [J]．管理学刊，2021，（6）：63-87.

42. 黄虹，卢佳豪，黄静．经济政策不确定性对企业投资的影响——基于投资者情绪的中介效应 [J]．中国软科学，2021，（4）：120-128.

43. 黄纪晨，朱锦余，李玥莹，等．环境信息披露能缓解资产误定价吗 [J]．金融监管研究，2023，（2）：22-41.

44. 黄俊，陈信元，丁竹．产能过剩、信贷资源挤占及其经济后果的研究 [J]．会计研究，2019，（2）：65-70.

45. 黄正新．金融泡沫：理论模型与测度指标解析 [J]．数量经济技术经济研究，2001，（8）：59-61.

46. 贾少龙．中美货币政策变动与国内资产价格调控 [J]．经济问题，2012，（2）：51-55.

47. 江婕，王正位，龚新宇．信息透明度与股价崩盘风险的多维实证研究 [J]．经济与管理研究，2021，（2）：53-65.

48. 江轩宇，许年行．企业过度投资与股价崩盘风险 [J]．金融研究，2015，（8）：141-158.

49. 姜爱华，张鑫娜，费堃桀．政府采购与企业 ESG 表现——基于 A 股上市公司的经验证据 [J]．中央财经大学学报，2023，（7）：15-28.

50. 解维敏，吴浩，冯彦杰．数字金融是否缓解了民营企业融资约束？ [J]．系统工程理论与实践，2021，41（12）：3129-3146.

51. 金雪，房会会．股市泡沫预警分析指标体系构建 [J]．商，2012，（4）：160.

52. 孔东民，孔高文，刘莎莎．机构投资者、流动性与信息效率 [J]．管理科学学报，2015，18（3）：1-15.

53. 黎超，胡宗义，施淑蓉．基于股市投资者情绪的非理性投机泡沫模型研究 [J]．财经理论与实践，2018，39（5）：51-57.

54. 李宾，彭牧泽，杨济华，等．雾霾降低了企业投资者信心吗——基于 Ohlson 模型的检验 [J]．会计研究，2021，（10）：97-107.

55. 李春涛，宋敏，张璇．分析师跟踪与企业盈余管理——来自中国上市公司的证据 [J]．金融研究，2014，（7）：124-139.

56. 李广子，刘力．产业政策与信贷资金配置效率 [J]．金融研究，2020，（5）：114-131.

57. 李井林，冯秋南．碳风险对公司金融影响研究进展 [J]．环境经济研究，2023，8（1）：137-156.

58. 李井林．目标资本结构、市场错误定价与并购融资方式选择 [J]．山西财经大学学报，2017，39（4）：1-13.

59. 李君平，徐龙炳．资本市场错误定价、融资约束与公司融资方式选择 [J]．金融研究，2015，（12）：113-129.

60. 李科，徐龙炳，朱伟骅．卖空限制与股票错误定价——融资融券制度的证据 [J]．经济研究，

2014, 49（10）：165-178.

61. 李倩茹，翟华云. 管理者短视主义会影响企业数字化转型吗？[J]. 财务研究，2022，（4）：92-104.

62. 李文贵，严涵. 年轻高管与企业股价崩盘风险：来自"代理冲突观"的证据[J]. 经济理论与经济管理，2020，（11）：72-86.

63. 李洋，王春峰，房振明，等. 实时检验泡沫：基于严格局部鞅判别的泡沫检验方法[J]. 系统管理学报，2020，29（2）：201-212.

64. 李增福，陈俊杰，连玉君，等. 经济政策不确定性与企业短债长用[J]. 管理世界，2022，38（1）：77-101.

65. 李铮，熊熊，牟擎天，等. 基于对数周期幂律奇异性模型的资产价格泡沫预测[J]. 系统科学与数学，2021，41（2）：361-372.

66. 李正辉，钟俊豪，董浩. 经济政策不确定性宏观金融效应的统计测度研究[J]. 系统工程理论与实践，2021，41（8）：1897-1910.

67. 李志生，陈晨，林秉旋. 卖空机制提高了中国股票市场的定价效率吗？——基于自然实验的证据[J]. 经济研究，2015，50（4）：165-177.

68. 梁鹏. 注册制改革有助于提升 IPO 定价效率吗——基于科创板的经验证据[J]. 现代经济探讨，2021，（10）：68-76.

69. 梁琪，刘笑瑜，田静. 经济政策不确定性、意见分歧与股价崩盘风险[J]. 财经理论与实践，2020，（3）：46-55.

70. 梁权熙，曾海舰. 独立董事制度改革、独立董事的独立性与股价崩盘风险[J]. 管理世界，2016，（3）：144-159.

71. 梁睿，董纪昌，贺舟，等. 科创板交易制度会改善我国股票市场质量吗——基于多主体建模的仿真分析[J]. 系统工程理论与实践，2022，42（1）：76-83.

72. 梁上坤，徐灿宇，王瑞华. 董事会断裂带与公司股价崩盘风险[J]. 中国工业经济，2020，（3）：155-173.

73. 林黎，任若恩. 泡沫随机临界时点超指数膨胀模型：中国股市泡沫的检测与识别[J]. 系统工程理论与实践，2012，32（4）：673-684.

74. 林思涵，陈守东，刘洋. 融资融券非对称交易与股票错误定价[J]. 管理科学，2020，33（2）：157-168.

75. 刘波. 卖空约束、外推性偏差与过度自信[R]. 电子科技大学，2013.

76. 刘超，李江源，禹海波，等. 基于马尔科夫模型的我国金融系统性风险预警研究[J]. 系统工程学报，2020，35（4）：515-534.

77. 刘海明，曹廷求. 信贷供给周期对企业投资效率的影响研究——兼论宏观经济不确定条件下的异质性[J]. 金融研究，2017，（12）：80-94.

78. 刘煜松. 股票内在投资价值理论与中国股市泡沫问题[J]. 经济研究，2005，（2）：45-53.

79. 刘积余. 美国新骆驼银行评级制度与银行监管[J]. 中国金融，2001，（4）：55-56.

80. 刘骏民. 利用虚拟经济的功能根治我国流动性膨胀——区别经济泡沫化与经济虚拟化的政策含义[J]. 开放导报，2010，（1）：5-11.

81. 刘淑春，闫津臣，张思雪. 企业管理数字化变革能提升投入产出效率吗[J]. 管理世界，2021，37

（5）：170-190.

82. 刘西顺 . 产能过剩、企业共生与信贷配给 [J]. 金融研究，2006，（3）：166-173.

83. 刘星，刘理，窦炜 . 融资约束、代理冲突与中国上市公司非效率投资行为研究 [J]. 管理工程学报，2014，28（3）：64-73.

84. 刘洋，刘达禹，王金明 . 资产价格泡沫缘何周期性破灭？——基于市场情绪视角的结构性解释 [J]. 西安交通大学学报（社会科学版），2018，38（5）：11-20.

85. 刘志峰，张子沛，戴鹏飞，等 . 碳市场与股票市场间的崩盘风险溢出效应研究：新冠疫情、投资者情绪与经济政策不确定性 [J]. 系统工程理论与实践，2023，43（3）：740-754.

86. 楼俊超 . A 股市场泡沫经济问题研究 [D]. 中共中央党校，2017.

87. 陆静，周媛 . 投资者情绪对股价的影响——基于 AH 股交叉上市股票的实证分析 [J]. 中国管理科学，2015，23（11）：21-28.

88. 鹿坪，姚海鑫 . 投资者情绪与盈余错误定价——来自中国证券市场的经验证据 [J]. 金融经济学研究，2014，29（3）：98-106.

89. 马丹，王春峰，房振明 . 流动性供给与日内价格效率——基于中国股票市场的实证研究 [J]. 中国管理科学，2020，28（7）：57-67.

90. 马威，肖帅 . 金融危机预警指标体系及其结构方程模型构建 [J]. 中南大学学报（社会科学版），2014，20（4）：47-52.

91. 马威 . 金融危机预警指数构建及其应用研究 [D]. 湖南大学，2013.

92. 马文涛，张朋 . 政府隐性担保、市场化进程与信贷配置效率 [J]. 财政研究，2021，（8）：91-106.

93. 马永强，赖黎，曾建光 . 盈余管理方式与信贷资源配置 [J]. 会计研究，2014，（12）：39-45.

94. 马勇，杨栋，陈雨露 . 信贷扩张、监管错配与金融危机：跨国实证 [J]. 经济研究，2009，44（12）：93-105.

95. 孟庆斌，侯德帅，汪叔夜 . 融券卖空与股价崩盘风险——基于中国股票市场的经验证据 [J]. 管理世界，2018，34（4）：40-54.

96. 孟庆斌，黄清华 . 卖空机制是否降低了股价高估？——基于投资者异质信念的视角 [J]. 管理科学学报，2018，21（4）：43-66.

97. 孟庆斌，李昕宇，蔡欣园 . 公司战略影响公司违规行为吗 [J]. 南开管理评论，2018，21（3）：116-129.

98. 潘临，朱云逸，游宇 . 环境不确定性、内部控制质量与会计信息可比性 [J]. 南京审计大学学报，2017，14（5）：78-88.

99. 潘娜，王子剑，周勇 . 资产价格泡沫何时发生崩溃？——基于 LPPL 模型的在中国金融市场上的有效性检验 [J]. 中国管理科学，2018，26（12）：25-33.

100. 潘宁宁，朱宏泉 . 基金持股与交易行为对股价联动的影响分析 [J]. 管理科学学报，2015，18（3）：90-103.

101. 彭惠 . 信息不对称下的羊群行为与泡沫——金融市场的微观结构理论 [J]. 金融研究，2000，（11）：5-19.

102. 彭涓，靳玉英，杨金强 . 基于过度外推的最优投资与消费策略 [J]. 管理科学学报，2017，20（3）：56-62.

103. 祁怀锦，曹修琴，刘艳霞 . 数字经济对公司治理的影响——基于信息不对称和管理者非理性行

为视角 [J]. 改革，2020，（4）：50-64.

104. 钱爱民，付东 . 信贷资源配置与企业产能过剩——基于供给侧视角的成因分析 [J]. 经济理论与经济管理，2017，（4）：30-41.

105. 钱雪松，杜立，马文涛 . 中国货币政策利率传导有效性研究：中介效应和体制内外差异 [J]. 管理世界，2015，（11）：11-28.

106. 秦学志，林先伟，王文华 . 基于长记忆性特征的欧式期权模糊定价研究 [J]. 系统工程理论与实践，2019，39（12）：3073-3083.

107. 卿小权，程小可 . 基于剩余收益估值模型的市场错误定价研究 [J]. 科学决策，2011，（10）：39-51.

108. 卿小权 . 剩余收益估值模型的实证研究——来自中国资本市场的经验证据 [D]. 北京化工大学，2009.

109. 权小锋，吴世农 . 投资者注意力、应计误定价与盈余操纵 [J]. 会计研究，2012，（6）：46-53.

110. 任胜钢，蒋婷婷，李晓磊，等 . 中国环境规制类型对区域生态效率影响的差异化机制研究 [J]. 经济管理，2016，38（1）：157-165.

111. 沈洪涛，黄珍，郭肪汝 . 告白还是辩白——企业环境表现与环境信息披露关系研究 [J]. 南开管理评论，2014，17（2）：56-63.

112. 石广平，刘晓星，魏岳嵩 . 投资者情绪、市场流动性与股市泡沫——基于 TVP-SV-SVAR 模型的分析 [J]. 金融经济学研究，2016，31（3）：107-117.

113. 石广平，刘晓星，姚登宝，等 . 过度自信、市场流动性与投机泡沫 [J]. 管理工程学报，2018，32（3）：63-72.

114. 石建勋，王盼盼，何宗武 . 中国牛市真的是"水牛"吗？——不确定性视角下股市价量关系的实证研究 [J]. 中国管理科学，2017，25（9）：71-80.

115. 史永，李思昊 . 披露关键审计事项对公司股价崩盘风险的影响研究 [J]. 中国软科学，2020，（6）：136-144.

116. 宋敏，周鹏，司海涛 . 金融科技与企业全要素生产率——"赋能"和信贷配给的视角 [J]. 中国工业经济，2021，（4）：138-155.

117. 苏冬蔚，麦元勋 . 流动性与资产定价：基于我国股市资产换手率与预期收益的实证研究 [J]. 经济研究，2004，（2）：95-105.

118. 孙广宇，李志辉，杜阳，等 . 市场操纵降低了中国股票市场的信息效率吗——来自沪市 A 股高频交易数据的经验证据 [J]. 金融研究，2021，（9）：151-169.

119. 孙利国，王劲松 . 利用货币政策应对股市泡沫 [J]. 经济问题，2010，（8）：90-93.

120. 孙希芳，王晨晨 . 地方财政压力、信贷错配与信贷过度扩张 [J]. 经济科学，2020，（6）：34-47.

121. 唐亮，万相昱，张晨 . 投资者根据企业好坏进行投资决策吗？——来自中国股票市场的证据 [J]. 金融评论，2014，6（6）：56-61.

122. 唐松，胡威，孙铮 . 政治关系、制度环境与股票价格的信息含量——来自我国民营上市公司股价同步性的经验证据 [J]. 金融研究，2011，（7）：182-195.

123. 唐勇，洪晓梅，朱鹏飞 . 有限关注与股市异常特征、羊群效应 [J]. 金融理论与实践，2020，（1）：11-20.

124. 唐勇，吕太升，王蓉 . 经济政策不确定性、投资者情绪与股价崩盘风险 [J]. 哈尔滨商业大学学报（社会科学版），2022，（3）：3-18.

125. 田利辉，王可第 . 社会责任信息披露的"掩饰效应"和上市公司崩盘风险——来自中国股票市场的 DID-PSM 分析 [J]. 管理世界，2017，（11）：146-157.

126. 万国超，李超，吴武清 . 企业 ESG 表现会影响股票错误定价吗 [J]. 财经科学，2023，（6）：32-47.

127. 王国刚，相倚天 . 从资金流向看流动性的内涵和机理 [J]. 金融评论，2022，14（4）：21-42.

128. 王浩，刘敬哲，张丽宏 . 碳排放与资产定价——来自中国上市公司的证据 [J]. 经济学报，2022，9（2）：28-75.

129. 王红建，陈松，李艾珉 . 产业政策、信贷资本逆向流动与企业转型升级——基于信贷资本在不同生产率企业间的再配置研究 [J]. 经济评论，2020，（2）：52-67.

130. 王化成，曹丰，叶康涛 . 监督还是掏空：大股东持股比例与股价崩盘风险 [J]. 管理世界，2015，（2）：45-57.

131. 王健俊，殷林森，叶文靖 . 投资者情绪、杠杆资金与股票价格——兼论 2015—2016 年股灾成因 [J]. 金融经济学研究，2017，32（1）：85-98.

132. 王生年，曾婉慧 . 内部人交易与股票错误定价：信息传递还是估值套利？ [J]. 暨南学报（哲学社会科学版），2022，44（11）：105-122.

133. 王生年，王松鹤 . 内部治理与资产误定价：内控体系建设视角 [J]. 现代财经（天津财经大学学报），2018，38（11）：95-112.

134. 王生年，张静 . 投资者关注对资产误定价的影响路径——基于信息透明度的中介效应研究 [J]. 财贸研究，2017，28（11）：101-109.

135. 王守海，徐晓彤，刘烨炜 . 企业数字化转型会降低债务违约风险吗？ [J]. 证券市场导报，2022，（4）：45-56.

136. 王婷，李成 . 货币政策调控为何陷入"稳增长"与"抑泡沫"的两难困境——基于国有与非国有企业产权异质性视角的分析 [J]. 经济学家，2017，（10）：65-76.

137. 王晓宇，杨云红 . 经济政策不确定性如何影响股价同步性？——基于有限关注视角 [J]. 经济科学，2021，（5）：99-113.

138. 王贞洁，刘烁，王竹泉 . 杠杆错估、股票定价偏误与信贷错配 [J]. 现代财经（天津财经大学学报），2022，42（6）：72-90.

139. 王贞洁，王惠 . 财务指标错估与股票定价偏误——基于证券分析师中介作用的视角 [J]. 中南财经政法大学学报，2021，（5）：3-15.

140. 王竹泉，王惠，王贞洁 . 杠杆系列错估与信贷资源错配 [J]. 财经研究，2022，48（11）：154-168.

141. 王子先，陈霖，盛宝富，等 . 美国金融危机最新情况、发展趋势以及影响和对策 [J]. 国际贸易，2008，（12）：45-53.

142. 韦立坚，张维，熊熊 . 股市流动性踩踏危机的形成机理与应对机制 [J]. 管理科学学报，2017，20（3）：1-23.

143. 韦琳，肖梦瑶 . 描述性创新信息能提高资本市场定价效率吗？——基于股价同步性的分析 [J]. 财经论丛，2022，（8）：58-68.

144. 温忠麟，侯杰泰，张雷 . 调节效应与中介效应的比较和应用 [J]. 心理学报，2005，（2）：268-

274.

145. 温忠麟，叶宝娟.中介效应分析：方法和模型发展 [J].心理科学进展，2014，22（5）：731-745.

146. 温忠麟.张雷，侯杰泰，等.中介效应检验程序及其应用 [J].心理学报，2004，（5）：614-620.

147. 吴非，胡慧芷，林慧妍，等.企业数字化转型与资本市场表现——来自股票流动性的经验证据 [J].管理世界，2021，37（7）：130-144.

148. 吴术，李心丹，张兵.基于计算实验的卖空交易对股票市场的影响研究 [J].管理科学，2013，26（4）：70-78.

149. 吴晓晖，郭晓冬，乔政.机构投资者抱团与股价崩盘风险 [J].中国工业经济，2019，（2）：117-135.

150. 吴艳霞.投机性房地产泡沫预警指标的构建及实证分析 [J].预测，2008，（1）：34-40.

151. 吴祖光，冀珂瑜.证券分析师对会计盈余价值相关性的影响研究 [J].数理统计与管理，2023，42（1）：175-190.

152. 席龙胜，王岩.企业 ESG 信息披露与股价崩盘风险 [J].经济问题，2022，（8）：57-64.

153. 夏斌，廖强.货币供应量已不宜作为当前我国货币政策的中介目标 [J].经济研究，2001，（8）：33-43.

154. 夏杰长.中国式现代化视域下实体经济的高质量发展 [J].改革，2022，（10）：1-11.

155. 谢百三，童鑫来.中国 2015 年"股灾"的反思及建议 [J].价格理论与实践，2015，（12）：29-32.

156. 谢海滨，顾霞，魏云捷.基于信息分解视角的香港股市运行效率研究 [J].系统工程理论与实践，2017，37（6）：1432-1440.

157. 辛清泉，郑国坚，杨德明.企业集团、政府控制与投资效率 [J].金融研究，2007，（10）：123-142.

158. 胥朝阳，刘睿智.提高会计信息可比性能抑制盈余管理吗？ [J].会计研究，2014，（7）：50-57.

159. 徐浩峰，朱松.机构投资者与股市泡沫的形成 [J].中国管理科学，2012，20（4）：18-26.

160. 徐寿福，邓鸣茂.管理层股权激励与上市公司股票错误定价 [J].南开经济研究，2020，（2）：179-202.

161. 徐寿福，徐龙炳.信息披露质量与资本市场估值偏误 [J].会计研究，2015，（1）：40-47.

162. 徐挺，董永祥.货币流动性过剩、噪声交易与资产价格波动 [J].经济问题，2010，（2）：4-10.

163. 许晨曦，杜勇，鹿瑶.年报语调对资本市场定价效率的影响研究 [J].中国软科学，2021，（9）：182-192.

164. 许罡.企业社会责任报告强制披露对资产误定价的影响：信息揭示还是掩饰？ [J].经济与管理研究，2020，41（7）：61-76.

165. 许宁宁.管理层认知偏差与内部信息控制信息披露行为选择——基于存在内部控制重大缺陷上市公司的两阶段分析 [J].审计与经济研究，2019，34（5）：43-53.

166. 薛爽，王禹.科创板 IPO 审核问询有助于新股定价吗？——来自机构投资者网下询价意见分歧的经验证据 [J].财经研究，2022，48（1）：138-153.

167. 闫先东，朱迪星.资本市场泡沫、经济波动与货币政策反应 [J].国际金融研究，2016，（10）：74-88.

168. 杨立生，杨杰.货币政策、投资者情绪与股票市场流动性研究——基于 TVP-SV-VAR 模型的实

证分析 [J]. 价格理论与实践，2021，（9）：142-145.

169. 杨秋怡，徐长生 . 资产价格泡沫的宏观调控：识别、传导和应对 [J]. 上海经济研究，2021，（2）：83-97.

170. 杨威，宋敏，冯科 . 并购商誉、投资者过度反应与股价泡沫及崩盘 [J]. 中国工业经济，2018，（6）：156-173.

171. 杨晓兰 . 流动性、预期与资产价格泡沫的关系：实验与行为金融的视角 [J]. 世界经济文汇，2010，（2）：33-45.

172. 易靖韬，王悦昊 . 数字化转型对企业出口的影响研究 [J]. 中国软科学，2021，（3）：94-104.

173. 尹玉刚，谭滨，陈威 . 套利非对称性、误定价与股票特质波动 [J]. 经济学（季刊），2018，17（3）：1235-1258.

174. 游家兴，吴静 . 沉默的螺旋：媒体情绪与资产误定价 [J]. 经济研究，2012，47（7）：141-152.

175. 俞鸿琳 . 实体企业金融化：管理者短视角度的新解释 [J]. 经济管理，2022，44（3）：55-71.

176. 袁淳，耿春晓，孙健，等 . 不确定性冲击下纵向一体化与企业价值——来自新冠疫情的自然实验证据 [J]. 经济学（季刊），2022，22（2）：633-652.

177. 袁淳，肖土盛，耿春晓，等 . 数字化转型与企业分工：专业化还是纵向一体化 [J]. 中国工业经济，2021，（9）：137-155.

178. 袁越，胡文杰 . 紧缩性货币政策能否抑制股市泡沫？[J]. 经济研究，2017，52（10）：82-97.

179. 张景奇，孟卫东，陆静 . 股利贴现模型、自由现金流量贴现模型及剩余收益模型对股票价格与价值不同解释力的比较分析——来自中国证券市场的实证数据 [J]. 经济评论，2006，（6）：92-98.

180. 张静，王生年，吴春贤 . 会计稳健性、投资者情绪与资产误定价 [J]. 中南财经政法大学学报，2018，（1）：24-32.

181. 张维，武自强，张永杰，等 . 基于复杂金融系统视角的计算实验金融：进展与展望 [J]. 管理科学学报，2013，16（6）：85-94.

182. 张炜，王东一 . 大国货币政策溢出效应与资产泡沫调控有效性研究 [J]. 世界经济研究，2022，（1）：90-103.

183. 张炜 . 预期、货币政策与房地产泡沫——来自省际房地产市场的经验验证 [J]. 中央财经大学学报，2017，（8）：77-90.

184. 张晓蓉 . 资产价格泡沫格 [M]. 上海：上海财经大学出版社，2007.

185. 张秀娥，杨柳，李帅 . 绿色创业导向对可持续竞争优势的影响——绿色组织认同与绿色创新的链式中介作用 [J]. 科技进步与对策，2021，38（1）：26-33.

186. 张学勇，刘茜 . 碳风险对金融市场影响研究进展 [J]. 经济学动态，2022，（6）：115-130.

187. 张一，刘志东，张永超，等 . 基于元模型的异质交易行为主体下股票市场微观结构仿真研究 [J]. 管理工程学报，2021，35（1）：92-103.

188. 张永珅，李小波，邢铭强 . 企业数字化转型与审计定价 [J]. 审计研究，2021，（3）：62-71.

189. 张勇，张春蕾 . 管理层短视对企业全要素生产率的影响研究 [J]. 管理学报，2023，20（10）：1555-1564.

190. 张峥，李怡宗，张玉龙，等 . 中国股市流动性间接指标的检验——基于买卖价差的实证分析 [J]. 经济学（季刊），2014，13（1）：233-262.

191. 张峥，刘力. 换手率与股票收益：流动性溢价还是投机性泡沫？[J]. 经济学（季刊），2006，（2）：871-892.

192. 张志强，俞明轩. 刍论创业板的合理市盈率 [J]. 财经问题研究，2011，（4）：68-73.

193. 赵宸宇. 数字化发展与服务化转型——来自制造业上市公司的经验证据 [J]. 南开管理评论，2021，24（2）：149-163.

194. 赵鹏，曾剑云. 我国股市周期性破灭型投机泡沫实证研究——基于马尔可夫区制转换方法 [J]. 金融研究，2008，（4）：174-187.

195. 赵胜民，闫红蕾，张凯. Fama-French 五因子模型比三因子模型更胜一筹吗——来自中国 A 股市场的经验证据 [J]. 南开经济研究，2016，（2）：41-59.

196. 赵昕，崔峰，丁黎黎. 时变三因子模型风险系数的动态研究 [J]. 统计与决策，2020，36（6）：5-10.

197. 赵玉珍，乔亚杰，周黎，等. 减排措施如何提升高能耗企业财务绩效——碳绩效的中介作用 [J]. 系统工程，2021，39（6）：14-24.

198. 赵志刚，张维，张小涛，等. 基于两类学习模型的多主体人工股票市场研究 [J]. 系统工程学报，2013，28（6）：756-763.

199. 甄红线，张先治，迟国泰. 制度环境、终极控制权对公司绩效的影响——基于代理成本的中介效应检验 [J]. 金融研究，2015，（12）：162-177.

200. 郑国坚，林东杰，林斌. 大股东股权质押、占款与企业价值 [J]. 管理科学学报，2014，17（9）：72-87.

201. 钟凯，董晓丹，彭雯，等. 一叶知秋：情感语调信息具有同业溢出效应吗？——来自业绩说明会文本分析的证据 [J]. 财经研究，2021，47（9）：48-62.

202. 周春生，杨云红. 中国股市的理性泡沫 [J]. 经济研究，2002，（7）：33-40.

203. 周方召，潘婉颖，傅亚静. 上市公司技术创新与异质性机构投资者持股偏好 [J]. 软科学，2021，35（4）：91-98.

204. 周芳，张维. 中国股票市场流动性风险溢价研究 [J]. 金融研究，2011，（5）：194-206.

205. 周融天，熊熊，张晓瑄. 中国资本市场融券费率优化研究——基于人工股票市场视角 [J]. 系统科学与数学，2022，42（8）：2019-2039.

206. 周为. 机构投资者行为与中国股票市场泡沫 [J]. 经济学报，2019，6（2）：217-238.

207. 朱光伟，蒋佳融，芦东. 融券约束和市场定价效率——基于我国股票市场转融通的准自然实验证据 [J]. 经济理论与经济管理，2020，（1）：42-54.

208. 朱钧钧，谢识予，朱弘鑫，等. 基于状态转换的货币危机预警模型——时变概率马尔可夫转换模型的 Griddy-Gibbs 取样法和应用 [J]. 数量经济技术经济研究，2010，27（9）：118-132.

209. Abreu D, Brunnermeier M K. Bubbles and crashes[J]. Econometrica, 2002, 71（1）：173-204.

210. Abreu D, Brunnermeier M K. Synchronization risk and delayed arbitrage[J]. Journal of Financial Economics, 2002, 66（2-3）：341-360.

211. Ahmed E, Rosser J B, Uppal J Y. Financialization and speculative bubbles–international evidence[J]. Journal of Applied Business and Economics, 2017, 19（4）：10-29.

212. Akiyama E, Hanaki N, Ishikawa R. It is not just confusion! Strategic uncertainty in an experimental asset market[J]. The Economic Journal, 2017, 127（605）：563-580.

213. Allen F, Qian J, Qian M. Law, finance, and economic growth in China[J]. Journal of Financial Economics, 2005, 77（1）: 57-116.

214. Amihud Y, Noh J. Illiquidity and Stock Returns II: Cross-section and Time-series Effects[J]. Review of Financial Studies, 2020, 34（4）: 31-56.

215. Annette V J. Perspectives on behavioral finance: Does "irrationality" disappear with wealth？ Evidence from expectations and actions[J]. NBER macroeconomics annual, 2003, 18: 139-194.

216. Arthur W B, Holland J H, LeBaron B, et al. Asset pricing under endogenous expectations in an artificial stock market[M]. The economy as an evolving complex system II. CRC Press, 2018: 15-44.

217. Baker S R, Bloom N, Davis S J. Measuring economic policy uncertainty[J]. The Quarterly Journal of Economics, 2016, 131（4）: 1593-1636.

218. Barber B M, Odean T. Boys will be boys: Gender, overconfidence, and common stock investment[J]. The Quarterly Journal of Economics, 2001, 116（1）: 261-292.

219. Barberis N C. Psychology-based models of asset prices and trading volume[J]. Handbook of Behavior Economics: Applications and Fundations 1, 2018, 1: 79-175.

220. Barberis N, Greenwood R, Jin L, Shleifer A. Extrapolation and bubbles[J]. Journal of Financial Economics, 2018, 129（2）: 203-227.

221. Barberis N, Greenwood R, Jin L, Shleifer A. X-CAPM: an extrapolative capital asset pricing model[J]. Journal of Financial Economics, 2015, 115（1）: 1-24.

222. Barberis N, Huang M. Stocks as lotteries: The implications of probability weighting for security prices[J]. American Economic Review, 2008, 98（5）: 2066-2100.

223. Baum C F, Caglayan M, Ozkan N. The second moments matter: The impact of macroeconomic uncertainty on the allocation of loanable funds[J]. Economics Letters, 2009, 102（2）: 87-89.

224. Beck T, Levine R. Industry growth and capital allocation: : does having a market-or bank-based system matter？[J]. Journal of Financial Economics, 2002, 64（2）: 147-180.

225. Berger P G, Ofek E. Diversification's effect on firm value[J]. Journal of Financial Economics, 1995, 37（1）: 39-65.

226. Bhattacharya U, Yu X. The causes and consequences of recent financial market bubbles: An introduction[J]. The Review of Financial Studies, 2008, 21（1）: 3-10.

227. Biagini F, Hans Föllmer, Nedelcu S. Shifting martingale measures and the birth of a bubble as a submartingale[J]. Finance & Stochastics, 2014, 18（2）: 297-326.

228. Black F, Scholes M. The pricing of options and corporate liabilities[J]. Journal of Political Economy, 1973, 81（3）: 637-654.

229. Black F. Noise[J]. Journal of Finance, 1986, 41（3）: 529-543.

230. Blanchard O J, Watson M W. Bubbles, rational expectations, and financial markets[J]. Crises in the Economic and Financial Structure, 1982, 25: 295-316.

231. Bollerslev T, Li S Z, Zhao B. Good volatility, bad volatility, and the cross section of stock returns[J]. Journal of Financial and Quantitative Analysis, 2020, 55（3）: 751-781.

232. Bolton P, Kacperczyk M. Do investors care about carbon risk？[J]. Journal of Financial Economics, 2021, 142（2）: 517-549.

233. Bolton P, Kacperczyk M. Global pricing of carbon-transition risk[J]. The Journal of Finance, 2023, 78（6）: 3677-3754.

234. Bordalo P, Gennaioli N, Porta R L, Shleifer A. Diagnostic Expectations and Stock Returns[J]. The Journal of Finance, 2019, 74（6）: 2839-2874.

235. Bordalo P, Gennaioli N, Shleifer A. Diagnostic expectations and credit cycles[J]. The Journal of Finance, 2018, 73（1）: 199-227.

236. Bosch-Rosa C, Meissner T, Bosch-Domènech A. Cognitive bubbles[J]. Experimental Economics, 2017, 21（5）: 1-22.

237. Bosch-Rosa C, Meissner T, Bosch-Domènech A. Cognitive bubbles[J]. Experimental Economics, 2018, 21: 132-153.

238. Bris A, Goetzmann W N, Zhu N. Efficiency and the bear: Short sales and markets around the world[J]. The Journal of Finance, 2007, 62（3）: 1029-1079.

239. Brock W A, Hoummer C H. A rational route to randomness[J]. Econometrica, 1997, 65（5）: 1059-1095.

240. Brooks C, Katsaris A. A three - regime model of speculative behaviour: Modelling the evolution of the S&P 500 Composite Index[J]. The Economic Journal, 2005, 115（505）: 767-797.

241. Brunnermeier M K, Oehmke M. Bubbles, financial crises, and systemic risk[J]. Handbook of the Economics of Finance, 2013, 2: 1221-1288.

242. Brunnermeier M K, Schnabel I. Bubbles and central banks: Historical perspectives[M]. London: Cambridge University Press, 2016.

243. Brunnermeier M K. Deciphering the liquidity and credit crunch 2007-2008[J]. Journal of Economic Perspectives, 2009, 23（1）: 77-100.

244. Busch T, Lewandowski S. Corporate carbon and financial performance: A meta-analysis[J]. Journal of Industrial Ecology, 2018, 22（4）: 745-759.

245. Campbell J Y, Shiller R J. The dividend-price ratio and expectations of future dividends and discount factors[J]. The Review of Financial Studies, 1988, 1（3）: 195-228.

246. Campbell J Y, Lo A W, MacKinlay A C, et al. The econometrics of financial markets[J]. Macroeconomic Dynamics, 1998, 2（4）: 559-562.

247. Caspi I. Testing for a housing bubble at the national and regional level: the case of Israel[J]. Empirical Economics, 2016, 51（2）: 483-516.

248. Cennotle G, Leland H. Market liquidity, hedging and crashes[J]. The American Economic Review, 1990, 80（5）: 990-1021.

249. Chauvin K, Laibson D, Mollerstrom J. Asset bubbles and the cost of economic fluctuations[J]. Journal of Money, Credit and Banking, 2011, 43: 233-260.

250. Chen D, Li O Z, Xin F. Five-year plans, China finance and their consequences[J]. China Journal of Accounting Research, 2017, 10（3）: 189-230.

251. Chen H, Yang S. Do investors exaggerate corporate ESG information？ Evidence of the ESG momentum effect in the Taiwanese market[J]. Pacific-Basin Finance Journal, 2020, 63, 101407.

252. Chen Y, Kelly B, Wu W. Sophisticated investors and market efficiency: Evidence from a natural

experiment[J]. Journal of Financial Economics, 2020, 138（2）: 316-341.

253. Chiarella C, Iori G, Perelló J. The impact of heterogeneous trading rules on the limit order book and order flows[J]. Journal of Economic Dynamics and Control, 2009, 33（3）: 525-537.

254. Choi J J, Benjamin I T D, Campbell J, et al. Extrapolative expectations and the equity premium[J]. Yale University, 2013.

255. Christensen K, Oomen R, Renò R. The drift burst hypothesis[J]. Journal of Econometrics, 2020.

256. Christensen K, Oomen R, Renò R. The drift burst hypothesis[J]. Journal of Econometrics, 2022, 227（2）: 461-497.

257. Cipollini A, Kapetanios G. Forecasting financial crises and contagion in Asia using dynamic factor analysis[J]. Journal of Empirical Finance, 2009, 16（2）: 188-200.

258. Clarkson P M, Fang X, Li Y, et al. The relevance of environmental disclosures: Are disclosures incrementally informative？[J]. Journal of Accounting and Public Policy, 2013, 32（5）: 410-431.

259. Coppock L A, Harper D Q, Holt C A. Capital constraints and asset bubbles: An experimental study[J]. Journal of Economic Behavior & Organization, 2021, 183: 75-88.

260. Cull R, Li W, Sun B, Xu L C. Government connections and financial constraints: Evidence from a large representative sample of Chinese firms[J]. Journal of Corporate Finance, 2015, 32: 271-294.

261. Da Z, Huang X, Jin L J. Extrapolative Beliefs in the Cross-section: What Can We Learn From the Crowds？[J]. Journal of Financial Economics, 2021, 140（1）: 175-196.

262. De Bondt W F M, Thaler R H. Financial decision-making in markets and firms: A behavioral perspective[J]. Handbooks in operations research and management science, 1995, 9: 385-410.

263. De Long J B, Shleifer A, Summers L H, et al. Noise trader risk in financial markets[J]. Journal of Political Economy, 1990, 98（4）: 703-738.

264. De Long J B, Shleifer A, Summers L H, et al. Positive feedback investment strategies and destabilizing rational speculation[J]. Journal of Finance, 1990, 45（2）: 379-395.

265. De Long J B, Shleifer A. The survival of noise traders in financial markets[J]. Journal of Business, 1991, 64（1）: 1-19.

266. DeMarzo P M, Kaniel R, Kremer I. Relative wealth concerns and financial bubbles[J]. The Review of Financial Studies, 2008, 21（1）: 19-50.

267. Demarzo P M, Kremer K I. The causes and consequences of recent financial market bubbles: relative wealth concerns and financial bubbles[J]. Review of Financial Studies, 2008, 21（1）: 19-50.

268. Diba B T, Grossman H I. Explosive rational bubbles in stock prices？[J]. The American Economic Review, 1988, 78（3）: 520-530.

269. Doukas J A, Kim C F, Pantzalis C. Arbitrage risk and stock mispricing[J]. Journal of Financial and Quantitative Analysis, 2010, 45（4）: 907-934.

270. Drake M S, Thornock J R, Twedt B J. The internet as an information intermediary[J]. Review of Accounting Studies, 2017, 22（2）: 543-576.

271. Driffill J, Sola M. Intrinsic bubbles and regime-switching[J]. Journal of Monetary Economics, 1998, 42（2）: 357-373.

272. Duan T, Li F, Wen Q. Is carbon risk priced in the cross section of corporate bond returns？[J].

Journal of Financial and Quantitative Analysis, 2023, 6: 1-35.

273. Dufwenberg M, Lindqvist T, Moore E. Bubbles and experience: An experiment[J]. American economic review, 2005, 95 (5): 1731-1737.

274. Eckel C C, Füllbrunn S C. Thar she blows？ Gender, competition, and bubbles in experimental asset markets[J]. American Economic Review, 2015, 105 (2): 906-920.

275. Edmans A. Block holders and corporate governance[J]. Annual Review of Financial Economics, 2014, 6 (1): 23-50.

276. Edwards E O, Bell P W. The theory and measurement of business income[M]. California: University of California Press, 1961.

277. Elliott W B, Jackson K E, Peecher M E, et al. The unintended effect of corporate social responsibility performance on investors' estimates of fundamental value[J]. The Accounting Review, 2014, 89 (1): 275-302.

278. Epps T W, Epps M L .The Stochastic Dependence of Security Price Changes and Transactions Volumes[J]. Econometrica, 1976, 44 (2): 305-321.

279. Eric C, Chang Y L, Ren J J. Short-selling, margin-trading, and price efficiency: Evidence from the Chinese market[J]. Journal of Banking and Finance, 2014, 48: 411-424.

280. Ertan A, Karolyi S A, Kelly P, et al. Pre earnings announcement over-extrapolation[R]. Working paper. Retrieved from https: //papers. ssrn. com/sol3/papers. cfm, 2016.

281. Evgenidis A, Malliaris A G. To lean or not to lean against an asset price bubble？ Empirical evidence[J]. Economic Inquiry, 2020, 58 (4): 1958-1976.

282. Fama E F, French K R. Size, Value, and Momentum in International Stock Returns[J]. Journal of Financial Economics, 2012, 105 (3): 457-472.

283. Fama E F. Two pillars of asset pricing[J]. American Economic Review, 2014, 104 (6): 1467-1485.

284. Favara G, Morellec E, Schroth E, et al. Debt enforcement, investment, and risk taking across countries[J]. Journal of Financial Economics, 2017, 123 (1): 22-41.

285. Filimonov V, Sornette D. A stable and robust calibration scheme of the log-periodic power law model[J]. Physica A: Statistical Mechanics and its Applications, 2013, 392 (17): 3698-3707.

286. Frankel J A, Rose A K. Currency crashes in emerging markets: An empirical treatment[J]. Journal of international Economics, 1996, 41 (3-4): 351-366.

287. Friedman D, Abraham R. Bubbles and crashes: Gradient dynamics in financial markets[J]. Journal of Economic Dynamics and Control, 2009, 33 (4): 922-937.

288. Froot K A, Dabora E M. How are stock prices affected by the location of trade？ [J]. Journal of financial economics, 1999, 53 (2): 189-216.

289. Froot K A, Obstfeld M. Intrinsic bubbles: the case of stock prices[J]. American Economic Review, 1991, 81 (5): 1189-1214.

290. Gale D, Allen F. Bubbles and crises[J]. Economic Journal, 2000, 110 (460): 236-255.

291. Gao B, Zhang J, Liu X. Does carbon risk amplify environmental uncertainty？ [J]. International Review of Economics and Finance, 2023, 88: 594-606.

292. Gao B, Zhang J, Xie J, et al. The impact of carbon risk on the pricing efficiency of the capital

market: Evidence from a natural experiment in China[J]. Finance Research Letters, 2023, 57: 104268.

293. Gao C, Martin I. Volatility, valuation ratios, and bubbles: An empirical measure of market sentiment[J]. The Journal of Finance, 2021, 76（6）: 3211-3254.

294. Giardina I, Bouchaud J P. Bubbles, crashes and intermittency in agent-based market models[J]. The European Physical Journal B-Condensed Matter and Complex Systems, 2003, 31（3）: 421-437.

295. Gibbons M R, Ross S A, Shanken J. A Test of the Efficiency of a Given Portfolio[J]. Econometrica, 1989, 57（5）: 1121-1152.

296. Gilboa I, Schmeidler D. Maxmin expected utility with non-unique prior[J]. Journal of mathematical economics, 1989, 18（2）: 141-153.

297. Glaeser E L, Nathanson C G. An extrapolative model of house price dynamics[J]. Journal of Financial Economics, 2017, 126（1）: 147-170.

298. Goh B W, Li D. Internal Controls and Conditional Conservatism[J]. The Accounting Review, 2010, 86（3）: 975-1005.

299. Gordon M J. Optimal investment and financing policy[J]. The Journal of finance, 1963, 18（2）: 264-272.

300. Greenwood R, Shleifer A, You Y. Bubbles for Fama[J]. Journal of financial economics, 2019, 131（1）: 20-43.

301. Greenwood R, Shleifer A. Expectations of returns and expected returns[J]. Review of Financial Studies, 2014, 27（3）: 714-746.

302. Griffin J M, Nardari F, Stulz R M. Do investors trade more when stocks have performed well？evidence from 46 countries[J]. The Review of Financial Studies, 2007, 20（3）: 905-951.

303. Griffin P A, Lont D H, Sun E Y. The relevance to investors of greenhouse gas emission disclosures[J]. Contemporary Accounting Research, 2017, 34（2）: 1265-1297.

304. Grinblatt M, Keloharju M. Sensation seeking, overconfidence, and trading activity[J]. The Journal of Finance, 2009, 64（2）: 549-578.

305. Gul F . A Theory of Disappointment Aversion[J]. Econometrica, 1991, 59（3）: 667-686.

306. Gulen H, Ion M. Policy uncertainty and corporate investment[J]. The Review of Financial Studies, 2016, 29（3）: 523-564.

307. Hall S G, Psaradakis Z, Sola M. Detecting periodically collapsing bubbles: a Markov - switching unit root test[J]. Journal of Applied Econometrics, 1999, 14（2）: 143-154.

308. Hamilton J D. A new approach to the economic analysis of nonstationary time series and the business cycle[J]. Econometrica: Journal of the econometric society, 1989, 57（2）: 357-384.

309. Hamilton J D. Rational-expectations econometric analysis of changes in regime: An investigation of the term structure of interest rates[J]. Journal of Economic Dynamics and Control, 1988, 12（2-3）: 385-423.

310. Han B, Tang Y, Yang L. Public information and uninformed trading: Implications for market liquidity and price efficiency[J]. Journal of Economic Theory, 2016, 163: 604-643.

311. Haner F T. Financial Crisis: Causes and Solutions[M]. Portsmouth: Praeger Publishers, 1985.

312. Harris, L. E. Liquidity, Trading Rules and Electronic Trading Systems[R]. Southern California: School of Business Administration, 1990: 1-49.

313. Harrison H, Jeremy C. Stein. A Unified Theory of Underreaction, Momentum Trading, and Overreaction in Asset Markets[J]. The Journal of Finance, 1999, 54（6）: 2143-2184.

314. Harrison H, Stein J C. Differences of Opinion, Short-Sales Constraints, and Market Crashes[J]. The Review of Financial Studies, 2003, 16（2）: 487-525.

315. He C, Gao Y, Xiao F, et al. A bubble identification mechanism: Evidence from the Chinese stock market[J]. Pacific Economic Review, 2024, 29（1）: 55-87.

316. Hirano T, Yanagawa N. Asset bubbles, endogenous growth, and financial frictions[J]. The Review of Economic Studies, 2016, 84（1）: 406-443.

317. Hirshleifer D, Li J, Yu J. Asset pricing in production economies with extrapolative expectations[J]. Journal of Monetary Economics, 2015, 76: 87-106.

318. Hirshleifer D, Siew H T. Herd Behaviour and Cascading in Capital Markets: a Review and Synthesis[J]. European Financial Management, 2003, 9（1）: 25-66.

319. Hoffmann V H, Busch T. Corporate carbon performance indicators: Carbon intensity, dependency, exposure, and risk[J]. Journal of Industrial Ecology, 2018, 12（4）: 505-520.

320. Homm U, Breitung J. Testing for speculative bubbles in stock markets: a comparison of alternative methods[J]. Journal of Financial Econometrics, 2012, 10（1）: 198-231.

321. Hong H, Li F, Xu J. Climate risks and market efficiency[J]. Journal of Econometrics, 2009, 208（1）: 265-281.

322. Hou K, Moskowitz T J. Market frictions, price delay, and the cross-section of expected returns[J]. The Review of Financial Studies, 2005, 18（3）: 981-1020.

323. Hu Y, Oxley L. Bubble contagion: Evidence from Japan's asset price bubble of the 1980-90s[J]. Journal of the Japanese and International Economies, 2018, 50: 89-95.

324. Huang J. The customer knows best: The investment value of consumer opinions[J]. Journal of Financial Economics, 2018, 128（1）: 164-182.

325. Huang Y, Luk P. Measuring economic policy uncertainty in China[J]. China Economic Review, 2020, 59: 101367.

326. Huberman G, Regev T. Contagious speculation and a cure for cancer: A nonevent that made stock prices soar[J]. The Journal of Finance, 2001, 56（1）: 387-396.

327. Hutton A P, Marcus A J, Tehranian H. Opaque financial reports, R2, and crash risk[J]. Journal of financial Economics, 2009, 94（1）: 67-86.

328. Ilhan E, Sautner Z, Vilkov G. Carbon tail risk[J]. Review of Financial Studies, 2021, 34（3）: 1540-1571.

329. Janssen D J, Füllbrunn S, Weitzel U. Individual speculative behavior and overpricing in experimental asset markets[J]. Experimental Economics, 2019, 22（3）: 653-675.

330. Jarrow R A, Kchia Y, Protter P. How to detect an asset bubble[J]. SIAM Journal on Financial Mathematics, 2011, 2（1）: 839-865.

331. Jarrow R, Protter P, Martin J S. Asset price bubbles: Invariance theorems[J]. Frontiers of

Mathematical Finance, 2022, 1（2）: 161-188.

332. Jensen M C. Agency costs of free cash flow, corporate finance, and takeovers[J]. The American economic review, 1986, 76（2）: 323-329.

333. Jiang J. Cross-sectional variation of market efficiency[J]. Review of Accounting & Finance, 2017, 16（1）: 67-85.

334. Jiang Z Q, Zhou W X, Sornette D, et al. Bubble diagnosis and prediction of the 2005–2007 and 2008–2009 Chinese stock market bubbles[J]. Journal of economic behavior & organization, 2010, 74（3）: 149-162.

335. Jin L J, Sui P. Asset pricing with return extrapolation[J]. Journal of Financial Economics, 2022, 145（2）: 273-295.

336. Jin L J, Sui P. Asset pricing with return extrapolation[J]. Journal of Financial Economics, 2022, 145（2）: 273-295.

337. Jin L, Myers S C. R2 around the world: New theory and new tests[J]. Journal of financial Economics, 2006, 79（2）: 257-292.

338. Jing J. Cross-sectional variation of market efficiency[J]. Review of Accounting and Finance, 2017, 16（1）: 67-85.

339. Jones J J. Earnings management during import relief investigations[J]. Journal of Accounting Research, 1991, 29（2）: 193-228.

340. Jones S, Lee D, Weis E. Herding and feedback trading by different types of inference on cointegration with application to the demand for money[J]. Oxford Bulletin of Economic and Statistics, 1999, 52（2）: 169-210.

341. Julio B, Yook Y. Political uncertainty and corporate investment cycles[J]. The Journal of Finance, 2012, 67（1）: 45-83.

342. Kahneman D, Tversky A. Prospect Theory: An analysis of decision under risk[J]. Econometrica, 1979, 47（2）: 263-292.

343. Kakushadze Z. On origins of bubbles[J]. Journal of Risk & Control, 2017, 4（1）: 1-30.

344. Kashyap A K, Siegert C. Financial stability considerations and monetary policy[J]. International Journal of Central Banking, 2020, 16（1）: 231-266.

345. Kent D, David H, Avanidhar S. Investor Psychology and Security Market under- and Overreactions[J]. The Journal of Finance, 1998, 53（6）: 1839-1885.

346. Kim C, Zhang L. Corporate political connections and tax aggressiveness[J]. Contemporary Accounting Research, 2016, 33（1）: 78-114.

347. Kim D, Ng L, Wang Q, et al. Insider trading, informativeness, and price efficiency around the world[J]. Asia - Pacific Journal of Financial Studies, 2019, 48（6）: 727-776.

348. Kim J B, Li Y, Zhang L. Corporate tax avoidance and stock price crash risk: Firm-level analysis[J]. Journal of financial Economics, 2011, 100（3）: 639-662.

349. Kindleberger C P. Manias, panics and crashes: a history of financial crises[M]. London: Macmillan, 1978.

350. Kirchler M, Bonn C, Huber J, et al. The "inflow-effect"——Trader inflow and price efficiency[J].

European Economic Review, 2015, 77: 1-19.

351. Kuchler T, Zafar B. Personal Experiences and Expectations about Aggregate Outcomes[J]. The Journal of Finance, 2019, 74（5）: 2491-2542.

352. Lamont O A, Thaler R H. Can the market add and subtract？ Mispricing in tech stock carve-outs[J]. Journal of Political Economy, 2003, 111（2）: 227-268.

353. Lee B, O'Brien J, Sivaramakrishnan K. An analysis of financial analysts' optimism in long-term growth forecasts[J]. Journal of Behavioral Finance, 2008, 9（3）: 171-184.

354. Lee C M, Sun S T, Wang R, et al. Technological links and predictable returns[J]. Journal of Financial Economics, 2019, 132（3）: 76-96.

355. Lee K H, Min B, Yook K H. The impacts of carbon emission and environment research and development investment on firm performance[J]. International Journal of Production Economics, 2015, 167: 1-11.

356. Lewandowski S. Corporate carbon and financial performance: The role of emission reductions[J]. Business Strategy and the Environment, 2017, 26（8）: 1196-1211.

357. Lewellen J, Nagel S, Shanken J. A skeptical appraisal of asset pricing Tests[J]. Journal of Financial Economics, 2010, 96（2）: 175-194.

358. Li X M. Time-varying informational efficiency in China's A-share and B-share markets[J]. Journal of Chinese Economic and Business Studies, 2003, 1（1）: 33-56.

359. Liao J, Peng C, Zhu N. Extrapolative bubbles and trading volume[J]. The Review of Financial Studies, 2022, 35（4）: 1682-1722.

360. Lu X M. Time-varying Informational Efficiency in China's A-Share and B-Share Markets[J]. Journal of Chinese Economic and Business Studies, 2003, 1（1）: 33-56.

361. Lux T. Herd behavior: bubbles and crashes[J]. The Economic Journal, 1995, 105（431）: 881-896.

362. Maaloul A. The effect of greenhouse gas emission on cost of debt: evidence from Canadian firms[J]. Corporate Social Responsibility and Environmental Management, 2018, 25（6）: 1407-1415.

363. Markku K, Eeva A, Vesa P. How Much Does Expertise Reduce Behavioral Biases？ The Case of Anchoring Effects in Stock Return Estimates[J]. Financial Management, 2008, 37（3）: 391-411.

364. Martin A, Ventura J. Economic growth with bubbles[J]. American Economic Review, 2012, 102（6）: 3033-3058.

365. Mei J, Scheinkman J A, Xiong W. Speculative trading and stock prices: Evidence from Chinese AB share premia[J]. SSRN Electronic Journal, 2005, 10（2）: 225-255

366. Miao J. Introduction to economic theory of bubbles[J]. Journal of Mathematical Economics, 2014, 53: 130-136.

367. Michael R, Jürgen H, Michael K. Cash inflow and trading horizon in asset markets[J]. European Economic Review, 2017, 92: 359-384.

368. Miller E M. Risk, uncertainty, and divergence of opinion[J]. Journal of Finance, 1977, 32（4）: 1151-1168.

369. Miller M H, Modigaliani F. Dividend policy, growth, and the valuation of shares[J]. The Journal of Bussiness, 1961, 34（4）: 411-433.

370. Milton H, Artur R. Differences of opinion make a horse race[J]. The Review of Financial Studies, 1993, 6（3）: 473-506.

371. Modigliani F, Miller M H. The cost of capital, corporation finance and the theory of investment[J]. The American economic review, 1958, 48（3）: 261-297.

372. Moinas S, Pouget S. The bubble game: an experimental study of speculation[J]. Econometrica, 2013, 81（4）: 1507-1539.

373. Motohashi A. Economic growth with asset bubbles in a small open economy[J]. Theoretical Economics Letters, 2016, 6（5）: 942-961.

374. Myers J N. Implementing residual income valuation with linear information dynamics[J]. The Accounting Review, 1999, 74（1）: 1-28.

375. Nadler A, Jiao P, Johnson C J, et al. The bull of wall street: Experimental analysis of testosterone and asset trading[J]. Management Science, 2018, 64（9）: 4032-4051.

376. Nanda V, Narayanan M P. Disentangling value: Financing needs, firm scope, and divestitures[J]. Journal of Financial Intermediation, 1999, 8（3）: 174-204.

377. Narayan P K, Mishra S, Sharma S, et al. Determinants of stock price bubbles[J]. Economic Modelling, 2013, 35: 661-667.

378. Nunes M, Da Silva S. Explosive and periodically collapsing bubbles in emerging stockmarkets[J]. Economics Bulletin, 2008, 3（46）: 1-18.

379. Odean V T. volatility, price, and profits when all traders are above average[J]. Journal of Finance, 1998, 53（5）: 1887-1934.

380. Oechssler J, Schmidt C, Schnedler W. On the ingredients for bubble formation: informed traders and communication[J]. Journal of Economic Dynamics & Control, 2012, 35（11）: 1831-1851.

381. Ohlson J A. Earnings, book values, and dividends in equity valuation[J]. Contemporary accounting research, 1995, 11（2）: 661-687.

382. Olivier J. Growth - enhancing bubbles[J]. International Economic Review, 2000, 41（1）: 133-152.

383. Olweny T. The reliability of dividend discount model in valuation of common stock at the Nairobi Stock Exchange[J]. International Journal of Business and social science, 2011, 2（6）: 121-141.

384. Palfrey T R, Wang S W. Speculative overpricing in asset markets with information flows[J]. Econometrica, 2012, 80（5）: 1937-1976.

385. Pastor L, Stambaugh R F, Taylor L A. Sustainable investing in equilibrium[J]. Journal of Financial Economics, 2021, 142（2）: 550-571.

386. Pearson N, Yang Z S, Zhang Q. The Chinese warrants: Evidence from brokerage account records[J]. 2021, 34（1）: 264-312.

387. Pedersen L H, Fitzgibbbons S, Pomorski L. Responsible investing: The ESG-efficient frontier[J]. Journal of Financial Economics, 2021, 142（2）: 572-597.

388. Petersen M A. Estimating standard errors in finance panel data sets: Comparing approaches[J]. The Review of financial studies, 2008,（1）: 435-480.

389. Phillips P C B, SHI S P, Yu J. Testing for multiple bubbles: Limit theory of real time detectors[J]. International Economic Review, 2015, 56（4）: 1079-1134.

390. Phillips P C B, Wu Y, Yu J. Explosive behavior in the 1990s Nasdaq: When did exuberance escalate asset values？ [J]. International Economic Review, 2011, 52（1）: 201-226.

391. Porter, M. Business and the environment[J]. America's Green Strategy, 1996, 33.

392. Preacher K J, Rucker D D, Hayes A F. Addressing moderated mediation hypotheses: Theory, methods and prescriptions[J]. Multivariate Behavioral Research, 2007, 42（1）: 185-227.

393. Preinreich G A D. Goodwill in accountancy[J]. Journal of Accountancy, 1937, 93: 28-50.

394. Pyo D J. A multi-factor model of heterogeneous traders in a dynamic stock market[J]. Cogent Economics and Finance, 2017, 5（1）: 1416902.

395. Rappaport A. Creating shareholder value: a guide for managers and investors[J]. Ivey Business Quarterly, 1986,（4）: 69-70.

396. Razen M, Huber J, Kirchler M. Cash inflow and trading horizon in asset markets[J]. European Economic Review, 2017, 92: 359-384.

397. Reboredo J C, Otero L A. Are investors aware of climate-related transition risks？ Evidence from mutual fund flows[J]. Ecological Economics, 2021, 189, 107148.

398. Rhodes-Kropf M, Robinson D, Viswanathan S. Valuation waves and merger activity: The empirical evidence[J]. Journal of Financial Economics, 2005, 77（3）: 561-603.

399. Richardson S. Over-investment of free cash flow[J]. Review of accounting studies, 2006, 11: 159-189.

400. Saffi P A C , Sgurdsson K. Price Efficiency and Short Selling[J]. The Review of Financial Studies, 2011, 24（3）: 821-852.

401. Santoni G J. The great bull markets 1924-29 and 1982-87: speculative bubbles or economic fundamentals？ [J]. Federal Reserve Bank of St. Louis Review, 1987, 69（11）: 16-30.

402. Schatz M, Sornette D. Inefficient bubbles and efficient drawdowns in financial markets[J]. International Journal of Theoretical and Applied Finance, 2020, 23（7）: 2050047.

403. Scheinkman J A, Xiong W. Overconfidence and speculative bubbles[J]. Journal of Political Economy, 2003, 111（6）: 1183-1129.

404. Scherbina M A. Asset Price Bubbles: A Selective Survey[M]. Washington D C: International Monetary Fund, 2013.

405. Seltzer L H, Starks L, Zhu Q. Climate regulatory risk and corporate bonds[J]. SSRN Electronic Journal, 2020.

406. Shestakova N, Powell O, Gladyrev D. Bubbles, experience and success[J]. Journal of Behavioral and Experimental Finance, 2019, 22: 206-213.

407. Shi S P. Specification sensitivities in the Markov-switching unit root test for bubbles[J]. Empirical Economics, 2013, 45（2）: 697-713.

408. Shiller R J. Do stock prices move too much to be justified by subsequent changes in dividends？ [J]. American Economic Review, 1981, 71（3）: 421-436.

409. Shiller R J. Irrational Exuberance: Revised and Expanded Third Edition[M]. New Jersey: Princeton University Press, 2015.

410. Shiller R J. Irrational exuberance[M]. New Jersey: Princeton University Press, 2000.

411. Shiller R J. Stock price and social dynamics[J]. Brooking Paper on Economic Activity, 1984, 2（2）: 457-498.

412. Shiryaev A N, Zhitlukhin M V, Ziemba W T. When to sell Apple and the NASDAQ? Trading bubbles with a stochastic disorder model[J]. The Journal of Portfolio Management, 2014, 40（2）: 54-63.

413. Shive S A, Forest M M. Corporate governance and pollution externalities of public and private firm[J]. Review of Finance Studies, 2020, 33（3）: 1296-1330.

414. Shrieves R E, Wachowicz J M. Free cash flow（FCF）, economic value added（EVA™）, and net present value（NPV）: a reconciliation of variations of discounted-cash-flow（DCF）valuation[J]. The engineering economist, 2001, 46（1）: 33-52.

415. Sias R W, Starks L T. Return autocorrelation and institutional investors[J]. Journal of Financial Economics, 1997, 46（1）: 103-131.

416. Silva S D, Nunes M. Explosive and periodically collapsing bubbles in emerging stock markets[J]. Economics Bulletin, 2008, 3（46）: 1-18.

417. Smith V L, Suchanek G L, Williams A W. Bubbles, crashes and endogenous expectations in experimental spot asset markets[J]. Econometrica: Journal of the Econometric Society, 1988, 56（50）: 1119–1151.

418. Song H, Zhao C, Zeng J. Can environmental management improve financial performance: An empirical study of A-shares listed companies in China[J]. Journal of Cleaner Production, 2017, 141: 1051-1056.

419. Sornette D, Cauwels P, Smilyanov G. Can we use volatility to diagnose financial bubbles？ Lessons from 40 historical bubbles[J]. Quantitative Finance and Economics, 2018, 2（1）: 486-594.

420. Sornette D, Johansen A, Bouchaud J P. Stock market crashes, precursors and replicas[J]. Journal de Physique I, 1996, 6（1）: 167-175.

421. Sornette D, Zhou W X. Predictability of large future changes in major financial indices[J]. International Journal of Forecasting, 2006, 22（1）: 153-168.

422. Stambaugh R F, Yuan Y. Mispricing factors[J]. The review of financial studies, 2017, 30（4）: 1270-1315.

423. Statman M, Thorley S, Vorkink K. Investor overconfidence and trading volume[J]. Review of Financial Studies, 2006, 19（4）: 1531-1565.

424. Sutter M, Huber J, Kirchler M. Bubbles and information: An experiment[J]. Management Science, 2012, 58（2）: 384-393.

425. Talavera O, Tsapin A, Zholud O. Macroeconomic uncertainty and bank lending: The case of Ukraine[J]. Economic Systems, 2012, 36（2）: 279-293.

426. Thaler R H. Advances in behavioral finance[M]. New York: Russell Sage Foundation, 2005.

427. Thaler R. Mental accounting and consumer choice[J]. Marketing science, 1985, 4（3）: 199- 214.

428. Tobin J. On the efficiency of the financial system[J]. Lloyds Bank Review, 1984, 153（1）: 1-15.

429. Valencia F. Aggregate uncertainty and the supply of credit[J]. Journal of Banking & Finance, 2017, 81: 150-165.

430. Van Norden S, Schaller H. Speculative behavior, regime-switching, and stock market crashes[M].

Boston：Springer, 1999.

431. Van Norden S, Schaller H. The predictability of stock market regime: evidence from the Toronto Stock Exchange[J]. The Review of Economics and Statistics, 1993, 75: 505-510.

432. Van Norden S. Regime switching as a test for exchange rate bubbles[J]. Journal of Applied Econometrics, 1996, 11（3）: 219-251.

433. Vogel H L. Financial market bubbles and crashes: Features, causes, and effects[M]. Boston: Springer, 2018.

434. Wan D, Yang X. High-frequency positive feedback trading and market quality: evidence from China's stock market: Intraday asymmetric positive feedback trading[J]. International Review of Finance, 2017, 17（4）: 493-523.

435. Wang Y, Wu Z, Zhang G. Firm and climate change: A review of carbon risk in corporate finance[J]. Carbon Neutrality, 2022, 1（1）: 1-10.

436. Weitzel U, Huber C, Huber J, et al. Bubbles and financial professionals[J]. The Review of Financial Studies, 2020, 33（6）: 2659-2696.

437. Werner P M, Bondt D. Betting on trends: Intuitive forecasts of financial risk and return[J]. International Journal of Forecasting, 1993, 9（3）: 355-371.

438. West K D. A Specification test for speculative bubbles[J]. The Quarterly Journal of Economics, 1987, 102（3）: 553-580.

439. Whitehouse E J. Explosive asset price bubble detection with unknown bubble length and initial condition[J]. Oxford Bulletin of Economics and Statistics, 2019, 81（1）: 20-41.

440. Williams J B. The theory of investment value[M]. Cambridge: Harvard University Press, 1938.

441. Wurgler J, Baker M. Investor sentiment and the cross-section of stock returns[J]. The Journal of Finance and Data Science, 2006, 61（4）: 1645-1680.

442. Wurgler J. Financial markets and the allocation of capital[J]. Journal of financial economics, 2000, 58（1）: 187-214.

443. Xiong W, Yu J. The Chinese warrants bubble[J]. American Economic Review, 2011, 101（6）: 2723-2753.

444. Xu N, Jiang X, Chan K C, et al. Analyst coverage, optimism, and stock price crash risk: Evidence from China[J]. Pacific-Basin Finance Journal, 2013, 25: 217-239.

445. Yago N. Financial market globalization and asset price bubbles[J]. SSRN Electronic Journal, 2020, 3695350.

446. Yao C Z, Li H Y. A study on the bursting point of Bitcoin based on the BSADF and LPPLS methods[J]. The North American Journal of Economics and Finance, 2021, 55: 101280.

447. Zaman R, Atawnah N, Haseeb M, Nadeem M, Irfan S. Does corporate eco-innovation affect stock price crash risk？[J]. The British Accounting Review, 2021, 53（5）: 1101031.

448. Zhang J, Wang Y. How to improve the corporate sustainable development？—The importance of the intellectual capital and the role of the investor confidence[J]. Sustainability, 2022, 14（7）: 3749-3749.

449. Zhang X F. Information uncertainty and stock returns[J]. The Journal of Finance, 2006, 61（1）: 105-137.